舞弊秘档之
FRAUD CASEBOOK

美色诱惑下的腐败
Lessons from the Bad Side of Business

[美]约瑟夫·T. 威尔斯　主编
孙　坤　郑艳茹　译

大连出版社

图书在版编目(CIP)数据

舞弊秘档之美色诱惑下的腐败/(美)威尔斯主编;孙坤,郑艳茹译. —大连:大连出版社,2010.1

书名原文:Fraud Casebook:Lessons from the Bad Side of Business

ISBN 978-7-80684-837-1

Ⅰ.舞… Ⅱ.①威… ②孙… ③郑… Ⅲ.企业管理:财务管理—案例 Ⅳ.F275

中国版本图书馆CIP数据核字(2009)第228528号

辽宁省版权局著作权合同登记号:图字06-2009-20号

Fraud Casebook:Lessons from the Bad Side of Business by Joseph T. Wells

ISBN 978-0-470-13468-9

出 版 人:刘明辉

策划编辑:毕华书　　责任编辑:毕华书

封面设计:金啸宇　　版式设计:刘振奎

责任校对:金　琦　　责任印制:刘　晨

幅面尺寸:170mm×240mm　　印　　张:15.5

印　　数:1~4000册　　字　　数:253千字

出版时间:2010年1月第1版　　印刷时间:2010年1月第1次印刷

定　　价:32.00元　　书　　号:ISBN 978-7-80684-837-1

出版发行者:大连出版社(地址:大连市西岗区长白街10号 邮编:116011)

电话:(0411)83621349/83621049　网址:http://www.dl-press.com　电子信箱:cbs@dl.gov.cn

印 刷 者:大连美跃彩色印刷有限公司　　经销者:各地新华书店

如有印装质量问题,请与我社营销部联系

购书热线电话:(0411)83621349/83621049

序言
Preface

正如大家将在本书中所看到的那样，舞弊并非由会计系统或者计算机所致，而是由那些从外表上看起来与你我并无差别的活生生的人类所为。职务舞弊，即发生在工作场所中的违法行为，是极其常见的，几乎每家公司都曾经是或者在将来会成为职务舞弊的受害者。

我们不难得出这样的结论，产生舞弊的真正原因是人们的贪婪和不诚实。然而，贪婪是人类的本性，每个人都有可能撒谎，因此，这种解释并不能使我们预见究竟何人会进行职务舞弊。在大多数情况下，舞弊者看起来无异于常人，而且他们坚信自己只是被卷入了某种特殊的情况。他们常常是诚实、虔诚而又爱国的公民，像其他人一样鄙视犯罪。此外，他们并不认为自己是罪犯，但事实上他们的确是罪犯。

近四十年来，我一直在关注白领罪犯们的动机和道德问题。预防、发现和调查舞弊已成为我毕生的工作，尽管这并非我的初衷。我读的是会计专业，毕业之初是从事审计工作，后来曾担任美联邦调查局特工，以处理大大小小的舞弊案件为生。约 10 年之后，我离开了联邦调查局，成立了自己的咨询公司，专注于白领犯罪问题。在 20 世纪 80 年代后期，我协助建立了舞弊审核师协会(Association of Certified Fraud Examiners，缩写为 ACFE)，该组织是世界上规模最大的反舞弊组织，我至今仍担任该协会的主席。

一直以来，我曾为成千上万的反舞弊工作者授课，足迹几乎踏遍了地球的每一个角落。我也曾在得克萨斯大学奥斯汀分校的研究生院任教，同时还围绕舞弊形成的原因问题进行了独立的研究，写下了大量的研究文字。

该书是我的第十三部作品，它收集了来自世界各地的舞弊审核师的亲身经历。在这些实例中，每个舞弊审核师都写下了关于案件的详细情况。尽管文风因人而异，但所有的实例都揭示了一系列全球性的问题。首先，舞弊者在实施舞弊的时候一般都没有周密的计划，相反，他们只是作出了一个又一个错误的决定。其次，舞弊就像流水一样，总是沿着阻力最小的路径行进。也就是说，现实中的舞弊过程从来都不会比舞弊者要实现其违法目的所需要的操作行动更为复杂。因而，你会发现这些阴谋从本质上看多半都是显而易见的。最后，职务舞弊都有着某种确定的模式。我们在 1996 年发布的《ACFE 有关职务舞弊的国家报告》中第一次提出了这个观点。该报告提供了两千多个经过舞弊审核师深入研究的真实案例，迄今已被重印过三次。根据实施舞弊行为所用的不同手段，可将职务舞弊分为三大类，即资产侵占、腐败行为和欺诈性财务报表。此三大类舞弊又可具体表现为许许多多的舞弊形式。

书中每个实例均讨论了四个方面的问题。其中“舞弊为什么会发生”部分揭示了人之本性的一个重要方面，即利益观；“舞弊过程”部分从会计和其他方面对舞弊进行了技术性分析；“经验与教训”告诉我们舞弊发生的症结何在；“防患于未来之建议”部分介绍了如何防止类似的舞弊行为再次发生。读者会注意到，书中案例的结局往往都不好，舞弊者放弃了正义，他们的生活也因此而永远地被改变了。在舞弊审核领域的多年工作经验让我明白，舞弊一旦发生就从来没有赢家，因此，预防舞弊便成为我们的最终目标。当然，要实现该目标应该从教育自己开始。

本书既可以用于在学校教学中向学生展示现实生活中的舞弊行为，也可以作为一些教科书的辅导用书。另外，实务工作者、经营管理人员以及企业所有者也可从该书中学到很多东西。最后，凡是对职务舞弊问题感兴趣的人也会从阅读该书中获益良多。

在此，我首先要感谢撰写这些实例的 ACFE 成员，他们做这件事不是为了钱，该书的收入将用作 ACFE 普通奖学基金，为有资格的学生提供奖学金。从事写作的人都清楚那是一个苦差事，因此他们应当为自己所做出的努力而受到称赞。作者们也深知他们与自己的编辑团队是休戚与共的。ACFE 研究部的成员约翰·吉尔（John Gill）、卡西·安德伍德（Kassi

Underwood)以及安迪·麦克尼尔(Andi McNeal)都极其出色地完成了他们的工作。最后,我十分感谢 John Wiley & Sons 出版有限公司的蒂姆·伯哥德(Tim Burgard)的全力协助,正是他的坚持不懈让我同意完成此书。

舞弊是一个非常严重的问题,其后果不仅表现为经济上的损失,而且让当事人付出了失去工作、加薪机会、公司名誉以及个人尊严的代价。《舞弊秘档》将把一束光亮撒播到政府和商业领域的黑暗角落,令我们有望在未来做到鉴前毖后。

约瑟夫·T. 威尔斯(Joseph T. Wells),注册舞弊审核师、注册会计师
得克萨斯,奥斯汀
2007 年 6 月

目 录
Contents

1

合同之便

A Contract of Convenience

小罗伯特·B.沃尔什

艾伯特·汤姆森是超级保险公司的成功人士之一。他大学毕业即被超级保险公司录取,参加了“基本技术”索赔培训项目,这是一个专门为刚刚进入保险业的新毕业的大学生设计的培训项目。

被超级保险公司录用可不是一件容易的事。申请人要经过一个严格的筛选过程,首先要求申请者的在校成绩优秀,然后还要通过几轮公司经理们的面试,最终的入选者无疑都是非常优秀的。这个保险培训项目的最大挑战之一就是要让这笔培训费花得物有所值。随着时间的推移,这些接受培训的人当中有一部分可能被超级培训公司的竞争对手挖走,这些公司既想享受培训的成果,又不想支付培训费用。艾伯特非常聪明,10年来他一直是超级保险公司忠实而又能干的员工。现在,他已经从一名培训生逐步晋升为公司的一位高级外勤理赔代表。

艾伯特为人虽然有点严肃,但一般都能够与人和睦相处。他身高5.8英尺,身材中等偏胖,有点儿谢顶,无论怎么看都没有什么特别之处。艾伯特25岁结婚,妻子艾伦非常漂亮,两人是在大学里认识的。他们很快就有了两个漂亮的女儿,住在郊外的中产阶级社区里一栋不错的农场风格的房子里,距离艾伯特儿时的家只有几英里。他的父亲是当地一家经营良好的零售企业的创始人和唯一所有者。老艾伯特总是以己为例,提醒儿子出人头地的重要性和好处。艾伯特的妻子也常常这样做,她总是给艾伯特施加压力,要给她买最好的汽车,带着全家外出潇洒地度假。艾伯特感觉他的婚姻“起点很高”,这极大地激励着他不断奋斗,以保证家人能够享受已经习惯了的奢侈生活方式。

艾伯特在超级保险公司的发展固然是引人注目的，但并非属于最快的，当年一起参加培训的人有的已经成了他的上司。艾伯特毫不掩饰自己想进入管理层的愿望，职务高薪水就高。每当艾伯特觉得自己的工作成果被低估了的时候，他就会据理力争。在最近对公司的业务档案进行审查的过程中，他办理的理赔案子遭到了一些批评，他变得尤其冲动和好辩。

"你们在总部工作的人根本不了解我的工作。"他反驳道。"我负责的区域的业务员的服务对象都是比较富裕的，他们的报价很高。我不得不稍稍提高一下我的估价，这样才能有业务员为我们的投保人服务。"

公司的一些理赔人员对艾伯特的辩解持怀疑态度，但艾伯特有一个铁杆拥护者，这就是他的顶头上司伊尔玛·韦斯特利，她对他的估价给予认可，是他的坚实后盾。

伊尔玛非常欣赏艾伯特，她认为艾伯特聪明，坚信他对工作可以不遗余力。在公司所在地遭遇飓风时，是艾伯特过来帮助她审核其他理赔调解员提交的灾害索赔单。对艾伯特的能力和忠诚伊尔玛都深信不疑，她甚至授权他以她的名义签名批准理赔单。

§样样皆优§

超级保险公司是在1901年由约翰和威廉姆斯·佩尔西两兄弟创立的，成立伊始是一家中等的地区性意外保险公司。到了80年代中期，超级保险公司加入了区域性财产和意外保险公司集团，该集团成立的宗旨是以利益将各个保险公司绑在一起，以期在以全国性的大型保险公司为主导的市场里生存下去。公司的经营安排是在为独立代理人和投保人提供优质服务的同时，让他们享受具有竞争力的保险费率。在加入集团之前，超级保险公司要实现其发展规划面临着巨大的挑战：公司的保险业务处理程序混乱，工作效率低下。其理赔程序说得好听些是有些过时，说得不好听就是毫无章法可言，索赔单的处理系统还停留在手工操作状态。变革为公司注入了新鲜的血液，新人的加入带来了新的思维，经营效率随之提高了。公司很快制定或修订了新的理赔处理程序，对信息系统也进行了升级。有了各种业务处理程序表，理赔调解员就能够更恰当地进行理赔谈判和确定赔偿额，理赔工作更有效率也更加公平了。

公司经营的改进还表现在有了培训项目，前文所说的“基本技术”培训项目就是这类培训项目中的一个。公司还提供了一些其他的服务项目，为投保人介绍可靠的维修人和承包商。入选的承包商需要经过严格的调查，他们的工作质量要接受检查和评估，对评价结果还要征求公司高级客户的意见。在被加入超级保险公司推荐的公司名录之前，承包商还需要接受详细的财务调查。在公司的价格与竞争对手相比不具有优势的情况下，客户服务质量就是制胜的关键了。

超级保险公司的变革和改进没有局限在理赔部门。在扩大经营范围之前，公司的内审部只配备了一名财务人员，既没有足够的时间也没有充足的资源来对理赔业务进行审计或对员工舞弊进行调查。期间公司也发现过舞弊并实施了调查，但是舞弊几乎都是由外部人员报告的，即投保人或保险代理人。公司存在的唯一的预防性程序就是给保险受益人寄发理赔确认函，核实赔付款是否收到、是否合法，但即使是这样一个简单的程序也没有得到认真地执行。

超级保险公司的业务规模快速扩大之后，其内审部的人员配备也由原来的一名员工增加为四名，新增三个岗位的职责分别为专项理赔审计、舞弊侦查、调查。我已经在理赔业务领域工作了10年，面对这样一个可以拓展我的职业经历的机会，我马上递交了简历。我抓住了这个机遇。几个月后，我就开始向我的上司——内审部的新任经理汇报工作，着手设计一套新的理赔审计和舞弊调查程序。我还对原来的随机挑选投保人寄发确认函的程序进行了调整，以便把精力集中在高风险的业务上。我们开始对赔付业务开展定期审查，多数可疑的赔付通过审查扫除了疑云，但也有一些赔付经查确实是员工做的虚假理赔。

§不诚实的承包商§

以传统的经商之道来看，向保险受益人寄发确认函既耗费资源又不能为公司带来效益，我们本应该放弃这种做法，就像90年代许多会计师事务所做的那样。然而，考虑到时不时地有员工舞弊案爆出，舞弊者随后都被成功起诉，超级保险公司还是将这个程序保留了下来。这不，内审部又收到了一封投保人的来信。亚瑟和詹妮弗·阿卡波在他们的来信中称，他们从来没有收到公司签发给他们的16 354美元的赔付支票。公司的审计师道恩·穆图斯奇从理赔部找出了一张已经注销的支票，收款人是阿卡波先生及夫人，还有承包商J&B公司。道恩注意到支票确实已经投保人和承包商背书签名，便给阿卡波夫妇寄了一份支票的副本，附着一封写着"您还记得这张支票吗?"字样的询证函。在大多数情况下，事情到此也就结束了，但这一次没有。

一个月后，道恩接到了阿卡波夫人的电话。"我和我丈夫收到了您的信和支票的副本，但我们根本没收到这笔赔款。"她说，"我们是在3月份因商店后面的屋顶漏水提出索赔的，但您在信中写的毁损日期是6月20日，我们在6月份没有发生损失。"

阿卡波夫人还非常关切一件事，就是他们没有在这张支票的背面签名。看来，支票上面亚瑟和詹尼弗的签名是伪造的，可能是承包商J&B在支票上伪造了他们的签名，瞒着夫妇俩把钱存进了自己的账户。道恩知道以前也有类似的事件发生，有的承包商在完成修缮工作后，为了避免通过邮寄或亲自上门获取合法签名的麻烦，就伪造理赔受益人的签名在支票上背书。虽然这种做法属于欺诈，投保人对承包商的这种财务操作方式也不太赞成，但只要承包商的工作令他们满意，也拿到了赔款，多数投保人还是认可了这种操作，觉得他们伪造个签名也无伤大雅。

道恩给艾伯特·汤普森打了电话，询问他是否知道这件事。她告诉艾伯特，阿卡波夫妇对这项赔付和修缮的处理方式感到很不满意。

"噢，你是说那个案子啊，"艾伯特马上回答说，"关于那个理赔案子，我对开始找的那家承包商对屋顶的修缮工作也有异议，我认为他们给屋顶造成了更大的破坏，所以我不得不另外请人来收拾残局。我正准备向那个承包商的保险公司提交一份替代索赔申请，让他们赔偿我们公司的赔付款。稍后我会联络阿卡波夫妇，把事情和他们说清楚，你不必为此担心。"

第二天，道恩接到了阿卡波夫妇的保险代理吉姆·米里干的电话，他说话的口吻既不友好也不礼貌。

"道恩，这起理赔是有问题的。"吉姆说，"亚瑟和詹尼弗此刻就在我的办公室。他们今天收到了你公司承保部的通知，说因为亚瑟他们今年已经提出了两次大额索赔，所以超级保险公司不能为他们的保单续保了。你们不能这样对待我的客户啊！首先，亚瑟夫妇今年因为屋顶只提出过一次索赔，不是两次；其次，亚瑟在向我报告屋顶的毁损情况时，他已经提供了宝石屋顶修缮公司的报价，修复费用为900美元，但艾伯特·汤姆森坚持使用卡夫加公司，而这个公司的报价将近29 000美元。但是卡夫加公司的修复工作不过是在伤口上面撒盐，反倒加重了毁损的程度，超级保险公司于是将此认定为另一项索赔，这到底是怎么一回事啊？”

道恩要求同阿科波先生通话。在他接过话筒后，道恩问：“阿科波先生，您能否和我说说艾伯特·汤姆森是怎么把这家承包商介绍给你们的？”

“当然可以。”阿卡波先生说：“艾伯特对我们说超级保险公司有指定的承包商来负责修复工作，他马上就会请卡夫加公司的人到我们的商店来。我与宝石公司也没有什么特别的关系，只要能给我们修好屋顶，谁来做无所谓。但是，卡夫加公司最初的工作质量很差，屋顶比没修的时候漏得还严重。之后艾伯特就派来了另一家承包商J&B公司来收场，可是你猜发生了什么怪事？我非常确定其中的几个工人就是之前把这里搞得一团乱的那些家伙。”

“这件事太可疑了。”道恩心里想。她于是给我打来了电话，详细说明了事情的原委。一想到卡夫加公司的人假扮成J&B公司的人出现在阿卡波先生的商店里，可能还带着假胡子或其他蹩脚的伪装，我们俩都禁不住笑了起来。当然，这个笑话上面罩着一层阴影：看起来公司一手培养起来的一位保险理赔员和不诚实的承包商之间有着不可告人的阴谋。

§清除不法之徒§

我们就阿卡波这起理赔案子进行了讨论，道恩审阅了该项理赔的全部相关文件。电脑屏幕上显示出一条艾伯特的日志记录。在第一次理赔结案之前，他写道：“据目前的情况判断，已发生的损失无法挽回。”可就在两天前，艾伯特明明告诉道恩他正在设法追回公司的损失。于是，道恩给艾伯特的经理皮特·查尔兹打去了电话。

“皮特，你听说过叫卡夫加或者是J&B的承包商吗？我们正在调查涉及这两家公司的两个理赔案，其中可能涉嫌欺诈。”道恩还将她收集的信息和证据传真给皮特供其参考。

不到一个小时皮特就回了电话，“我看到了我所不愿意看到的情况。道恩，艾伯特在电话里对你说的和他在案卷里的备注真的让我很不安，让我不安的还不止这些，我在案卷里找不到足够的证据来支持阿尔佛雷德所做的赔付。我需要再深入地调查一下，然后再同你联络。”又过了半个钟头，皮特再次打来电话，他的声音听起来很沮丧。

“道恩，我向我的几位经理助理了解了这两个承包商的情况，之后一位助理就给全公司群发了一封邮件，通知大家没有他的许可，不可选用卡夫加或 J&B 做承包商。”十分钟之后艾伯特就来到我的办公室，吞吞吐吐地说他不堪工作压力，当场辞职离开了。

随着艾伯特的辞职，我们也就失去了就这两个理赔案向他询问的机会。

我和道恩在公司的理赔系统中对一些资料进行了浏览，目的是找出全部由艾伯特处理的、收款人是卡夫加或 J&B 的理赔案件。我们发现，与这两个承包商有关的赔付共有 86 起，除了 8 次是由丹・摩尔处理的，其余的都是由艾伯特经手的，由丹・摩尔处理的案子的一些记录看起来也很可疑。我和道恩决定立刻去找丹面谈。我们早早地来到了他所在营业所，安排了一个小会议室，然后请皮特把丹带过来，不要向他说明缘由。没过几分钟他们就到了。丹的头发蓬乱，红棕色的头发随着他的脚步而摆动着，使他看起来比他 50 岁的真实年龄要年轻很多。我们已经认识好多年了，和他亲切地打过招呼后便给他介绍了道恩。丹看起来有点不安，但还不是特别紧张。

“鲍勃，发生什么事了？”他用标准的苏格兰腔问我。

“丹，我们正在对涉及两家名为卡夫加和 J&B 承包商的理赔案进行审计，看到你曾经选用过他们几次。”

“是的。”丹承认。“我是在几起理赔案件中用过他们，这两家公司的老板是一个人，名字叫杰克・马奇，我是在去年处理飓风理赔案的时候从艾伯特那里知道他的。当时我正苦于找不到承包商，因为他们都不接受预订，艾伯特就向我推荐了卡夫加。他说这家公司很专业、很可靠，所以我就在处理几个案子的时候用了这两家公司。也许艾伯特对他们很满意，但我却不认为他们有什么好，因此以后就没有再用他们。”

我们就存在可疑交易的案件向丹进行了询问。“这几起理赔之所以是由我开出理赔单，是因为艾伯特当时在休假，”丹略以辩解的口吻说，“他回来之后就把案子都接了过去，因为这是他负责的地区。”

一段平静的对话之后，丹突然像获知了一个秘密似的，他瞥了我一眼，说：“艾伯特是在对公司行窃，对吗？”

“你为什么这么说，丹？”我问。

“嗯，艾伯特和这个杰克对我有点过于友好了，我觉得有点不太正常，但也没有发生什么特别的事……到目前为止，就是这样。”

我说：“你看，丹，这件事我们现在还没有搞清楚，此刻就匆忙下结论或发表议论都是不明智的，所以让我们暂时对这件事保密，好吗？”

“当然。”丹表示同意。我和道恩后来核实，丹使用卡夫加公司的时间确实很短，对问题赔付应负责的人是艾伯特。

我们审查的全部案卷有一个共同的特征，就是公司的赔付金额远远超过合理的维修成本。我确信我们所面对的是受贿的问题，但并不清楚其中的蹊跷，因为我过去的理赔经历都是汽车意外毁损和责任确定方面的。在查阅了几个理赔案卷之后，我意识到要想成功地完成这次调查，就必须得到财产理赔领域专家的协助。我心中已经有了人选。

我与克里斯·布朗在超级保险共事超过 15 年，职位几经变迁，无论是在工作上还是私下里关系都很好。我清楚地知道，以克里斯的财产评估技能、他在理赔欺诈方面的经验以及他与客户的良好关系，他会对我们的团队大有帮助。我找到公司负责理赔的副总裁，向他借用克里斯，他痛快地答应了。

克里斯立刻投入了工作，开始查阅艾伯特办理的可疑赔付和相关证明文件。我制作了一张工作底表，用来比较那些高额理赔案子的原始估价、承包商报价和艾伯特确定的赔付额。道恩向一些艾伯特办理的理赔案涉及的承包商发出了确认函，其中包括卡夫加、J&B 和我们关注的其他几个承包商。根据这些确认函的回复情况，我与克里斯以做质量控制检查为由，安排了第一次与 10 个投保人的会面。在圣诞到来之前，我们的调查正式开始了。

克里斯在核对艾伯特支付给卡夫加和 J&B 的维修费金额的时候立

刻就发现了问题。在和投保人面谈的过程中，克里斯把我拉到一旁说，“鲍勃，我的测算金额不到艾伯特记载的一半，他的赔付额是正常情况下的3倍。你看看这都是些什么维修工作！”

克里斯指出，卡夫加公司在屋顶修缮方面纯粹是外行，公司不仅向卡夫加公司支付了高额维修费，而且还需支付更多的钱去收拾卡夫加弄出的烂摊子。在我们安排的其他一些检查中，我一眼就能看出一些由艾伯特签署和赔付的毁损根本就不存在，克里斯随后查明所有的理赔额都被高估，实际损失被严重夸大。

因为克里斯已经证实在损失评估和维修质量方面都存在问题，所以我和道恩也就和投保人们实话实说，告诉他们我们正在进行舞弊调查，并请他们核实其在支票上的背书和在其他文件上的签名，结果证明大部分投保人的签名都是伪造的，我拿到了他们对此的签名声明。在对一个理赔案进行审查时，我们请投保人戴安·达布朗斯科前来确认她在赔付指令（允许保险公司直接将钱打到承包商账户的文件）上的签名。

“这确实很像我的笔迹，但我不记得曾签过这份文件。”克里斯认真地审视着签名，来回翻看着案卷，找到了达布朗斯科夫人的原始签名。

“这或许可以告诉我们真相，”克里斯说。他把两个签名重叠起来，二者完全一致。显然，艾伯特或杰克将复印件上的签名剪下来，将其粘到赔付指令上再复印一份，这样，他就可以在不告知达布朗斯科夫人也不必征得她同意的情况下支付赔付款。

我们约见的另一个投保人卡罗尔·比阿蒂是一位92岁的寡妇。由于狂风毁坏了她的住宅，我们支付了近1.5万美元的维修费。我们现场察看了她的房子，克里斯再一次确认毁损的评估错得离谱。我注意到，赔付损失中包括更换墙板的成本，可是房子的壁板却根本没有更换。房屋的壁板可能已经有40年的历史了，还是毁损时的样子。烟囱也很明显地被毁坏了，碎片没有经过砌合，就那么立在那里。但是卡罗尔对此一无所知，反而还赞扬杰克·马奇。

“他是一个很有礼貌的人，”她说，“我给代理人打电话的第二天，他就带人来这里干了一天。然后他和他带来的年轻人还把院子每一个角落都清理得干干净净。”

她不知道我们为房子的损失赔付了3倍的费用，也没有意识到保险公司付了款的一些修缮工作杰克根本就没有做。她的草坪被整理过,屋顶也不漏雨,那位和蔼的年轻人和伙计们帮助她打发了孤独,虽然只有那么一两天。我们不打算告诉卡罗尔欺诈的事情,那样的话她的幻想就会被打破了,但我们说服她允许我们找人来做完她的新朋友没有做的修复工作。通过现场调查,我们最终确定的欺诈性的赔付额累计达到了 27.8 万美元。

我们认为现在可以约见艾伯特和杰克了。我给艾伯特的家里打了电话,接电话的是他本人。

"艾伯特,我是超级保险公司的鲍勃·沃尔什,"我说,"我正在审查你处理的一些理赔案件,想就一些业务问你一些问题。"电话那边沉默良久,艾伯特终于开口。

"我有律师,你可以找她谈。"他冷静地说。艾伯特给我提供了律师的名字和电话号码,然后就挂掉了电话。道恩受命与杰克·马奇取得联系。

道恩给我和克里斯都打了电话,说:"我刚刚和杰克通完话,他要在下个星期三上午九点在友好饭店的 24 号出口和你们见面。"

我和克里斯提前讨论了我们的谈话策略。我俩一致认为,如果把我们发现的全部可疑交易都拿出来与杰克当面对质,可能会使谈话变得更加复杂,不会有什么结果。所以我们决定将重点放在四个案子上。我们设计了准备提出的问题,让杰克感觉我们的约见是因为工作程序、工作质量方面的问题,而不要把事态想得很严重。

我和克里斯不到九点就到了与杰克预定的地方。之前我们从未见过杰克,一名男子从餐馆的卡座上站了起来,表明他就是杰克,他很符合对杰克的描述。他高高的个子,身材细长,暗黄色的头发,胡子修理得很整齐,左耳好像还带着一个小小的钻石耳钉。我们作了自我介绍,递上了名片,然后坐在他的对面,要了咖啡。

"杰克,你知道今天我们为什么来找你吗?"我问。

杰克回答说:"我的一些客户跟我说,你们正在调查我。"他的表情分明告诉我们,投保人透露的这个消息让杰克很不高兴。

克里斯说:"是的,杰克。我们正在调查艾伯特·汤普森处理的由您担任承包商的理赔案。你愿意回答几个有关案子处理情况的问题吗?"

“好，没问题。”杰克有点犹豫地回答说。

“能说说达布朗斯科的理赔案的情况吗？”克里斯问道。

在我们走访达布朗斯科夫人的时候，她向我们表示她对完成的工作不满意，而且有些还没有完工。

“你估计什么时候能够完成维修工作？”克里斯追问道。杰克说：“我昨天和她谈过了，我们要拆掉她的卧室的地毯。我们已经订购了新的地毯，只要地毯一到我就立刻去铺好。我计划下周就去拜访她，拟定余下工作的时间表。

克里斯继续问：“你知道，我们正在审查艾伯特处理的案件卷宗，里面一些关于这房子里房间的照片与实际并不相符。请问你当时是否和艾伯特一起察看了达布朗斯科的房子？”

“不，我没有去。处理这一理赔案的过程中我从未见过艾伯特。”杰克回答。

克里斯继续追问：“你还记得格里和布伦娜·拉姆森的理赔案吗？我和鲍勃到他们家看过，我不得不告诉你他们也不是很满意。”

“他们的问题是什么？”杰克有点不耐烦地问。

“嗯，”克里斯回答：“首先，你的木工活和铺地毯的质量与房子的其他部分明显不一样，油漆刷得更糟糕。最重要的是，他们还给我们看了价值20 000美元的东方地毯，显然你们在用吸尘器清理地毯时把他们弄坏了。”

杰克虽然有点紧张，但还是在极力辩解：“我的工作并不包括清洗地毯。刷油漆由我的分包商负责，他离开的时候房子的主人很满意。我把损坏的地毯样本拿给了我的供应商，然后为他们更换了和原来质量一样的地毯。”他坚持说，“他们永远都没有真正满意的时候！”

“好吧。那么里吉纳·哈蒙的理赔案是怎么回事？你还记得她的房子吗？”克里斯问。

杰克安静了下来。“是在华盛顿吗？”他问。

“是啊，就是那所房子。”我说，“一个星期前我们去检查了她的房子，将损失估价和你所做的修缮工作进行了比较。你知道吗？我们所看见的、你做的唯一一件事就是更换了后门廊的屋顶。其他毁坏的地方你要怎么办？我们可是付给你5 700美元。”

“损失评估表上的每一项工作我都做了。”杰克发誓说。

“哦,你得了吧,你们要刷漆的走廊墙面上贴着墙纸,那些墙纸显然在你我出生之前就已经在那里了。”我说。他无语了。

克里斯探过身子低声问杰克,“你还记得卡罗尔·比阿蒂吗?”杰克没有回答。

“你知道她的家,对吧?有两个卧室的小房子,需要更换一个屋顶、供电线路需要维修、烟囱需要重建,还有新的护墙板?可你们做了什么?我们公司为15个项目做了赔付,但除了修缮屋顶,其他的你什么也没做。”

杰克说他也不知道为什么这些工作没有完成,他没有理由不完成它们。

又过了一会儿,杰克说:“听我说,我从未打算做任何非法的事情。如果你们认为我的工作有问题,我会改正。”

“杰克,我们关心的问题并非只有这一个,”我说:“我们已经从这些家庭的房屋抵押权人那里找到了证据,我们签发的支票上的背书都是伪造的。你有没有在我们的支票上伪造过他人或银行的签名?”

“有过,有时候,”杰克说,“但是大家都这样做,这不违法,不是吗?我和塞维普罗公司之间一直都是这么做的。”

“杰克,这是违法的。”我说,“事实上,我们已经从抵押权人那里得到了证据,可以证实这些签名都是伪造的。”

杰克突然瘫坐在座位上,目光向下看着桌子。当他重新抬起头的时候,他看着我们说:“我有家庭,家庭是我的一切。我现在有麻烦了,是吗?”

“我们不是警察,杰克,”克里斯说:“我们只是保险公司雇员而已,正在调查一名前雇员处理的理赔案件。”又是一阵沉默。

最后我说:“我们现在看到这些理赔中存在的问题,通常都是商业欺诈问题。”

杰克对这一说法感到非常不安。“我需要找一个律师吗?”他问。

我重复说:“我们不是警察。”“我们代表的仅仅是超级保险公司的利益。我们来找你的目的是向你询问这些理赔案的情况和你与艾伯特之间的关系,仅此而已。帮不帮助我们随你自愿,你是这里唯一知道自己是否需要律师的人。”

我们与杰克的谈话再次陷入长时间的、尴尬的沉默中。克里斯站起来去付咖啡钱。当克里斯返回桌子时,我与杰克四目相对。

"听我说,杰克,我们已经试过联系艾伯特,问他同样的问题。他的回答是让我们找他的律师谈。而你对我们的回应是坐下来和我们交流,所以我想我可以代表克里斯说我们知道这其中谁是真正的坏家伙。我认为你还是想帮助我们,所以,如果你知道什么有利于我们调查的情况,就应当告诉我们,因为如果汤普森有一天要跟我们对话的话,他绝对不会替你考虑的。"

杰克接着就将整个事情的来龙去脉告诉了我们。艾伯特开始是向我借钱,然后通过虚报理赔额来偿还。后来他更加得寸进尺了。"这次理赔他要700美元,下次理赔他要1 000美元,不久,我们在每件理赔案上都要虚报。"杰克看上去有点失神,"我不知道事情怎么会达到如此无法控制的地步。"与其说他是在对我和克里斯说话,倒不如说他是在自言自语。当杰克的头抬起来的时候,我们看见他眼眶里噙满了眼泪。他用沙哑的声音说,"如果你们要逮捕我,请不要当着我孩子的面做这件事。"

§将调查向前推进§

调查报告一经完成,我们立刻将它提交给了州保险官员,同时向州高等法院提起诉讼。我们相信我们所做的调查、提交的证据、撰写的报告足以引起检察官的注意。我们的估计是对的,但还是费了一点周折。

在第一次见面会上,检察官很有礼貌地听完了我们的说明,然后问,"请你们再解释一下为什么认为这是犯罪行为?我的意思是,保险理赔过高不是每天都在发生吗?为什么你们不认为这是保险调解员不称职或工作失误呢?"

我们耐心地把整个事件向他说明了一遍。告诉他艾伯特不仅仅是将理赔额定得高于维修成本,而且还虚构损失,为根本没有发生的毁损支付赔偿款。最恶劣的是为了不让投保人知道真实的理赔额,杰克在我们公司签发给投保人的大量支票上伪造背书签名。检察官终于被我们说服了。但在这将近一年的时间里,因为案件曾在几位检察人员中间转手,我们不得不逐个地激起他们对本案的兴趣。

在提起刑事诉讼的同时,我们也向艾伯特和杰克提出了民事起诉,追讨被他们骗取的赔付款。公司的律师递交了一份审前臆断性补救措施申请,要求在法庭判决前将艾伯特和杰克的财产予以扣押,这是基于两个考虑:第一,防止他们的财产被清算或隐匿,法院是可能将这些资产判给我们作为赔偿的;第二,他们两个人构成犯罪的行为仅涉及伪造签字的那一部分业务,对他们的刑事指控针对的只是伪造支票背书,我们公司则打算尽可能弥补我们的损失。

在提交法院裁决前财产保全的过程中,我和克里斯被法庭作为证人传唤到庭。我在法庭上介绍了我们发现的欺诈性活动,期间艾伯特和杰克的律师多次提出反对。当克里斯出庭作证时,很多问题都是我已经回答过的,但他以专家证人的身份介绍了公司的理赔处理程序,杰克的律师只有一次提问:

“布朗先生,你刚才证实超级保险公司有一个操作规范,允许公司的理赔调解员直接把投保人介绍给某个承包商,是这样的吧?”

“是的。”克里斯回答。

“你还证实我的委托人杰克·马西不符合这个操作规范的要求,因此不应该作为备选的承包商被介绍给公司的投保人,对吗?”律师问。

“正确。”克里斯说。

杰克的律师——佩里·梅森走上前来直面克里斯,他开始发难了。“那么,你能告诉我为什么我的委托人的名字会被印在这个文件夹的封皮上吗?难道超级保险会为每一个非备选的承包商配制一个名章吗?”他问道。

克里斯有点措手不及。他知道我们没有在文件夹上盖承包商的章,但表明事情相反的证据对我们很不利。他表情凝重地请求看一下这个案卷,杰克的律师把案卷递给了他。克里斯仔细地看了一会儿,紧皱的眉头松开了。

“当然,我可以解释为什么你的代理人的名字会印在我们的案卷上。”

“请讲。”律师傲慢地说。

克里斯说："3[1]月22日，这是该案卷办结的日期，律师先生，不是杰克·马西的姓氏。"杰克的辩护律师呆住了。

法官用轻蔑和同情的眼神看了他一眼，说："我已经听清楚了。现在休息，我很快就会回来宣布我的决定。"

20分钟后法官回来了，他宣判说："我认为，原告证据充足，我准许对被告的30万元资产实施扣押。稍后我会发布逮捕令拘捕两个被告。"

最后，艾伯特和杰克被认定犯有盗窃罪，分别获刑5年和4年缓刑，并支付相应的赔偿金。我们收到的赔偿金约为艾伯特理赔案超支额的一半。

§经验与教训§

我与克里斯以及道恩为调查此案花了将近四年的时间。通过这次调查，我们学会了如何来组织和实施一次成功的调查，还有如何准备诉讼材料。

我知道仅凭我自己有限的财产评估技能，要想完成理赔调查是不现实的。如果你不具备足够的专业技能，说不清楚调查工作的关键问题，那么寻求该领域的专家的帮助和作证就是非常重要的。在我们本次审查的每一个超额理赔案中，克里斯·布朗的专业技能都为我们提供了可靠和令人信服的证据，如果没有这些证据，我们除了有审计师的无保留意见之外，对案子可以说是一筹莫展。

另外，寻求民事赔偿来弥补损失是一个适当的做法。我们所做的调查和撰写的报告，能够说服检察官以盗窃罪起诉艾伯特和杰克，但只适用于涉及伪造背书签名的事项，如果只依靠刑事诉讼，我们最多会得到约55 000美元的赔偿金，由于我们同时提出了民事诉讼，公司才得以成功地讨回了14万美元。

我发现，只要司法人员了解了犯罪的性质，他们就会很乐意把我们的诉讼报告提交给检察官，我们起诉遇到的障碍是交易数量大和外界对理赔业务普遍缺乏了解。对于某些交易，司法人员可能还做不到充分理解相关的活动，也不知道它为什么是不恰当的。因此，如果要提起诉讼，就

---

① 英语的三月为March，律师的当事人的姓氏也是March。

必须具有耐心和韧性。

我们提交给司法部门的调查报告是一份综合性很强的文件，包括案子的摘要，司法人员和检察官通过摘要就可以了解案子的主要内容。我们在报告中还展示每一笔可疑的交易，还有证明理赔金额被虚报的评估报告和照片。在向州法院提交报告时，我们给调查员列举了有关欺诈行为的事例，出示了伪造的文件和大量的书面证词，这些都有助于他了解案情，从而支持我们的诉讼。

§防患于未来之建议§

1. 承包商系统维护和赔付支票签发两项职能需要分离

艾伯特的舞弊行为之所以能够得逞，部分原因是他能够进入索赔系统并添加新的承包商记录。事实上，被授权在系统添加新承包商的员工不能再承担签发赔付支票的职责。现在公司添加新承包商的工作已从理赔部剥离，由另外一个部门负责。

2. 赔付支票处理程序

我们在调查中发现，为了控制资金的流向，艾伯特总是设法自己拿到赔付支票，而不让出票部门直接把支票寄给受益人。对赔付支票的寄发环节，管理当局必须设计并实施严格的控制措施。现在超级保险公司已做出规定，如果要将赔付支票给保险理赔员（已经很少发生），必须经过管理人员确认这样做的必要性，而且要在业务单上签字。

3. 管理人员的审核职能

我们在审查艾伯特的理赔案卷时就很纳闷，为什么他的上司伊尔玛没有注意到一些明显的警示信号。我们后来发现，艾伯特可以将伊尔玛的签字模仿得惟妙惟肖，可以骗过案卷管理员的眼睛，使他们相信他的文件已经主管人员审核。伊尔玛把一些管理职责交给了艾伯特，使艾伯特学会了如何阻止她审核自己的理赔资料。因此，应当严格禁止让员工来执行某些安全管理职能的行为。

2

美色诱惑下的腐败

Corruption by Seduction

道格拉斯·M. 沃森

许多人以为卡尔顿·怀特只是个小人物而已，他毕竟只是一名美籍侨民，在法戈石油公司担任特别事务协调人。该公司正处于一桩内部舞弊调查的旋涡，而卡尔顿正是内部舞弊团伙最早的核心人物之一。这个小集团不仅贿赂、拉拢和诱骗公司的高管人员，还和政府官员、公司同事甚至朋友们拉帮结派，其目的只有一个——尽量满足卡尔顿的老板萨米.A. 哈梅德的要求。作为回报，卡尔顿近 14 年来不断得到职位提升、高额薪水和休假。

一天，他接到了一个电话。

那天是 12 月 13 日，不是周五，但对卡尔顿来说就是一个黑色的星期五，因为这个电话意味着他的生活保障被打破了。这个电话是公司的舞弊调查部打来的，让他回答的问题似乎相当简单：他能否合理地解释一次由公司负担的从中东到美国的旅行？他可否到公司总部来聊聊？打电话的人极为礼貌。

麻烦的是，卡尔顿那次行程唯一要做的事就是和他老板的女朋友结婚，然后把她带回中东，以便于她和卡尔顿的上司继续维持他们之间的不正常关系。

一连串的问题闪过卡尔顿的脑海："我现在该怎么办？他们还知道些什么？为什么调查部要跟我谈谈四年多以前的一次公出？萨米会怎么想？"

从公司的组织架构来看，萨米是卡尔顿的上司的上司，但卡尔顿知道他的顶头上司只是个摆设而已，他事实上只对萨米负责。

卡尔顿心想："萨米的能量非常大，但愿萨米可以帮助自己摆脱这件事。"

"但是，"卡尔顿又想道："这次不一样。"这一次，调查部所提的问题直逼事情的真相，他真不应该是这个接电话的人，电话那头还在等待他的回答呢。

萨米是法戈公司项目管理部的执行总经理。他还在读大学的时候就已经在石油公司任职了，现在已是公司副总裁的候选人了。在过去的二十二年里，萨米贡献给公司的是忠诚、效率与创造力。但随着时间的推移，事情渐渐发生了变化。他聘任卡尔顿作为他的业务经理，现在回过头来看，正是从这项聘任开始情况发生了转变。当然，起初的变化并不大。卡尔顿的职务是特别事务协调人，而这个工作却并非人人都可以做。卡尔顿对公司运营及项目管理并不是很了解，但他确信自己能尽快熟悉新的工作。如果你需要什么东西，从一根电线杆到一个科勒马桶的冲洗阀，卡尔顿都能以最低的价格迅速地帮你买到。

萨米虽然是巴勒斯坦人，但他对西方尤其是美国有着强烈的个人情结。萨米现年四十六岁，但他看上去很年轻，胡子修剪得很整齐，有着一头乌黑的卷发，还有一双温柔的眼睛，你一见到他就会情不自禁地喜欢上这个家伙。并且，他的聪明达到了让人难以置信的程度。

萨米是个杰出的工程师，加上他话语柔和、颇具领导魅力，使得下属们都愿意努力去工作。公司曾派他去美国攻读工程硕士学位，在不断晋升的同时，他完成了公司高级管理人员研修班的课程。

在伦敦读大学期间，萨米和他的第一任妻子佩内洛普相识并结婚。在他的眼里，妻子有点过于拘谨，但很漂亮。后来，他们有了两个女儿，迪娜和阿伊莎。

在公司任职的二十二年间，萨米先后在很多岗位上任职。刚进公司没多久，他就被任命为项目管理部门的主管，大家对此还颇有争议，因为该部门是公司最重要的辅助部门之一。这个部门负责管理公司内最复杂、耗资也最大的项目，他在这个岗位上表现得近乎于完美无瑕，始终能够按时或提前完成各个项目。在公司的各类嘉奖会议上总能见到他，有时他是颁奖嘉宾，有时是获奖者。他经常受到公司高管层和建设项目承包商的赞扬。他办公室的"荣誉墙"上挂满了奖状，就像一个军官把他所有的勋章和奖状都自豪地挂起来一样。

阿什拉夫拉荷·卡斯提,他更喜欢别人叫他阿什拉夫,是萨米所在部门的办公室主任,他接到副总裁办公室的人打来的电话后怒不可遏。电话里说他们部门的后勤管理人员卡尔顿正受到公司的舞弊调查部的调查。阿什拉夫也知道卡尔顿常常触碰规则的底线,但还从未达到让调查部对他感兴趣的程度。

阿什拉夫一边接听电话一边想,在公司内部,除了总裁恐怕没有人希望与舞弊调查部打上交道。

“哦,我的安拉!”阿什拉夫不禁说出声来,天晓得接下来会发生什么事。

阿什拉夫所担心的当然不是卡尔顿的处境,他所担心的是,卡尔顿是萨米的心腹,所以他知道萨米的全部秘密,而卡尔顿只会极力保全自己。阿什拉夫坐了下来,在向萨米汇报之前,他必须考虑所面临的选择。

阿什拉夫不仅有着印度人的高度智慧、狡诈的特性,同时还具有一种特殊的才能,即非常善于选择团队成员。他的朋友及对手们称他为打不败的人、恶棍和阴谋家。阿什拉夫是个典型的克沙特里亚族印度人,身高六英尺多,黑色的头发,有点秃顶,面色苍白。他长着一副圆脸,蓄的不是八字胡,而是修剪整齐的络腮胡,盖住了整个下巴。阿什拉夫总是用他那双隐藏在金属眼镜框后面猫头鹰似的眼睛观察着周围的一切。

阿什拉夫掌握着项目管理部门的一切活动,包括工作时间、出勤情况、休假计划、升职推荐、职位空缺名额、出差审批和报销、合同起草和发包等等,所有这些具体的管理事务统统都经由他来处理。他是部门计划的核心,更是团队凝聚力的黏合剂。尽管现在他还不太了解卡尔顿出事的具体情况,但他相信自己肯定能够全身而退。

阿什拉夫走进了萨米的办公室,向他汇报了有关卡尔顿的最新消息。

在阿什拉夫接到电话后大约一个小时,帕姆也接到了一个电话。

“帕姆,你从卡尔顿手里拿到你的离婚文件了吗?”萨米温柔地问道。

帕梅拉·凯·哈梅德是萨米的新任妻子。萨米和佩内洛普分居相当长一段时间后离婚,在分居期间他认识了帕姆。

帕姆的前夫福瑞德·科恩是法戈公司大区项目组里的设计工程师。萨米和帕姆是在一次公司聚会上认识的。

帕姆身材娇小，一头浓密的淡黄色短发，一双大大的蓝眼睛，她对身边年轻男孩子的吸引力绝不亚于盗版的《花花公子》杂志。在萨米的眼里，帕姆简直就是完美无缺，没过多久两人就擦出了爱情的火花，并且很快就发展到了不止是眉目传情的程度。

也许是阴谋，也许是巧合，帕姆的丈夫很快发现自己成了公司裁员的牺牲品。公司称之为“精简机构”，但是只裁减海外移民，并且丝毫没有谈判的余地。帕姆的丈夫为公司服务了十年，却忽然成了多余的人。尽管可能是巧合，福瑞德还是比较体面地离开了公司，他拿到了数千美元的离职补偿费。福瑞德全家回到了美国，之后不久，帕姆和福瑞德就离婚了。

他们离婚之后，公司接二连三地发生了一连串的事件，不仅给公司造成了巨大的损失，还引发了激烈的利益冲突，使公司卷入了行贿受贿的丑闻，同时还爆出了编制虚假报表、操纵招投标、泄漏敏感信息等问题。

法戈是一家位于中东的石油公司，总裁为最高领导人，由各分管副总裁负责管理石油的勘探、开采、提炼及销售等各项经营活动。法戈实行目标管理责任制，通过制定一系列正式的管理政策文件来指导和控制员工的行为。尊重所在国的各种风俗习惯，运用商业利益和国际法来调和各种利益冲突，均是该公司文化的一部分。

法戈公司的员工来自不同的国家。在舞弊阴谋的策划期间，公司的项目管理部就是由来自美国、英国、印度、巴基斯坦、巴勒斯坦、黎巴嫩、沙特阿拉伯、澳大利亚、菲律宾及其他阿拉伯国家的员工所组成的，他们中的每一个人都分别在工程设计、项目管理、计算机与信息交流、合约管理、成本核算或行政管理方面各有所长。

项目管理部作为公司的辅助部门，一直沿用公司传统的业务组织架构，然而正是在这里频频出现舞弊行为。法戈公司的运营系统是由一系列的规章制度、管理方针和管理程序规范的，这些制度、方针和程序在制定时就已充分考虑到员工的国际化背景，构成了必要的“反舞弊”防火墙，包括内部控制系统和内部控制程序、内容全面的利益冲突与企业道德守则，以及针对日常工作中所应遵守的企业道德责任的专项培训计划等。令人不解的是，正是这个精心设计的、适用于所有生产经营活动的企业道德守则却成了腐败行为的敲门砖。当然，它最终还是为纠正公司内部舞弊团伙的错误行为奠定了一定的基础。

§为所欲为§

凯恩·赖利是一位出色的调查专家,曾担任过警察局局长,有着三十年的司法实践和司法调查工作经验。他提前从警察局退了休,然后签约做了法戈公司舞弊调查部的顾问。

那段时间我担任舞弊调查部的主管。因为部门的人手不够,我们需要一流的调查专家来培训调查部的来自不同国家的成员,教他们如何更好地抓住那些“坏蛋”。法戈公司要建立一套有效并切实可行的企业道德守则,它还要有一个强有力的专业部门来调查和核实发生的舞弊行为,舞弊调查部的职责就是要查明舞弊的真相。

我与凯恩在15年前就相识了。在他的专业领域内,凯恩是最出色的。他非常擅长让嫌疑人坦白,这一点没有人能够比得上他。他做调查工作时始终坚信两点:一是那些表面上的巧合事件实际上往往并非巧合,二是再高明的骗子也有被骗的可能。凯恩的长相没什么特别,中等身材,红色的头发稍显稀疏。他的眼睛是蓝色的,有时还可能是绿色的,你没法辨别他眼睛的颜色,因为那双眼睛会随着情绪的变化而变化。如果他的眼睛看起来是蓝色的,徇私舞弊的人可就要当心了,因为他正在搜寻“猎物”。虚假的财务报表、操纵招投标、泄露保密性信息,都是他启动侦查行动的动力之源。

凯恩被安排去调查卡尔顿,在电话的另一端耐心地等待卡尔顿回答的人正是他,此刻他的眼睛正在变成蓝色。

在凯恩给卡尔顿打电话以前,还没有人向高级管理层汇报有一位高级管理人员被怀疑有舞弊行为,舞弊调查部也没有人考虑过调查一位部门执行经理可能带来的后果。但凯恩已经先走一步约见了詹森·Q.普兰克。

为了保护詹森的身份,舞弊调查部把CS－1作为詹森的代号,但詹森本人并不在意公开他的身份,也不在意人们知道他愤怒的心情。他知道自己为什么被裁员,他相信原因是他失去了萨米和阿什拉夫的信任,尤其是阿什拉夫,因为他已经对萨米的经营之道构成了障碍。

詹森说:“萨米简直已经到了无法控制的地步。他通过部门经理对项目管理部施加压力,甚至还绕过部门经理直接对项目经理和工程师施加压力,以便挑选或关照某些特定的承包商。萨米至少与三个承包商存在着利益关系,他很可能收了承包商送的钱财。为了让自己消息灵通、为所欲为,萨米在部门内上上下下都安排了自己的眼线。他幕后操纵项目招投标过程,并把关键信息泄露给那些拟予关照的承包商,以便他们能够中标。”

上面的谈话只是和詹森第一次秘密录音谈话的一部分内容,其真实性不用怀疑。实际上他掌握着大量涉及舞弊、贿赂和有潜在严重渎职行为的信息,以詹森的声望和背景,他提供的信息是令人信服的。他在法戈工作了二十年,是大家公认的既能亲自动手又能担起管理职责的高级工程师。他是得克萨斯人,对人不够热情,但为人坦率,嘴上总爱叼着雪茄。他本来有资格早点退休,但他并没有打算离开公司。从表面上看,舞弊调查部找不出詹森被解雇的原因,至少没有业务方面的原因。

通过与詹森历时三天极为详细的会谈,凯恩得到了一份内容全面的证词。

现在,唯一的问题就是凯恩的“内线”已经被排除在那个团伙之外。由于詹森已被裁员,他无法接触那些可以用来为未来的指控提供证据的文件和资料。

唯一能打开法戈公司潘多拉盒子的人就是卡尔顿。

詹森在和凯恩交谈的时候曾提到过,在萨米和帕姆结婚后,似乎一切都发生了变化。萨米的全部心思都放在了帕姆身上,为她建造新别墅,为她安排特别的工作,如此等等。

詹森还解释说:“在萨米和帕姆结婚以前,卡尔顿回了一次美国,是和帕姆结婚,然后把她作为家属带回了中东,帕姆和萨米从此时开始同居,一切的开销都由公司埋单”。

突然间,一个新的想法让凯恩为之一动。一会儿的功夫,凯恩便和一个名叫玛丽的女士轻松地聊了一次。玛丽有时会提供一些关于公司员工有趣的花边新闻。法戈公司成员之间关系紧密,而玛丽似乎知道关于每个人的每件事。谁是英国人、谁是单身、谁的人缘好、谁是当地剧团的成员等等,玛丽都知道,她掌握所有最新的花边新闻。

玛丽和凯恩说起了帕姆的事，她说帕姆已经和大区项目组的某个人结婚了，暗地里却与另一个高级管理人员同居。

玛丽还说："在帕姆的丈夫被解聘以后，她便抛弃了他。为了能回到法戈以便和她的男友同居，她很快与一个美国人结了婚。如果说这种行为还不算是为所欲为的话，我真不知道天底下还有什么是为所欲为的了。"

现在，事情已经显露出其本来的面目了。帕姆的行为不仅没有增加调查的难度，反而让事情看起来更加清晰了。

到此，所有的证据都齐全了——结婚证、美国签证申请、家用物品托运单、商务舱机票、报销单据，都被人事和财务部整整齐齐地归档在案。毫无疑问的是，卡尔顿和帕姆的确结了婚，帕姆是作为卡尔顿的妻子和供养的家属来到中东的。

凯恩在翻阅这些文件的时候发现了一个秘密：一封邮寄的离婚判决书。卡尔顿和帕姆以邮件的方式被判离婚，这是多米尼加共和国的特殊规定——仅仅花费一百美元就能恢复自由之身。

§你拿到备忘录了吗？§

舞弊调查部的会议室看起来很冷清。会议室里没有窗户，只有两把不太舒服的椅子，里边的墙边放了一张灰色的金属小桌子，桌子有点褪色，还有些疤痕，上面只放着一摞纸。会议室是隔音的，但是墙后面是装了电线的，在凯恩和卡尔顿面谈的时候，我们可以听到他们的谈话内容。他们两个人谈了两次，在第二次谈话快结束时，卡尔顿开出了条件。

卡尔顿一边给凯恩填写一张私人支票一边问："25 000 美元够不够？我想尽快把这件事给平息了，支票的抬头应该怎么写呢？给你还是给公司？"

凯恩显然不能接受这张支票，但是他已经得到了他想要的信息：卡尔顿的话已经揭示了这个舞弊案的要害所在。

在和卡尔顿会谈之前，凯恩一直在告诫自己："只要能找到案件的缺口，就能最终破案"。现在缺口已经找到了，但还缺少案件侦破的主要线索，这个核心线索可以把所有的蛛丝马迹连接在一起，最终找出舞弊的真相。

詹森在指控萨米一伙的过程中还提供了一些线索，如萨米如何费尽心机地安排部门员工，如何巧妙地安插他的心腹。詹森在他的证词中写道："萨米至少在三个工程项目中做过以权谋私的事情。比如：合约部推荐一些新的承包商或者一些不知名的承包商来参与竞标，这些承包商要么没有合法的资质来承接拟招标的项目，要么是根本没有做此类项目的经验。当萨米的设计工程师估算出项目的各项明细成本后，萨米便把公司的估算造价透露给他拟予关照的竞标者，这些竞标者就能轻而易举地报出很低的价位，轻松地打败那些最有经验的竞标者。只要他们拿到了项目，即使项目在实施过程中出现了问题，他们也能利用与萨米的特殊关系，使法戈作出对他们有利的决策，或者直接变更合约内容。"

萨米不会指名道姓地说出项目管理部哪个员工的名字，但他知道项目部的问题在哪里。

为了能够控制住一切，萨米需要在四个关键的部门找到同党，这四个部门包括行政与后勤服务部、工程管理部、设计与建筑管理部、合同管理部。随着时间的推移，他和阿什拉夫还不断地从四个部门中精心挑选一些人加入到自己的同党中。当然，加入这个核心团伙并不需要什么正式的仪式，也不像加入黑手党那样需要宣誓，小集团就这么悄悄地发展着。萨米和阿什拉夫对一些关键员工不断地施与特别的恩惠，慢慢地把这些人拉入小集团。

总而言之，这个内部团伙组织严密，能量巨大。萨米和阿什拉夫通过在每个部门都至少安插一个同党，建立了一个训练有素的秘密网络，一有风吹草动，他们便会尽早察觉。

在对这个团伙进行仔细研究时，我和凯恩发现了一些有趣的事，阿什拉夫可以控制团伙里的每一个成员，唯独帕姆是个例外，恰恰是帕姆的事促成了这个腐败案件。

在卡尔顿把帕姆带回中东后不久，萨米就利用职权把帕姆安排在合同管理部担任合约管理员。尽管公司的利益冲突和职业道德守则不提倡家庭成员在同一部门工作，但萨米指使阿什拉夫插手此事，绕过了人力资源部的常规渠道。

法戈公司的员工来自二十多个不同的国家。在项目管理部乃至整个公司，当业务发展需要时，具有各种文化背景的人可以互相合作，但在社交方面,来自同一个国家或具有相同的文化背景的人更容易走到一起,更容易取得相互的信任,当然,这其中也不乏个人喜好的原因。

把帕姆安排在合同部引起了诸多的反应。在那些来自于阿拉伯、菲律宾及其他以伊斯兰教为主要信仰的国家的员工看来,这件事是有悖于常理的。在他们眼里,女人的地位通常要低于男人,但帕姆所担任的合约管理员职位对公司来说却是很重要的。她负责审查竞标候选人的资质,审核承包商的要价是否合理,核实承包商的业绩是否属实等,每一项职能在管理控制系统中都占有重要的地位。由于帕姆已经是执行总经理的夫人了,员工们心里都清楚,即使他们不喜欢所看到的这一切,大家也毫无办法。而对于来自美国和英国的员工们来说,帕姆的到来是一个契机,他们把她看作是可以用来削弱萨米在公司地位的一个砝码。

这个小集团极力把触角渗透到公司的日常运转中去,并利用公司管理上的漏洞来牟取私利。帕姆可以通过制定竞标人资质标准来选择拟予关照的承包商作为竞标候选人,并通过操纵候选人的竞标得分来给竞标人排序。依仗着上司夫人的地位,她的决定没有人敢反对。"理想"的承包商中标以后,其他的事情就好办了。

正如詹森所说,小集团控制了合同管理部之后,其他部门也就容易理顺了。凯恩分析说:"所有这些都源于帕姆,萨米所做的一切都是为了维系和帕姆的关系,他需要帕姆,所以才派卡尔顿去设法把她接过来。帕姆一到法戈,萨米便不顾一切地取悦她,什么也挡不住他。但对于萨米来说,他要想随心所欲,就不得不建立自己的小团伙,因为他需要有人来帮他控制局面,达到自己的目的。"

我打断凯恩说道:"我们应该仔细研究一下詹森的证词,这件事不是像一桩偷情和欺诈旅行事件那么简单。"

萨米的行为对员工和公司都造成了影响。首先,萨米利用公司高管人员的职权为自己的新任妻子提供奢华的享受和社会地位,他自然就破坏了公司的职业道德守则,也没有履行好自己的受托管理责任。

公司的一些书面材料证实了卡尔顿对凯恩所说的话。为了让自己的情妇回到法戈,萨米指使阿什拉夫给卡尔顿安排所谓的工作任务、核准其出差申请等等,促成了卡尔顿的美国之行。卡尔顿美国之行的公开理由是去休斯敦办理公务,这不过是一个骗局,事实上卡尔顿根本没有去休斯敦，在美国也没有任何公务可办，他去的是拉斯维加斯，就在3月24号上午10点39分，他在那里和帕姆结了婚。美国的法院记录证实了这件事。后来，法戈位于美国的子公司出资并安排了帕姆的国际旅行，以卡尔顿的新婚妻子的身份来到了中东。

帕姆和卡尔顿从美国回到中东后，立刻搬到了萨米的住处，而这时的萨米还住在公司提供的高管人员公寓内。

与此同时，卡尔顿不声不响地递交了金额为5 240美元的差旅费报销单。报销的金额虽然不大，但却造成了极坏的影响。项目管理部，再说具体一点，就是萨米小集团的成员立刻把萨米作为榜样，他们认识到，做点违背公司道德守则的事情不仅合情合理，而且有利可图。

高管人员公寓成了当地的外国租界，那里并不太欢迎外国人。对萨米来说没有问题，但对他的前妻和帕姆来说，都不太适合住在此处。于是，萨米想拥有一套属于自己的别墅，里面既要合理地配备具有阿拉伯特色的娱乐设施，又要符合帕姆所喜欢的美国式的奢华装饰。建造这个别墅成了项目管理部的头等大事。

关于建造别墅的这一信息再加上詹森在证词中所提及的背景资料，使我们感到必须对相关合同立即进行详细的审查。每一份正式存档的合同档案应该包括与该合同签订及履行过程有关的所有文件，甚至包括手写的便笺，上面通常有具体的日期或数据表格。这些文件一直陈放在文件柜里，正耐心地等待着调查组成员来揭开其神秘的面纱。

我们成立了一个四人小组来审核相关的合同。他们所审查的都是一些基建合同，都是由萨米的同党操办的。下面就是我们审查合同档案时发现的一个备忘录：

● 一份项目经理写给副总裁的备忘录：

大约在两个月以前，您与我谈及我曾经参与我们部门执行总经理萨米建造他的私人别墅一事，我可以证实确有此事。但需要声明的是，我并没有因为这件事而影响自己的本职工作，我有时是在午饭时间，有时是在下班后的休息时间才过问别墅的事。我所知悉的唯一不当之处是曾经调用了公司一名施工现场主管，在萨米私人别墅工程的最后四个月里由他来负责监督并协调现场施工。我希望此事能引起您的重视并给公司管理层提供必要的建议。我对由此带来的后果将不负任何责任。

● 副总裁手写的批示：

已经与萨米谈过，事情已经解决。

遗憾的是，副总裁所说的并没有发生。调查组在审核合同时发现了一些线索。从项目立案、工程设计到破土动工、正式建设，公司建设项目和萨米私人别墅的工程进度完全吻合，别墅的建设成本也通过工程变更单、采购订单和工时记录等种种途径，巧妙地混进了公司的在建项目中。

例如，舞弊调查组得知，工程设计部的史蒂夫·菲利普斯是萨米非常信任的团伙成员之一，他在萨米的别墅开始建造前的三个月就已经开始受到特殊的照顾了。假借公司正常项目设计的名义，菲利普斯去美国参加了三维计算机辅助设计技术培训，并购买了高级设备及软件。

舞弊调查组很快又发现，菲利普斯即使是以合理的项目设计名义被安排此次公务出差，但在正常情况下这次出差也不应被批准，因为这个项目并不需要这种层次的技术，出差只会无谓地增加费用。菲利普斯被批准出差的真正原因是去设计萨米的新别墅，所以可以不计代价。当然，菲利普斯得到了一个绝佳的机会去学习一项向往已久的新技能，并可以将公司三维电脑辅助审计专家的头衔加到自己的简历中。

项目管理部承担了建造别墅的全部工作。别墅的建筑设计、现场勘察和施工监理都在萨米的直接监督之下，由小集团中的一个人专门负责相关工作的分配、执行和验收，建设成本计入公司的正常建设项目。除了部分诸如意大利大理石及柚木木料等特殊材料以外，建造别墅的大部分建筑材料和物资的成本都通过增加公司建设项目所需材料的用量，计入了公司的建设项目。

我们找到了施工现场主管，他同意与我们保持合作。在接下来的几次谈话中，他是这样为自己的行为解释的：

我当了七个月的别墅施工现场主管，每天在工地上工作四到八个小时。后来我被迫离开，因为传言有人投诉我们为萨米的别墅工作，但工资成本却计入了别的项目。萨米经常去工地巡视，他肯定知道我是干什么的，也知道我把我的工时计入了公司的安全门项目。无论如何，在我看来这一切都很清楚明了，我认为自己没有做错任何事，我也从未因此收受任何人的钱财物品。

舞弊调查组还了解到，萨米和一个当地承包商私下达成了协议，承包商同意免费为萨米建造别墅，但作为回报，以后参加法戈公司的项目投标时将会被优先考虑。这一事实对萨米十分不利。

别墅开工之后，法戈公司即开始为一个价值数百万美元的光缆铺设及附属通信与建设项目进行招标。为萨米建造别墅的承包商参加了路基铺设工程及和光缆铺设与铰接相关工程的竞标，并且毫无悬念地中标了。

§揭穿别墅的真相§

除了帕姆和萨米之外，这个内部小集团重要成员的人数最多的时候达到了14人，项目管理部的所有职位都被他们把持。虽然他们在施工现场与总部职能部门里都安插了内线，但总部的四个主要职能部门仍然是他们的重点所在。

有10个当地的承包商被确认为萨米的同谋，他们都和萨米保持着合谋的关系。

随着时间的推移，这个内部集团的成员和外部同谋，在利用萨米的妥协退让来牟取利益方面变得越来越老练了，他们更加懂得如何去操纵采购订单、合同内容和承包商而从中渔利。当然，最大的受益者还是萨米和他的妻子，其他人只是得到了萨米大发善心时给他们的施舍。可是，人心不足啊，他们中的有些人变得越来越贪婪，想要得到不应得的职位提升，或得到某些特殊的工作任务。有些人甚至开始独自作弊，不过一旦被发现，他们会得到萨米的保护。随着作弊次数的增加，他们的胆量越来越大，或单独或串通地从事非法的勾当。

在这个内部团伙的成员们合谋从事非法行为的过程中，法戈公司的管理层也开始有所警觉了。他们对项目管理部的日常工作给予了更严密的监督，逐步实施了一些控制措施。部门经理对本部门的活动总是最了解的，他们也发现了萨米一伙的蛛丝马迹。先是一个部门经理站了出来，接着又有更多的备忘录交到了高管层的手上，就像我们上面引述的那份写给公司的副总裁的备忘录一样。

在我们对萨米一伙的行为进行调查时，萨米的反应令我和凯恩非常不解，他表现出一副无所谓的样子，好像觉得他自己是无懈可击的。

萨米所在的部门负责管理公司几百万美元的光缆铺设项目。萨米非但没有收敛的举动，而且置公司的管理制度于不顾，肆无忌惮地偏袒承包商。为了确保给他建造别墅的那位承包商能够拿到公司的合同，萨米亲自参与项目招投标、发包等各个阶段，利用下列手段进行干预：

(1)把关键的标底价格信息透露给他意中的承包商，破坏承包商之间的公平竞争；

(2)修改项目投标条件，避免他意中的承包商因不具备承揽项目的专业资质而无法投标；

(3)项目发包后，允许承包商采用替代材料或方式进行施工；

(4)允许他意中的承包商对项目建设费用从高计价；

(5)对意中承包商违反安全规则的施工作业加以迁就；

(6)在协商合同条款时偏袒意中的承包商；

(7)最后，对承包商尚未完成的工作也签字付款。

在这个过程中，萨米要求其同伙提供各种支持。随着所牵涉的外部机构的增多和公司监督的加强，萨米的同党们越来越感到力不从心。面对越来越多来自外部的抱怨，部门经理们也难以应付，迫使萨米团伙的成员们不得不自行与外部接触，从而导致了更多人的警觉。

接着就发生了萨米将詹森解雇一事。

阿莫·A·伊斯玛就是那个主动揭发萨米的部门经理，这个证人说来还真有点意思。阿莫原本是萨米部门里的一位很有前途的员工，但是，他心里清楚自己的前途也就不过如此了。他发现了一个能让自己的事业发达的机会，即扳倒萨米，推倒多米诺骨牌。

于是他要求跟凯恩单独见面。

阿莫非常想成为部门的执行总经理，但也深知希望渺茫。现在机会来了。

阿莫和凯恩谈了好几天。凯恩对阿莫的证词做了非常详尽的记录，他的证词与詹森所提供的信息十分吻合。现在，我们准备约见萨米。

我和萨米谈了三次，记录了两份证词。他很配合。他首先解释了他和帕姆的事，又说明了解雇帕姆前夫的原因，还解释了安排卡尔顿去美国出差的理由。他的解释如下：

“卡尔顿只是私下里帮我一个忙，他出差去美国的真实原因是去和帕姆结婚。我和帕姆原本打算等她拿到离婚书我们就结婚，但是在政府部门办理离婚手续需要花费很长时间。卡尔顿有办法解决这个问题,并能免去政府部门那些繁琐的程序,这是帕姆和我能尽快生活在一起的唯一办法。”

萨米还透露了另一个秘密:卡尔顿一直在充当萨米和他的第一任太太的两个女儿的爸爸。萨米在提供关于卡尔顿的证词的同时,也给我们提供了不少关于他自己的问题的证据。他承认他派卡尔顿去美国是为自己的两个女儿办理入学手续,并帮助她们拿到美国居留权。他的这些话印证了我们先前在电脑里所发现文件的可靠性。卡尔顿去美国使公司花费了 52 864 美元,这对萨米来说算不上什么问题,其中卡尔顿一共拿出了 25 877 美元的发票来报销。萨米掌控着钱袋子,他一直用公款给卡尔顿提供活动经费。现在我们明白了为什么卡尔顿要开张支票归还 25 000 美元了。

萨米承认所有关于别墅的事都是真实的。萨米的理由很简单:在他的眼里,自己部门的员工是最出色的,他想把自己的别墅建成最好的,所以要使用最出色的人来做。听他的口气,好像这是再简单不过的一件事而已。

谈话结束的时候,萨米坚持认为他从来没有滥用职权,甚至在七名员工所提供的证词及相关证据面前,他依然否认他曾经滥用职权。这七名员工都因为拒绝和萨米同流合污而被解聘或裁员了。

在这个内部小集团的行为败露以后,法戈公司的管理层不得不决定该如何处理此事。中东人生性热情好客,不好争斗,即使在生意场上也是如此。虽然法戈公司的决策层人员都很聪明,凭直觉也应当知道该如何去做,但其中大多数高管人员更倾向于由外部人员去执行这个令人难堪的决定,以免丢了同事的脸面。尽管这个决定会令人难堪,但是高管层认识到必须要这么做,毕竟这是第一起被破获的高级管理人员如此露骨地徇私舞弊的案件。

副总裁办公室的摆设和我的办公室不太一样。当我从保安人员身边走过,经过秘书办公室来到了他的办公室后,就好像进入了一个完全不同的世界。在中央偏后一点的地方摆放着一张带有清晰木节的胡桃木桌子,前面留着一大块空间用来接待来访者。房间的装饰考究,所有的椅子都有扶手。在右侧的角落里,有两把路易十五世风格的高背椅,椅套用蓝、金色相间的竖条纹绒布做成,隐约泛着一层丝绸般的光泽。

副总裁哈森很平易近人。他穿着一件白色的阿拉伯传统长袍,做工考究、熨烫平整、袖口绣着金色小球。他习惯与政界要员、王子还有总裁们会晤。

我们边喝茶边谈话,他听得很认真。

舞弊调查部的工作职责就是发现存在的问题,找到产生问题的具体原因,并提出解决问题的对策,从而保护公司免受损失。其实,一个公司最珍贵的资产就是声誉,许多人常常忘记了这一点。

我详细地叙述了舞弊案的整个过程和中间的细节,并对舞弊案中所涉及的每个人员都作了说明。我们讨论了这个团伙成员之间的关系、代号 CS－1 的身份(詹森)、海关和移民方面可能存在的违法行为,以及整个舞弊案对公司所造成的直接损失。我们还讨论了这起由不同文化背景的员工协同徇私舞弊的原因,以及开展包括管理层和工人在内的员工舞弊防范意识培训的必要性。我没有针对惩戒措施提出任何建议,因为舞弊案的最终处理不是舞弊调查部的职责。

最后,公司给了萨米一条协议解决的出路:拿着离职补偿金离开法戈公司。萨米接受了公司的安排,不久就离开中东去了美国。在西方人眼里,萨米所承受的惩罚远远不止丢掉工作这么简单,他同时失去了周围同龄人和家族的尊敬。帕姆已经先期离开了中东,在美国等着萨米。

卡尔顿和另外三个外国人也被悄悄地解聘了,他们没有拿到梦寐以求的离职补偿金。詹森虽然也离开了公司,但走得很清白,公司特地对他进行了适当的补偿——他获得了离职补偿金。配合舞弊调查部工作的阿莫被破格提升,他接替了萨米的职务。当然,公司里很多人对阿莫的做法并不满意,他因为向舞弊调查部告发高管人员、背叛自己的上司而蒙羞,他很难再得到进一步的提升。

阿什拉夫到公司的另一个部门任职,后来还得到了提升。

§经验与教训§

公司为了教育大家,邀请舞弊调查部在公司的管理培训中心办了几期以企业道德为主题的培训班,培训对象是公司的中层管理人员,他们是公司未来的管理者。公司还发起了旨在提高员工的使命感、理想和价值观的系列活动，舞弊调查部为此提供指导。

公司管理层还作出了一个重要的经营决策：要向公司内部员工和外部合作伙伴们传递一个软性的积极信息，即培育一种重视商业道德的公司文化，鼓励员工遵守企业道德，克服由民族或世俗文化造成的负面影响。

这个舞弊案例为我们提供了一条重要的经验教训：公司文化建设是一个不容忽视的重要因素，法戈公司的管理层已经深刻地理解了这一点。员工的职业态度、信仰和传统习惯对他们的行为都会产生重大的影响，舞弊者可能利用这些因素，企业的管理当局也可以因势利导使之融入员工引以为豪的企业文化，这完全取决于管理层的创造力与领导艺术。法戈公司以前虽然制定了看似完善的职业道德守则，但却偏离了企业文化这个中心，不良的文化氛围制约了管理目标的实现。公司的整改决策是果断的，反映了公司的管理层以长期发展为目标的思想。在工商业界，正义与道德的观念始终发挥着巨大的作用，企业在经营过程中如能强调商业道德，必将有助于促进企业变革并且赢得合作伙伴们的信任。

§防患于未来之建议§

1. 热线电话

设立匿名举报电话有助于发现舞弊与贪污行为。在各种文化环境中，匿名举报都是必要的，尤其在多重文化相互交织的环境下，匿名举报更是必不可少。一般说来，大多数中东人都不喜欢公开的对抗，设立一部举报电话，也就提供了举报非法行为的一条途径。公司准许匿名举报舞弊或其他非法行为，会增强公司商业道德守则的作用，同时也能对舞弊行为起到一种震慑作用。

2. 舞弊防范意识

许多公司都会定期对全体员工进行商业道德方面的培训，培训内容一般包括：舞弊成本、舞弊迹象、常见的舞弊手法、每个员工防范舞弊行为的责任和义务。这些培训的缺陷是，没有将反对舞弊的行为与公司的价值观念联系起来，没有明确员工维护公司声誉的责任。将防范舞弊的立场融入公司的使命、理想和价值观，让新老员工理解企业文化，并将企业文化向公司的客户和外界广为宣传，已经成为当今企业的一条可行的行动原则。

3. 内部控制

没有什么能比有效的内部控制可以更好地预防舞弊行为。内部控制的关键是具有“有效性”。法戈公司以前也建立了必要的审计功能和会计控制，但却没能有效地发挥作用。为此，法戈又设立了更加严格的独立监督来满足控制的需要，设置了一个类似检察官的职务，负责对所有的合同和大额采购进行全面的审核。审计部门则通过随机地突击审查合同加以配合。这是公司在满足萨班斯法案对内控管理体系要求的基础上所实施的一项补充措施。

4. 透明化

那位化名为“低音喉”的爆料人马克·非尔特说得好，要想发现腐败，那就去“寻找钱的踪迹吧”。当某个公司或其他机构将管理体制透明化作为管理的原则，他们也就在抵制腐败和预防舞弊方面迈出了第一步，也是最重要的一步。虽然透明化并不是一副灵丹妙药，但它有助于员工们了解应当如何开展业务活动、如何进行财务管理，他们的商业道德观念将逐渐得到加强。

3

生财“有道”

“BIG EASY” BUSINESS

帕特里克·W.迈里克　杰弗里·R.希伯瑞

赫布·洛夫曼刚刚坐到办公室的椅子上，妻子的电话就打进来了，又跟他唠叨女儿婚礼安排的事，这次她抱怨的是赫布拿不出预定婚庆公司服务的订金。就在最近这两年，他和妻子之间才开始出现了一些摩擦，原因或许正是女儿临近的婚期。毕竟在这段时间他们必须要做很多计划，需要投入很多精力，还需要花一大笔钱。

以前赫布身处困境的时候，幸运之神曾经眷顾过他，帮他克服了暂时的困难。他开始频繁地光顾被当地人称为“船”的赌场。赫布最近发现自己又身陷困境，而且无论他怎么努力也无法摆脱，他几番努力要多带一些现金回家，可不久便暴露出那些钱不过是他从银行账户做的透支和用信用卡提取的现金而已，他很快就依据《联邦破产法》第13章申请个人破产保护了。

赫布是南海湾元件公司的一位经理，负责管理多种产品。几年前，他将一笔生意给了一家名为黑克勒承包的公司，这是一家为南海湾元件公司提供设备维护的小公司，由此结识了这家公司的老板伍迪·黑克勒，并与他成了朋友。他们虽居住在不同的州，但两人之间的联系越来越多，也经常通过电话相互交流。一次，赫布在电话里跟伍迪吐露了自己的心事：“我不能再像现在这样生活下去了，妻子要离开我，我与女儿也闹僵了，我现在什么都没有了。”

伍迪安慰赫布道：“你会挺过这段难熬的日子的。我的合同即将到期需要续约，接下来的几个星期我都会待在这边，和你的上司商谈合同续约的事。到时候我们一起去赌场，喝上几杯啤酒，谈谈你的事情。”伍迪过来之后与赫布见了面，他们讨论了很多可以挣钱的办法：买股票、赌球甚至赌马。赫布说得更多的是令他头疼的事：同在南海湾公司工作的女儿很快就要结婚了。

赫布说："伍迪，我女儿在公司里干得很出色，她马上就要结婚了。我很为她感到自豪，但我负担不起她的婚礼费用，我又很爱面子。面临离婚的威胁加上我已经申请破产了，我感觉我真的让家人失望了，特别是我的女儿。我需要想办法度过这个难关。"

伍迪说："我想我知道怎么可以确保你女儿有个盛大的婚礼。现在，我们再喝一杯吧！"

§冰山一角§

我刚刚弹落头上的雪花并拿起咖啡壶，就听到了老搭档雷蒙德走过来的脚步声。多年来，我和雷蒙德一直负责公司的基建与合同审计工作。我从南海湾公司成立时起就为该公司工作。雷蒙德非常兴奋，他从我们的举报热线上收到了一份传真，内容可能涉及最近发生的一起舞弊案件。

经过检查这份传真件并查询传真号码，我们认定它一开始是传给公司采购部的一台未采取任何保护措施的传真机上的，然后不知是谁用同一台传真机把它发到了我们的热线上。

这份传真准确地描述了公司近来发生的一起舞弊案，上面还有乔治·哈伯的签字，他说自己是伍迪以前的生意伙伴。传真件上说，乔治和伍迪最近开始了炙手可热的屋顶材料和树木移栽生意。传真件大致描述了这个舞弊圈套：伍迪名下有一家公司是南海湾公司的分包商，他可能正在与南海湾公司采购部的一名员工合伙伪造虚假发票，金额超过 20 万美元。我们觉得这是可能的，因为以前我们在这个领域已经发现过舞弊案件。

§怀疑不幸成真§

起初，雷蒙德断定公司已按假发票付了款。他先拿到了一份清单，上面列示了公司与伍迪的所有合同和已付款项。近些年来，南海湾公司采取了各种措施优化应付款项的支付流程。承包商有三种不同的结算方式:第一种是通过合同管理系统采用电子方式支付;第二种是信用卡交易;第三种是传统的支票方式。为了不断提高财务控制的力度,利用合同管理系统支付是首选方式。在付款前,合同管理系统能够自动对比合同与发票上的项目是否一致,但另外两种结算方式就存在忽略合同的可能。为了检查支付给伍迪的款项,雷蒙德在系统中针对应付账款账户做了几次查询。为了使审查更加细化,雷蒙德还对有关信息按下面几种方式进行了审查:一是找出与合同条款不一致的付款;二是通过审核会计信息来确认具体的成本中心和成本代码,确定付款是被资本化了还是被计入了经营费用账户;三是查看发票号码、发票日期、已开发票的金额和支付流程是否存在异常。

突然,我听到雷蒙德大喊一声:"我找到了!"简单说吧,他发现六笔付款中有两笔存在着明显的异常现象。他注意到这两张发票的发票号码和其他发票不是一个系列的,金额共计 202 500 美元。这一发现促使雷蒙德立即着手核查这两张发票是在什么情况下支付的。

对审计和调查人员来说,南海湾公司的电子档案系统非常实用。在款项支付后,所有的发票都被扫描到系统里并生成电子档案,很方便日后复核时查找,在公司的其他地方也可以得到纸质的记录。雷蒙德通过检查证实了他的怀疑,这两张发票的编号与其他发票不连续,更重要的是,发票的版式和前面其他发票也不一样。他还发现,发票的抬头部分在黑克勒分包公司下面的城市名拼写错了。还有一个异常情况是,该张发票被计入了资本性支出项目,但根据发票的摘要,它应当计入营业费用。还有,按照发票的描述,费用应该发生在得克萨斯州,但涉及的资本性支出项目却是在加利福尼亚州完成的,在加州完成的项目不可能与黑克勒分包公司有关。

为了进一步证实我们的怀疑,我们打算与线索的提供者乔治取得联系并约个时间见面。在给他打电话以前,我们先对他的背景作了一番调查,但并没有找到任何公共记录表明他和伍迪有联系。我们无法确切地知道乔治究竟在什么地方,因为传真件边缘显示的电话号码是路易斯安那州的,但传真上手写的回复号码却是得克萨斯州的。我们觉得前者似乎是移动电话。

我们拨通了那个得克萨斯州的号码，却发现乔治是在路易斯安那州的庞恰特雷恩湖附近的某个地方。他的声音听上去异常平静，似乎我们的电话给了他一种解脱。几乎没费吹灰之力，我们就明白了乔治为什么会揭发伍迪：出于报复。伍迪和乔治合作在一家名为法国天空屋顶材料的公司推销产品，但伍迪拿着公司近期赚的钱消失了。

乔治居住在庞恰特雷恩湖北边的坦慕尼街，我们约好在一个酒店里碰面。我们要趁热打铁，以防他临阵脱逃。我们先是问乔治是怎么知道黑克勒公司的，又怎么想到给南海湾公司的采购部发传真。乔治说有一天他在伍迪的卡车里发现了一封南海湾公司给黑克勒公司的信，信上有传真号码。他当时把那封信放进衣兜里，他自己也不知道自己当时为什么那么做。在伍迪侵吞了屋顶材料生意中原本属于乔治的那部分款项以后，他想起伍迪曾经向他炫耀过在南海湾公司有个好朋友，他俩曾经合伙骗取了南海湾公司20多万美元。乔治觉得揭发伍迪可能追回属于自己的钱，而且还可以借此机会来报复他。

为了弄清乔治所说情况的虚实，我问他为什么认为伍迪在南海湾公司有同谋，乔治毫不犹豫地回答说："伍迪经常给南海湾公司的一个人打电话，总是告诉这个人应该怎么做、不用担心后果如何如何的。我记得他说过这笔钱将会派上好用场，好像是说可用在婚礼上，不过我已经记不太清了。"

令人不可思议的是，伍迪给南海湾公司所打的电话用的竟然是法国天空屋顶材料公司的移动电话！乔治手上有电话费发票，他给我们复印了过去六个月的账单。我对乔治说："多谢，乔治。舞弊调查可不像想象的那么简单，你说是吧？"

后来证实乔治说的没错。我们经过核实得知，移动电话账单上显示伍迪的电话是打给一个名为赫布·洛夫曼的男士的，案情逐渐清晰起来。我们决定让地区邮政舞弊检查员阿比盖尔·合恩参与调查，因为部分与案情有关的证据是通过邮件传递的。阿比盖尔想尽快与赫布面谈，我们把赫布涉嫌舞弊一事通知了他的上司，并建议他做好解除赫布相关职务的准备。随后，我们通知赫布过来一下，假装要和他讨论我俩最近所谈过的一些事。赫布来了之后，阿比盖尔丝毫没有耽搁，她卷起衣袖直截了当地告诉赫布，他涉嫌与伍迪·黑克勒合谋多次用假发票骗取公司的资金。

阿比盖尔告诉赫布,他的行为可能受到的惩罚是严厉的,但如果他肯合作,她一定让公诉人了解他的合作态度。赫布一开始否认自己参与了舞弊,显然他在心里权衡着各种选择的利弊得失。一个小时过去了,阿比盖尔一直在像最好的朋友一样安抚赫布。她为他进行理性的分析,让他理解一旦解除这个精神负担他会感到多么轻松。阿比盖尔还与赫布一起走到室外去呼吸新鲜的空气,之后,赫布坦白了自己的行为。

§正义得到了伸张§

赫布坦白之后,阿比盖尔立即与他配合,以便合力将伍迪绳之以法。通过以前对黑克勒公司的审计,我们对伍迪的背景和性格有了相当深入的了解,我们认为要想说服伍迪主动坦白似乎没有那么容易。但阿比盖尔仍然很有信心,她认为她不但能找到伍迪,而且还能让案件调查有个圆满的结局。

根据乔治提供的信息,我们只知道伍迪最近离开了路易斯安那州。阿比盖尔计划让赫布用一部录音电话与伍迪取得联系,以便能够确定目前他身在何处,并证实其确实涉及此案。赫布试图与伍迪随意交谈,诱使他承认自己涉案。在其中的一次通话中赫布说:“我已经对我们以前说的那些股票做了一番研究,因为我想让我们偷来的那笔钱更多地增值,不知你有什么想法?”

伍迪似乎有点糊涂,说道:“我们偷来的钱?我不明白你在说什么。但如果你想投资的话,我希望你能选对股票。”

阿比盖尔鼓励赫布继续和伍迪聊下去。

赫布继续说道:“伍迪,我还想如法炮制再干一回,我还需要一些钱,而且我也知道我们还可以利用那些项目做手脚。你看如何?这次操作起来应该比上次更容易些。”

“赫布,我知道你现在可能手头有点紧,我很愿意帮你渡过难关,但我现在没钱可以借给你。”虽然赫布所说的话都是我们精心设计过的,但伍迪的言辞谨慎,也许他已经意识到目前发生了什么事。

之后,阿比盖尔取得了必要的授权以便检查伍迪的不动产,索要了所有与伍迪自己名下或同别人合伙的公司有关的银行记录,包括所有的支票账户、储蓄存款账户和投资账户。最后,阿比盖尔把这些证据交给了检察院。银行记录表明,伍迪收到了南海湾公司开具的一张金额为202 500美元的支票并存入了银行,随后又从同一银行账户给赫布开具了一张金额为20 000美元的支票。我们根本没有想到,伍迪竟然丝毫未给自己的欺骗行径做一点掩盖。

在这起刑事案件的审理过程中,伍迪的做法与赫布截然不同,他始终声称自己无罪,直到开庭审判那一天,控辩双方律师最后一次交换证据的时候,伍迪仍坚持说自己无罪。但是,辩方律师突然走近法官席,交给法官一张202 500美元的支票,全部退还伍迪骗取南海湾公司的资金。这一举动表明伍迪已经认罪。显然,伍迪归还全部赃款并当庭述说让人同情的故事,目的是对判决施加影响。伍迪说自己真的非常后悔,说自己的家人是多么需要他,但法官并不买他的账,他谴责伍迪和辩方律师严重地妨碍了本案的进展。法官接受了伍迪归还赃款的要求,判处伍迪有期徒刑一年,且无假释权。

赫布由于合作和主动认罪,被判监禁六个月,他的合作得到了补偿。对于赫布的入狱和出狱,他昔日的同事们对他都抱有一定程度的同情。多数人能够理解赫布当时的处境,没有对他本人加以指责。赫布服刑结束后就退休了。

§经验与教训§

我和雷蒙德都认为,该案的成功与取证过程的相对容易和证据的确凿有直接的关系。案子的处理结果完全符合我们的预期:将嫌疑人送上法庭、追回公司的损失、罪犯得到应有的惩罚。我们也认为,涉案金额像本案这么大的舞弊案件,如果要花费好几个月的工夫收集证据的话,很可能就立不上案了。过去,如果我们无法说服当地司法部门立案,就只好由公司内部自行解决。解决的方法可能包括与问题承包商解除合约、拒绝问题公司参加投标等,偶尔也与当事人达成协议,部分地收回损失的资金。

我们认为,在对舞弊案件的结果有相当的把握的时候就应当提起诉讼。有些案子向州司法机构提起诉讼要比向联邦机构更好一些,这要依据案件的复杂程度、严重性和涉案金额的大小而定。就本案而言，我们确信案情清楚，没有融通的余地来减轻对案犯的指控。无论在什么情况下，在把案子交给司法部门以及到联邦或州检察机关提起诉讼之前，我们自己必须完成必要的调查并取得有说服力的证据，这样就可以减少他们的工作量，公诉人通常更愿意接手那些最终能够定罪的案件。

要与当地执法部门、邮政舞弊监察员和检察官保持联系，这样才能得到他们的支持。我们一直都有意让上述地方官员对公司的运营保持某种参与，让他们了解我们可能要进行哪些调查。例如，当公司有重要的人物来访时，包括董事会成员、国内知名人士等，我们常会邀请当地执法部门和其他政府官员到公司来，让他们有机会接触到公司的高级管理人员。

不管你如何老练，有一件事总是很难办的，即线索提供者为提供的信息索要回报。我们公司的政策是：为了避免利益冲突，不得给予举报者任何回报。乔治要求公司给他几百股的公司股票，但是，尽管他提供的信息是准确的，我们还是不能满足他的要求。

几乎所有的组织都会面临舞弊这个问题，设立一部举报热线电话的价值往往是难以估量的。虽然舞弊行为通常是由内部员工最先发现的，但向客户和在公司网站上公布热线电话还是很有必要的。一旦那些守法的客户和公民发现了可疑的行为，如果给予他们检举揭发机会的话，他们往往会付诸行动。举报对于反舞弊来说意义重大，通过一部热线电话，举报线索就会得到及时的处理，因为训练有素的调查员善于设计谈话的路径。此外，很多热线电话还能提供每周 7 天、每天 24 小时的服务。

§防患于未来之建议§

1. 更新技术

因为南海湾公司使用了先进的业务处理系统，使我们免去了手工审查或对纸质资料进行审查的繁琐，公司的电子发票处理系统对识别老式的造假提供了有效的帮助。最近，我们又在调查另外一起案子，涉及一名曾作为公司承包商的员工伪造手写的支票申请单。随着技术的发展，传统的签字审核方式已经显得过时了，因此，对公司的有关商品验收与发票核准的内部控制重新进行评估十分必要。

2. 审核支出申请单

我们发现,绝大部分被盗用的资金都被计入了资本性支出项目,而不是计入部门营业费用。所以,系统地审核资本性支出申请单就显得异常重要。

3. 学会检查异常信息

在支付给经常合作的承包商的款项中查找异常项目也是调查的技巧之一。通过对付款申请的合理性、工作订单、日期的顺序、发票号码是否连续、金额是否合理进行简单的检查,往往就可以发现异常情况。可以通过自行设计数据库查询来审查全部可以得到的资料以发现潜在的舞弊行为,因此,学会如何设计与使用电脑查询的技巧很有必要。当然,你也没有必要是个电脑高手,现在的许多软件都可以让这些高难的技术问题变得极其简单。

4. 将调查结果公布于众

如上所述,舞弊案件的最终结果应公布于众。在南海湾公司,我们在内部网站的新闻中心设立了一个专栏,专门报道职业道德问题和重大舞弊案件的调查结果,我们也是在这里不断地提醒员工,要对任何有舞弊嫌疑的行为进行举报。把调查结果公布于众之所以有效,是因为它对舞弊者能起到震慑作用,也就是说,如果一个人知道自己舞弊极有可能被发现,他的这种担心就会有效地阻止他实施犯罪行为。

与诉讼有关的相关人员之间往往存在利益冲突,要教育大家不要受承包商的影响,更不要屈从于他们的威胁。给他们充分的自信,让他们诚实、有效地履行自己的责任。

4

不吉利的13

Unlucky 13

格雷厄姆·J. 汤姆森

克里斯·莫斯里在任何人眼里都是成功人士。他年届四十,住在坐落于风景如画的英国乡村的一幢豪宅里。他不惜重金举办了一个隆重的婚礼,年轻貌美的妻子不久就生了一个健康的儿子。这时的克里斯正处于人生的巅峰,作为威尔士山脉一个矿工的儿子,他有这样的成就已经相当不错了。

克里斯出生于一个勤劳的家庭,在威尔士一个落后的矿区小山村里长大。在他孩童时代的记忆里,到处都是牧羊场、雾蒙蒙的山,还有烧煤的烟味。那个时候,人们把煤炭称为黑色的黄金。父亲经常在吃晚饭的时候唠叨煤炭的生成过程:“化石燃料是由石灰纪时代的植物经碳化并沉淀后生成的。”对大多数人而言,煤炭是可以在寒冷的冬夜里用来取暖的材料,也是世界上最常见的发电用原料。但对克里斯来说意义就不同了,煤时时提醒他的出身,他讨厌煤炭,煤也是他人生的动力和雄心壮志的源泉。

克里斯的家人、朋友和邻居绝大多数都是矿工。在他父辈的时代,大多数年轻男子都只能在离自家不远的煤矿中找份工作来谋生。对村子里的很多年轻小伙子来说,做矿工是无奈之举,因为基本上没有其他的工作机会可供挑选。在经历了一系列的恶性事件后,南威尔士矿区只有一个深煤矿被保留下来。

当地的工作机会越来越少,村子里的人也变得越来越穷。年轻的克里斯发誓要摆脱贫困,他要出去闯荡,努力工作,决不再经受家人和亲友们所经历的艰难困苦。

对克里斯来说,有"黑色的黄金"之称的煤炭更像是"黑色的死亡"。

他说到做到,发奋读书,他终于考上了一所不错的大学。度过了平常但很快乐的大学生活,他大学毕业后便踏上寻找更美好生活的征途。最终,他受聘于一家零售商店做基层经理,经过一路打拼,他由一个普通的员工被提升至公司的高层。在公司工作了十几年之后,他已经成为公司的高级管理人员,担任了新成立的IT部门的项目经理。作为公司的一名忠诚、敬业的员工,他受到了同事和周围同龄人的尊敬。

詹姆士·考尔德,在第一次世界大战期间曾经在英国皇家空军部队服役,退役后开办了吉姆零售商店。刚开始,他只能在伦敦东部找一块很小的地方卖点东西,渐渐地,他的生意扩大到了整个城市的其他各个市场。

从第二次世界大战以来,吉姆零售商店随着它的经营战略与公共形象的转变而不断壮大。她最初的成功要归因于大包装、低价格的经营策略,但这个方法也使其给中产阶级留下了不好的印象。到20世纪70年代后期,中产阶级对吉姆零售商店的印象越来越差,曾有人建议公司改变商店的名字。虽然这个建议最终没有被采纳,但吉姆零售商店最终还是发展成为英国最大的零售商之一。几十年后,它扩张到了中欧甚至远东地区。

吉姆零售商店最初只销售食品,现在则不仅销售服装、电子产品、DVD机、光盘等产品,还向顾客提供理财服务、音乐下载及网络服务。

§"不吉利的13"的由来§

罗杰·霍索恩·沃德是一位27岁的财务分析师,他正目不转睛地盯着计算机。他刚刚接受了一项任务,要对吉姆零售商店新创立的网络销售部的财务报表进行分析。公司给该部门配备了充足的IT项目经理、业务员、软件技术人员及硬件工程师。公司拨付给这个部门的预算相当可观,当然也不是毫无限制。

罗杰在分析过程中发现了一些异常的付款。他将这些异常的发票打印出来,然后仔细地进行检查。他低声自语:"专业人员招聘服务费49 890英镑。"这笔费用的归集科目正确无误,而且已经由一位高级经理审批,审批人的签字是克里斯·莫斯里,是网络销售部的项目经理,他就在几个月前被调到泰国去了。

虽然该发票本身看上去和罗杰以前看过的成千上万张发票没什么区别,但还是有些值得怀疑的地方。其开支用途写得很含糊,这么大的金额却没有列出明细支出项目,而且,这个金额正好在克里斯的审批权限以内——5 万英镑。罗杰依稀还记得自己曾经参加过的一个研修班,会上曾讨论过如何识别舞弊行为的迹象,他真希望自己当初更重视一些。他低头又看了一下发票,希望能找到一个合理的理由来说服自己,但没有。他心想:“为什么一个在泰国工作的经理会给在英国的公司付款呢?这家名为‘P J 完整招聘’(以下简称 PJ 公司)的公司到底是做什么的?”

罗杰抱着试试看的心理,上网在搜索引擎里输入了“PJ 公司”的字样,立即出现了很多条关于它的信息。罗杰点击了其中一条最像的,一个设计精美的专业网站便映入他的眼帘。这是公司的主页,网页上有一些公司业务的广告。罗杰立刻把主页上的联系方式、电话号码与发票上的信息核对了一下,结果二者完全一致。克里斯一定是请这家公司来招聘新人,这也合乎情理,公司里的确用了很多临时性雇员,但没听说有在亚洲工作的。罗杰觉得还有些方面不太合乎情理。克里斯已经几次被告知把他在英国总部的工作转交给已回到总部的一位同事。在项目启动后克里斯审批最初的几张发票是可以理解的,因为原来是他订购的服务,现在工作完成了,账单来了,只有他知道这些账单该不该支付。但时至今日,他已经去泰国四个月了,临时顶替他职位的人也应该了解情况了。

罗杰进入了英国公司的应付账款管理系统,调出了克里斯审批过的全部发票。这些发票共有好几千张,涉及十几个供应商,价值达几百万英镑。罗杰把数据下载到 Excel 表里,然后按照审批日期进行排序。他找出了支付给“PJ 公司”的款项,发现共有 13 笔,每个月一笔。利用图表进行分析后,他发现在临近克里斯调往泰国的期间里,支付给所有其他供应商的款项在慢慢减少,在他去泰国两个月后就再没有了。之后,克里斯的继任者开始审批,这些都是合理的。但有一点令人费解,在克里斯去泰国以前有 9 笔支付给 PJ 公司的款项,还有 4 笔发生在他去泰国之后。这 13 笔款项在金额上有一个共同的特征:那就是刚好低于克里斯的审批权限。每张发票上的摘要都写得含含糊糊,而且这些发票号码是连续的。罗杰调出公司向PJ公司的付款业务的会计记录，发现除了克里斯外，没有其他人使用这个账户。

罗杰琢磨着13这个数字，它好像对某些人来说不太吉利。他想起这个典故来源于圣殿骑士团的故事。公元1307年10月13日，星期五，法王菲利普和教皇克雷蒙五世向各地的事务官发出密函，要求他们以邪教的理由逮捕圣殿骑士们，这就是“不吉利的13、黑色星期五”的由来。罗杰结束了遐想并作出了一项决定——他拿起电话拨通了公司的总机，说：“请接舞弊调查部。”

§所有的迹象都指向克里斯§

阳光透过百叶窗暖暖地照在身上。我正独自坐在办公室里，尽力地为安全部总经理埃文·马歇尔修改一份最新的调查报告。我到公司舞弊调查组工作才几个月，各类案件持续发生，包括腐败、财务支出舞弊、滥用IT系统、违反安全规定，等等。

电话铃响了，打断了我的思绪。我赶紧抓起电话，礼貌地说：“你好，哪位？”

“你好，是舞弊调查部吗？”打电话的是一位男子。

“这是集团的安全部，是的，我们负责调查舞弊行为。我能帮您做些什么吗？”我回答道。

“我是IT部财务组的罗杰·霍索恩·沃德，我这里有一张可疑的发票，事实上，一共有13张发票。”罗杰快速地说明了他所发现的一切。

为了让他放心，我说：“你给我们打电话就对了。”然后又问道：“你对其他任何人说起过这件事吗？”

“是的，我跟审批这些款项的经理说过了。他现在不在英国总部工作，上个月我打电话向他询问一张发票的事，他告诉我说都没问题。我对他对待此事不予理睬的态度非常不满意。这些款项不是小数目，我觉得他不应该再插手英国总部的工作了。”

我告诉罗杰我会调查这件事，并马上安排和罗杰见面。

罗杰坚持我们见面的时候要避开IT部的其他人。他以前从来没有碰到过这种事，他很担心。他给我看了那13张发票。

我说:“首先,在和别人沟通此事之前,我要悄悄地掌握所有能够获得的信息,以便对此事有较深入的了解。如果最终证明不存在什么问题,那就不必让其他人知道了。”事情简单明了:公司将13张可疑的发票付给了一家注册为“PJ公司”的供应商,总计金额达65万英镑。当然,是经过经理克里斯·莫斯里审批的。我说,“罗杰,就把这件事交给我吧,现在,你的事变成我的事了,你可以轻轻松松地回家休息了。”

回到办公室后,我坐在电脑前,将发票摆在桌上。我在心里对自己说:“要先解决重要的问题。公司数据库里有哪些关于克里斯·莫斯里的信息呢?”这个阶段的调查工作是做社会关系调查,包括从尽可能多的渠道收集整理尽可能多的背景资料,把这些信息输入到一个为调查人员专门设计的软件里,通过创建图表来整理所收集到的信息,从中找出人物、地址、电话号码等等要素之间的联系。

我到调查组工作的时间还不长,对员工的信息还不够了解,所以先登陆到公司人力资源数据库,找到了有关克里斯的资料。我把所有和克里斯相关的信息都输入到软件里,包括地址、电话、出生日期、近亲属的名字等等。然后便开始上网搜查。我上了一家提供公司董事信息搜索的网站。这是一家资信调查机构的网站,与很多英国公司的数据库能够直接链接。我开始在网站搜索克里斯·莫斯里,网页上立即出现了五条相关信息。由于每条信息中都显示名字、对应的出生日期和其公司所在地的邮政编码,所以我直接打开了和公司人力资源库所提供信息完全一致的那一条。结果是:这个克里斯和我们公司的克里斯同一天出生。再打开网页,所有关于这个克里斯的信息都显示在电脑屏幕上了。我成了!他是PJ公司的董事。

为了进一步证实相关信息,我登陆了在线选民名册,按名字点击查询。信息显示,英国只有十二个叫克里斯·莫斯里的人。由于我已从人力资源部找到了克里斯妻子的名字,所以能很容易识别哪些信息有用,哪些没用。克里斯和他的妻子彭妮·简·莫斯里在选举注册时登记了两个地址。虽然英国土地登记中心有公民不动产的具体信息,但是要拿到相关资料需要比较长的时间,我决定此事还是留给公司律师去处理为好。

案件很快有了明显的进展。罗杰说他已经找到了PJ公司的网站,于是我搜索了一下并找到了该网址。PJ公司的网站在介绍公司的服务时做得相当华丽，很容易让人对公司的业务信以为真。我直接打开了公司的联系方式，并把它保存到案件资料里。有趣的是，网站上的电话竟与人力资源部所登记的克里斯最新联系方式相同。通过网上人名搜索，发现这个网站是克里斯创建的。最后，我把所有从网站上得到的信息都输入了我的图表软件中。

我的背景调查可以告一段落了。我松了一口气后坐回到椅子上，看着自己做出的图表。毫无疑问，克里斯审批的那些发票的款项都付给他自己名下的公司，这很可能是一起涉及 648 890 英镑的舞弊案件。我拿着这些图表去了安全部总经理埃文的办公室，向他讲述了事情的经过，他仔细地端详着那张图表。

埃文说："你做得很好。咱们还得开个会，分析一下目前已了解的情况及尚不了解的情况。然后，我们得成立一个调查小组继续进行调查，因为单凭咱俩的力量难以完成这个案子。我们要制订一个书面的行动计划。我们首先要追回公司的资金，还要将作案者诉诸法律，这是我们的原则。"接着，埃文大致勾画出了一个计划，虽然仍有部分细节有待核实，未来的工作内容还很多，但毕竟我们已经着手开始调查了。

在开车回家的路上，我绕道经过了克里斯在人力资源部登记过的最新住址。我进的是一条安静的死胡同，只看到了这所住宅的前半部分。它看起来富丽堂皇，黑色的大门挡住了我的视线，我无法看到庭院中的景致。要是在这里看到的是公司董事的住宅我不会感到惊讶，但一位高级经理却不可能住上这样的房子，公司还远没有红火到这样的程度！几天以后，我得知那幢房子价值达 50 万英镑，从卫星图上还可以看到这幢房子带有一个室外游泳池，这在英国是极其少见的。单凭这一点我就可以断定，公司内部确实隐藏着一个大贪。

在接下来的几天里，我们调查了其他一些问题。我们找到了公司保留的有关 PJ 公司的供应商档案，发现上面的信息都是虚假的，并确信档案上的笔迹是克里斯的。经过与 IT 部几位职位稍高的工作人员交谈后，我们确信这个供应商和我们公司从来没有过业务往来。现在，与案件有关的所有证据都已收集齐全，我们决定采取法律行动。公司委派了一名律师与我一起工作，我们先得整理好宣誓证词，然后就将正式进入法律程序。

"什么是宣誓证词?"我一脸茫然地问道。

"它是一种正式的、经过宣誓的证言,由一名公证人签字并证明。我可以给你做公证人。用拉丁文表述的开头就是'他宣誓',"我们的律师卡罗尔·柯里回答道。

我们的调查小组还有罗宾·爱德华兹,他任职于伦敦一家知名的律师事务所,尤其擅长民事诉讼。卡罗尔和罗宾拿着宣誓证词去了伦敦法院,二人站在首席法官面前,请求他批准发出证据保全令。所谓证据保全,就是在不事先通知的情况下,搜查嫌疑人的住所或营业场所以保全证据,以免犯罪证据被破坏。证据保全令一般是民事案件搜查的依据。法官透过一副近视眼镜,看着眼前的一大摞资料,迅速地批准了这一非常有效但成本颇高的法律文件。

接下来,舞弊调查组召集了所有成员,向人力资源部简要介绍了案件的基本情况。对这样一个即将提交法庭判决的舞弊调查案,重要的是谁也不能做出不利于调查的事情。我们介绍完情况之后,人力资源部就要按要求起草解聘书并做好相应的准备。人力资源部还给我们提供了一个好消息:非常幸运的是,克里斯已经回到英国休假几个星期。法律小组不想浪费这个好机会,迅速敲定了行动计划。

我开着车与律师们一同来到了前文提到的克里斯公馆。证据保全令只允许法律小组和一名同为律师的独立观察员去执行搜查,人力资源部所出具的解聘书也将一并转交给克里斯。在离院子稍远的地方,我找了一个有利于观察情况的角落,以防万一发生什么紧急情况。

在律师们走近前门并按下门铃时,我在一旁观察着。一个迷人的金发女人打开了门。一看到这么多身穿制服的人,她好像有点儿迷惑不解。她仔细听着来访者的话,然后就迅速地把门关上了。很快,身穿便装的克里斯面带一丝紧张的笑容出现在门口。在接下来的几分钟里,他们说话、点头、打着手势,相关的文件交到了克里斯的手上,克里斯逐渐明白了眼前发生的一切。该做的已经做了,我们的调查已接近尾声。

§应得的下场§

律师们在没有受到克里斯及其家人阻碍的情况下,顺利地完成了规定的证据保全程序，其中包括冻结克里斯的银行账户和资产。

“克里斯非常配合我们的调查工作。”罗宾在一次会议上说道。“克里斯起初有些震惊和惶恐，但很快就接受了现实。我想他知道这一天迟早会来的。他并没有否认自己的行为是欺诈行为，甚至还说他将归还公司的钱。我们发现了两台笔记本电脑，一台用于工作，另一台用于处理私人事务，我们已把这两台电脑送去作法务分析。同时，我们还发现了 PJ 公司的银行对账单。”罗宾抿嘴笑笑，停顿了一下，“还有更离谱的事呢！对账单上第一笔款项的金额为 25 万英镑，是埃希姆计算机有限公司支付的。有人听说过这个公司吗？”

“是的，我听说过。”我说。我迅速地翻阅了案件记录，找出一些我画好的图表。“埃希姆公司是克里斯经常选用的供应商。事实上，从他所审批的发票来看，这家公司是最讨他喜欢的。这个公司确实存在，其他几个 IT 工程师也一直选用这家供应商。在过去的五年里，克里斯给了这个公司 300 万英镑的业务。”

“那么，这家公司一定和这个案件有关系了，请尽可能查清与本案有关的所有情况。”埃文提出了要求。现在，这个案件又有了一个新的切入点。

埃希姆是一个专门从事硬件维修和软件安装的小型电脑公司，它也涉足人才招聘业，对外提供临时的 IT 人员。这个公司的经理名叫格雷·赫帕提克，曾经是一名英国海军士兵。和他见面后，我感觉他或许从做海军士兵时起就是一个不修边幅的人。他略有些发胖、头发油腻腻的、出汗很多——或许是因为紧张吧。

“是这样，克里斯跟我借钱，他一直是我的好朋友，我们一起做过很多大项目，而且认识已经很多年了。但是看那天晚上他跟我要钱的口吻，我就没指望将来他会还钱。”格雷向我解释道。格雷确实与我们公司有利害关系，其公司超过 70% 的业务来自于我们公司，但估计也不会太长久了。

格雷继续说：“在那次与克里斯谈话后，我和他之间只有正常的业务关系，除了正常的生意以外，我不想和他有任何其他的关系。”

“得了吧，格雷，那笔钱真是你借给克里斯并且没指望他能还给你吗？你不是常给他钱吗？这是贿赂，目的是拿到更多的业务，难道不是吗？”

“不，绝对不是贿赂，我没有别的选择。”格雷红着脸叫道。

“你永远都会有选择的。”我说。

格雷沉默了好一会儿，然后接着说：“克里斯向我借钱就是敲诈勒索，如果我不付钱，他就会终止和我们公司的业务往来。”格雷将身子向后靠了靠，精神稍稍放松了些，最难熬的时间总算过去了。

尽管埃希姆公司是在克里斯的关照下才从我们公司拿到生意的，一些业务存在着重大疑点，但格雷还是反复强调他借给克里斯的钱不是贿赂行为。最终我们把埃希姆公司从供应商名单中剔除了，结果这个公司很快就破产倒闭了。

思维敏捷的律师认为，克里斯一旦接受了贿赂，就违反了他与公司所订立的合同，而且应该把赃款退还给公司。克里斯否认了律师的指控，但法院的裁定支持了律师的观点。卡罗尔解释说，这是因为经理就要对公司履行受托责任：其所有的行为均应以公司的利益为出发点，不能以牺牲公司的利益为代价来牟取私利。克里斯现在面临着双重的赔偿责任。通过与律师多次沟通，他的资产被一一列出明细并予以估价，公司授予他的股票期权全部被冻结，他拥有的所有财产或权利都将被剥夺。他曾拥有的一切现在都已化为乌有。

对克里斯和他的家人来说，噩梦才刚刚开始。他和妻子之间的裂痕也越来越大。经过对其电脑数据的法务分析，发现克里斯还不只是提供虚构业务发票并骗取款项，他的电脑里有很多写给不同的泰国年轻女子的信，看来他的私生活一直都非常忙碌。虽然最终克里斯被公司解聘，没有受到公司的其他纪律处分，但我们还需要与他讨论一些问题，尤其是关于他受贿款项的详细情况。他被通知前来进行一次“不带偏见”的面谈。

克里斯低头看着地面，说话的声音很轻，勉强能够听得见。他的律师也一起来了，他看上去对这次谈话感到很不安。

“他并没有否认提供虚构业务发票一事。”克里斯的律师毫无意义地插嘴道。

“你为什么要这么做呢？”我问克里斯。

“这一切都是因为工作的压力，我因为工作而被迫远离我的家庭。”克里斯歇斯底里地喊道。

“从埃希姆公司收到的25万英镑是怎么回事？这是距离你去泰国很长时间以前的事了。”

"那是一笔生意上的借款。"克里斯装腔作势地说道,但没作详细解释。

仅用了几周时间,舞弊调查和民事诉讼程序就结束了。克里斯要在未来两年内陆续归还从公司骗取的资金。克里斯现在一无所有了,他的家庭、妻子、事业还有自由都离他而去。民事诉讼一结束,我就把所有的调查资料移交给了当地警方的舞弊专案组。警方安排了一个侦探来接手此案,克里斯很快就被送上了刑事法庭接受审判。克里斯被指控犯有13项盗窃罪行,但该侦探坚持认为克里斯收受贿赂的那笔钱不在指控之列。在审判过程中,克里斯表示认罪,等待他的将是四年的牢狱生活。

§经验与教训§

在克里斯接受问讯的时候,他说在工作中徇私舞弊非常容易。他说的没错,如果克里斯在骗取40万英镑后罢手不做了,然后从公司离职,他很可能就拿着钱逍遥法外了。这让我很担心,不知道还有多少不择手段的员工做过同样的事呢。

很多发票都是来自于和公司只有一次业务往来的供应商,在应付账款管理部门发邮件要求提供某个供应商的正式档案以前,业务经理可能已经核准了该供应商的六张甚至更多的发票。如果公司采购部有一个审核程序,舞弊就会在重大损失发生之前被发现。新的供应商的资料表格都是由推荐该供应商的经理负责填写的,这也不符合职责分离的要求。

侦破这起舞弊案件的关键线索在于,公司员工档案和供应商资料中记载的联系方式竟然是同一个电话号码。如果公司经常实施数据分析程序,这个阴谋或许早就被识破了,损失也可以被降到最低。

我认识到,虽然法律手段是强有力的,但其成本之高足以令人望而却步。在本案结束时,法律小组表示,今后只有在舞弊涉案金额很大时才会采用相同的法律程序,这样的案件聘请外部律师的费用往往要比追讨回来的赃款金额还要高。

最后,在案件调查过程中,自始至终都要注意保密工作,只有确实有必要知道案情的人员才能知悉案件情况。每个决定、每次会议都要完全透明地记录在案,以备接受法庭的调查。要制订调查策略,不断审视案件调查的目标,这也是非常重要的。

§防患于未来之建议§

公司调整了四项政策:

1. 在公司采购部建立供应商正式档案以前,对同一个供应商最多只能支付两笔款项。公司采购部要对所有新增供应商进行基本的审查,其中包括对他们的董事进行核实。

2. 每年对公司员工和供应商数据库中的数据进行一次匹配分析,以便发现预示舞弊行为的迹象。

3. 对高级管理人员进行增强舞弊意识的全面培训(从统计数据来看,他们最有可能成为舞弊者),其中包括对一些外国分公司管理团队的培训,因为在那些地方行贿受贿往往是司空见惯的。

4. 开通一部举报热线电话,并向设在各国的分支机构公布,同时也要向供应商开放。

5

晚上11点，你知道IT副总裁在做什么吗？

It's 11 p.m. Do You Know What Your IT Director Is Up To?

约翰·库拉

在莱尼·华莱士第一次走进托比品牌零售公司大门的时候，不知道他当时是否知道自己将来会从这家公司窃取财物。后来的事实证明，他那个时候就已经知道这一点。托比公司的管理层认为，自从莱尼被聘为公司的IT副总裁的那天起，他就开始欺骗公司，在他13个月的混乱的任职期间，共从公司骗走了1 181 554美元。

在莱尼离开托比公司的前一天，我与他面谈了一个小时，这是我和莱尼唯一的一次直接接触。两年多以后，我完成了一次极其复杂的调查，对他的了解更多了。我发现这是一起典型的舞弊案，舞弊者明目张胆地连续作案，非但没有受到任何惩罚，还丝毫不顾及那些被他伤害的人。

莱尼离过几次婚，好不容易才娶上了现在这位妻子，他们没有孩子。他说话的时候总是喜欢添油加醋。有人说他善于说谎，是个窃贼和大骗子。莱尼以前的一位同事说："如果他哪天没跟谁说过谎，他就会觉得那天好像缺了点什么似的。"一位曾经为莱尼工作的咨询师把他描述为"一个（请恕我删去他使用的那个我羞于出口的脏字）古怪癫狂、心理变态的谎言家。"

如果人们稍加留意就不难发现莱尼舞弊的迹象，可惜托比公司在很久之后才注意到这些迹象。公司对某些员工给予了太多的信任，良好的初衷却加重了自身的弱点，所以莱尼实施的一系列并不高明的舞弊阴谋才能够得逞。

据说莱尼是由专业的猎头公司推荐给托比公司的。莱尼因为业务往来结识了托比公司即将退休的IT副总裁罗伯特·塔夫脱，事实上正是塔夫脱聘用莱尼做了他的接班人。后来的事实说明，这些业务合同是造成莱尼日后舞弊的元凶。

猎头声称是看到托比公司的网络招聘广告后才找到莱尼的，他还说已经对莱尼做过背景调查。但是，我们调查后发现，他所做的背景调查不过是给两名推荐人打过电话而已，而这两位推荐人都对莱尼大加赞扬。塔夫脱说他是根据莱尼的简历和猎头公司的调查做出聘用决定的。

遗憾的是，对莱尼所做的唯一的一次彻底的背景调查却发生在我们的调查中，假如在一年前执行了哪怕最基本的调查程序，也会发现一些不符合事实的情况，公司就不会聘用莱尼了：

(1)莱尼声称自己拥有工商管理和电机工程学士学位。在我们找他谈话的时候，他很不情愿地承认了自己根本没有上过大学。

(2)通过查询公共信息我们发现，他至少被州和联邦税务机关扣押财产10次以上。在托比公司聘用他的时候，他所在的州法院已判决按每月2 000美元的标准扣发他的工资以清偿债务。

(3)在托比公司聘用他的若干年前，他曾申请过个人破产，债务总额为175 000美元。

(4)他声称曾任职于IBM公司和国家航空航天局，实际上他从未在这两家单位工作过。另外，他还肆意夸大他在以前公司的工作职位。

在到托比公司上班前一个月，莱尼还与妻子租住在加州北部一间狭小的一居室里，在到托比公司工作六个月后，他们夫妇俩就住进了一栋面积4 000平方英尺的房子，旁边是一个50英尺的深水游船码头。另外，莱尼还买了一辆全新的福特敞篷小货车、一辆崭新的1980法拉利308i跑车和一辆全新宝马M3跑车(这是给妻子的生日礼物)、一架比奇五座飞机、一艘21英尺长的高速游艇、两艘小型高速滑艇。

他是以什么方式买的这些东西成了我们调查的一项内容。调查的结果令人震惊。托比公司总部位于美国西海岸，因经营的商品饱含流行、奢华、潮流的元素而闻名世界，深受社会名流、商界领袖、街舞巨星和平常百姓的喜爱。

或许是因为公司及其产品都是轻松、休闲的风格，或许是因为公司业务发展太快而无暇顾及，托比公司不知为什么从不注重加强内部控制及公司治理，公司高层也从不着力营造控制的氛围，对此，很多中层管理人员曾经多次表示过担忧。但是他们的忧虑基本上没有得到公司高层的重视。

在托比公司,莱尼是向财务总监汇报工作。这位财务总监头脑敏锐、背景极佳,是公司内部正冉冉升起的一颗新星。财务总监对莱尼的费用支出不加限制,莱尼把发生的大部分费用都归集到开发用于网上销售的产品和为香港分公司建立网络这两个项目上。

§用钱能买到的最好的系统§

杰姬·金是托比公司财务部的一名高级职员,她悄悄地向人力资源部总经理汇报,莱尼在一个与公司 IT 部门有业务往来的公司里拥有股份。金并没说她是如何知道这件事的。财务总监授权立即对莱尼进行核查,我们的调查于是悄悄地展开了。

托比公司的防损部经理爱德·格里芬用了不到一天的时间审核了莱尼的费用支出报告,以确定是否存在明显的异常情况。他发现,莱尼报销的费用中有些并未发生,有些是用于与公司业务无关的个人支出,有些是同一项费用多次报销——典型的"两次套钱"行为。

在接下来的几天里,我和防损部的主管吉姆·罗伯茨对 IT 部门的所有供应商进行了一次全面的审核。多数供应商是国内知名的公司,但也有几家本地的供应商引起了我们的注意。我们对这几家本地供应商做了进一步的研究,从中发现了一些问题。

其中有一家名为"德尔塔合伙公司"的企业,其出具的发票内容是电脑设备及相关咨询服务费用,其中一些发票虽然号码不同,但费用内容明显是重复的。还有一些发票的金额比应付的金额高出很多。另外,德尔塔公司的收费似乎不太正常,比如,有些咨询人员每周工作 80 到 100 小时,每小时的收费标准极高,并且没有任何具体资料说明他们的工作内容。这些发票的共同点是上面都有莱尼的亲笔签字。

与此同时,财务总监授权我们对莱尼的办公室进行搜查。我们在那里发现了一些文件,表明他可能对香港的一个供应商实施了敲诈或者接受了贿赂。为了监督香港分部的网络安装工程,他去了五六次香港。在莱尼的办公桌上,我们看到了一架私人飞机的照片。我们后来才得知,飞机的产权最近刚刚过户给莱尼,交易条件极为反常。

初步调查表明,莱尼大约存在5万美元的费用欺诈,另外还可能通过一两个当地的小供应商,在公司多列支了几十万美元的费用。

我们第一个约见的人是丹·戴维斯。莱尼在进入公司的当月就聘用丹为独立的承包商,在IT部门担任技术项目经理。但是,在我们和丹面谈的过程中,他说他的前一份工作是清洗水池。他没有上过大学,也没有任何有关计算机和信息技术方面的工作经验,他是"照着操作手册边干边学"。我们通过仔细分析账单发现,有几张计费单都显示丹竟然在一天之内为托比公司工作了40小时,而报酬是合同规定标准的两倍,但在费用账单上做了巧妙的拆分,丹对此无法提供合理的解释。

公司的人事资料显示,丹是一家新成立的名为"IT工程合伙人公司(简称ITEA)"的总经理,在我们就此事询问丹的时候,面谈立刻就结束了。大概在莱尼加入托比公司两个月后,就开始聘用ITEA公司为托比公司提供咨询服务。虽然IT部门没人听说过ITEA公司,也不知道该公司到底为托比公司提供了什么服务,但在很短的时间内该公司就给托比公司开出了大约30万美元的账单。另外,我们发现其中一张托比公司开给ITEA公司的支票正是丹自己亲笔背书的。

托比公司的防损部主管说:"丹,为什么不想想这件事的利害?如果你能把事情的真相告诉我们,这件事很快就会水落石出,你也能得到彻底的解脱。如果你现在执意不说,以后就没有机会了。"丹闭上眼睛,低下头,有那么一会儿他一动也没动,然后抬起头说道:"我没什么可说的,我听天由命了。"说完,他便起身离开了。

这次面谈是我们实地调查工作的开始,后面将是一个极其漫长的过程。我们要在国内广泛地走访查证,两次去香港,与律师、当地警察、县公诉人、联邦调查局以及托比公司的保险公司会面无数次。

§请受理我们的案件§

调查伊始我们就强烈地意识到两点:莱尼的重复报账额可能是巨大的;查清此事绝非易事。后来的事实证明我们的感觉是对的。

在调查初期的一个周五下午,公司的财务总监告诉我们,管理层要求我们在周一早晨就直接问讯莱尼。虽然我们要求给我们更多的时间去取证,但管理层的意思很明确:“立刻和他面谈。”

整个周末我们都在对莱尼的办公室进行仔细的检查,我们在他的电脑里发现了一些后来证明莱尼有罪的资料。我们走访了他的邻居,得知他最近生活上很讲究排场。但我们还需要找到更为关键的证据。

我们在周一和莱尼进行了面谈。我们不想亮出我们的底牌,所以小心地挑选着话题。莱尼承认自己重复报销了十几次差旅费用以及其他费用,总额超过4万美元,但他辩解说这是由疏忽大意造成的,并且把责任归咎于他的行政助理。

莱尼还说德尔塔公司重复开具36 000美元的发票确实是个“问题”,说他难以想象这样的发票怎么会被提交报销,他说他批准了这张发票的付款也是疏忽大意,并且辩解说他审批那么多张发票,出点差错在所难免。

莱尼试图把自己说成是一个受害者,但没人买他的账,随后他的态度发生了明显的转变。他表情冷漠、态度傲慢,开始以反问来对付我们的提问,声称对自己所在部门的供应商的情况一无所知,甚至对一些最基本的情况也不了解。

莱尼试图把这次面谈作为对我们的一次试探,他无疑很想知道我们还掌握了哪些情况,但他显然不会再向我们提供任何信息。我们结束了会谈,和他一起去了财务总监的办公室。财务总监宣布,在等待调查结果期间他将被停职,三个月后,莱尼因故被解职。

托比公司停止了对ITEA公司和德尔塔公司的所有付款,ITEA对此事没作丝毫的回应,但没过几天,德尔塔的总经理艾伦·克莱恩就威胁说要起诉托比公司拖欠款项85 000多美元。克莱恩很不情愿地同意与我们见面并回答我们的所有问题,但他来的时候却带了一名律师,会面很快就结束了。克莱恩对目前的财务纠纷感到非常气愤,他说如果托比公司不尽快付款的话,他的公司将会面临很大的困难。他的律师还威胁说,如果托比公司不马上付清欠德尔塔的全部款项的话,他将让世人知道,托比公司正在无理地侵犯加州发展最快的咨询公司的利益。

在交谈过程中,克莱恩承认了前述的36 000美元确实存在重复开发票的问题,但这是由于德尔塔公司的财务系统出错造成的。克莱恩还奇怪地说出了另外两张重复付款的发票,总额达16 000美元,支票也是由莱尼审批的,这两张发票我们原来并不知道。后来我们明白,克莱恩之所以这样做,以及他的律师要求立即付款,目的就是想分散我们的注意力,防止我们发现德尔塔公司发票上存在的其他问题。

托比公司并没有上当,我们继续展开调查工作。我们确定了哪些是由虚构的客户虚开的发票、哪些是由真实的公司(多数是德尔塔公司)明显多开的发票,以及承接托比公司项目的德尔塔公司分包商的异常交易。调查不到一个月,我们就弄清了在莱尼之前谁是那辆法拉利跑车(艾伦·克莱恩)和那艘划艇(丹·戴维斯)的所有者。依据莱尼桌子上照片中的飞机尾翼号码,我们发现该飞机登记于ITEA公司的名下,登记地址是丹的家庭住址,刚好是莱尼以前的地址。

莱尼被解职的时候威胁说将起诉公司,但后来又说,如果给他一笔可观的离职补偿和一封有利的推荐信,他可以和公司私了此事。托比公司拒绝了他的要求,他和公司已经谈不上合作了。戴维斯失踪了。虽然克莱恩声称将法拉利跑车以3.5万美元卖给了莱尼,但不能提供莱尼付款的任何证据,因此克莱恩要求立即付款的声音也就自消自灭了。克莱恩最终同意以仲裁方式解决纠纷。他的律师在得知自己的客户在发票的真实性上向他撒了谎以后也辞职了。最终,克莱恩一分钱也没有拿到。

我们发现,有些凭证表明,曾经聘用莱尼的罗伯特·塔夫脱,在退休以前与ITEA公司的两笔总额为4.7万美元的可疑付款有牵连。我找塔夫脱了解情况,他显然已经十分了解莱尼和克莱恩案件的进展,这位曾经非常热情的、祖父般慈祥的人物,立刻要我去和一位刑事辩护律师谈谈。该律师告诉我:“如果不能事先得到免予指控的承诺,塔夫脱先生什么也不会说。”此刻,关于本案我们甚至还没有与司法机构讨论过一次!

在此期间,我们也对莱尼在香港的活动进行了调查。我们找到了莱尼在香港公司网络工程中招标用的工程概算书,分别交给几家在美国和香港的IT咨询师,请他们对造价进行估算,他们的估价无一例外地都比托比公司实际支付的价格要低几万美元。此外,我们面谈过的每一个人都不明白,莱尼为什么要让德尔塔公司的几名咨询人员去香港那么多次,他们都认为这个项目既不大也不复杂。

在香港,我们发现莱尼将此项工程交给了参与项目投标的最小的供应商。最初投标价格不到10万美元,但后来数额猛增,托比公司实际收到的发票总额超过了14万美元。当地的一位承包商谭先生告诉我们,莱尼对他说,要想拿到工程就必须加价——在需要支付回扣的情况下这就不足为奇了。

莱尼安排托比公司快速处理谭的发票,并在项目结束前就付清了全部款项。谭知道莱尼想从他那儿拿到回扣,也理解为什么托比公司如此迅速地付款给他。谭说,莱尼在最后一次去香港之前告诉他,他希望他俩下次碰面的时候能拿到一个"装有4万美元的信封"。谭认为莱尼需要这笔钱支付他在香港奢侈生活的开销,比如:乘直升机游览香港、奢华的餐饮支出、去澳门赌场及护卫服务的支出。

我们将这些情况报告给了香港廉政公署。廉政公署对谭的公司进行了搜查,结果不仅证实了我们的判断,还获得了更多的犯罪证据。谭和他的合伙人被逮捕,很快就被判犯有贿赂罪。二人后来逃到英国并隐藏了起来。莱尼被缺席判决参与该贿赂案,法庭为此签发了逮捕证,莱尼下次进入香港时将被逮捕。

回到美国后,我们的诉讼过程就没这么顺利了。首先,我们就该向什么部门报案争论了一番,到底是向当地警方、县检察官、联邦检察官、联邦调查局、邮政舞弊监察员报案,还是向国内税务署报案——因为莱尼有部分收入未申报。托比公司的法律顾问认为我们应当向当地警方报案,但当地警方以不具备相应的管辖权而未予立案,第一次报案失败了。于是我们向县检察官报案,他告诉我们将证据提交给首席调查员,县检察官办公室最终也拒绝受理此案。第二次报案也失败了。我们又向联邦调查局报案,很显然这样的案件根本引不起他们的兴趣。第三次报案再次失败。联邦调查局的反应实在令人失望,托比公司最终决定将案件调查无限期搁置起来。

§ 事情还未到结束的时候 §

差不多一年以后(自案件调查开始时已经过了两年了),我接到了一位名叫达琳的女子打来的电话。她曾经在德尔塔公司为克莱恩工作过,因为该公司拖欠她的薪水,所以她起诉了该公司。她说她掌握一些我会感兴趣的信息。

我与她在其律师办公室碰了面。她不仅对克莱恩和莱尼的阴谋非常了解,而且有书面材料为证。当县检察官委派的调查人员联系克莱恩会面的时候,达琳得到了这些书面材料。达琳说,“克莱恩当时吓坏了,他确信自己将被判刑入狱”。克莱恩将德尔塔公司所有与托比公司有关的业务资料都交给了她,让她带回家保存好,她接受了。但不久,她与克莱恩的关系搞僵了。她把手里的资料看了一遍,证明了自己先前对克莱恩有不法行为的怀疑是对的。

达琳提供了德尔塔公司部分前员工及分包商的名字。我首先与保罗见了面,他曾经是德尔塔公司的合伙人。经过一番长时间的讨论,他签署了一份含有下列三项关键事实的声明:

1. 在德尔塔公司与托比公司开始业务合作后不久,莱尼在德尔塔公司的办公室与保罗、克莱恩及丹·戴维斯碰过面。莱尼说他和丹合伙设立了一家名为 ITEA 的公司,该公司为托比公司提供服务,莱尼按照收入的一定比例分成。德尔塔公司也愿意这么做。所谓按收入的一定比例分成,不过是莱尼索取回扣的委婉说法而已。德尔塔公司后来成了托比公司的供应商。关于按收入的一定比例分成,可以用德尔塔公司向托比公司出售网络监控服务器这个例子来说明。保罗以 700 美元的价格购买了一台旧服务器,一个星期后就按 15 000 美元的价格以新设备的名义卖给了托比公司。莱尼与克莱恩各分得利润的一半。

2. 在德尔塔公司成为托比公司供应商的几个月后,克莱恩安排保罗去德尔塔公司的开户银行,取回一个装有银行本票的信封,该本票的收款人为莱尼,金额为 8 万美元。保罗在一个小机场将信封交给了莱尼,看见莱尼将本票背书后给了那位莱尼刚刚向其“购买”飞机的人——这架飞机与莱尼办公桌上的照片中的沙滩飞机一样。

3. 有一张德尔塔公司开给托比公司的金额为 6 600 美元的发票,发票内容是保罗为托比公司香港分公司的网络工程提供的专业及咨询服务。保罗说,自己从来没有为托比公司提供过任何咨询服务。这张发票的费用纯属虚构。

达琳还向我们谈到了埃里克。埃里克是一个独立的 IT 承包商,他说自己认识克莱恩好多年了,碰巧他也认识莱尼。埃里克说莱尼实际上曾经在克莱恩手下工作过。这对我们来说是个新信息,因为他们二人都从未提过这件事。

"我想莱尼是个傻瓜,"埃里克说道,"克莱恩也知道这一点。"埃里克说,这就是为什么当时克莱恩打电话给他、说莱尼希望他去趟香港、请他协助安装网络工程时,他感到非常吃惊。埃里克认为这个要求十分荒唐,但如果莱尼愿意白白付给他 1 万美元并报销差旅费,他还是决定去一趟。埃里克说:"我觉得自己赢得了一个免费去香港度假的机会。他们根本不需要我,肯定也不需要克莱恩或其他大多数的咨询人员。"

回到美国后,埃里克要求德尔塔公司支付 1 万美元的费用,但克莱恩只向他支付了 6 000 美元,并说因为某种误解,托比公司拒绝支付埃里克的服务费。我们向埃里克出示了德尔塔公司因他的服务工作而开给托比公司的唯一一张发票,发票的时间和内容与埃里克的香港之行相符,但发票金额却是 25 503 美元,托比公司已全部付清。又是一次"利润分成"!

§ 本性难移 §

全体调查人员都经历了一段既紧张又兴奋的日子,但我们并不想让案件到此为止。达琳提供了上述信息后,案件又再次变得复杂起来。吉姆·罗伯茨这下来了精神,同意我们继续追查下去,并要求我们更多地约见达琳提供的人员。吉姆通过谷歌对莱尼的名字进行了搜索,想看看是否能发现什么新的信息——还真的有所发现。

吉姆发现了最近转载于一份网上商业期刊的一篇莱尼的文章。莱尼现在是加州弗里蒙特市维戈技术公司的 IT 副总裁。莱尼在这篇文章中介绍了他所使用的最先进的 IT 人事管理模式,这种模式在很大程度上依赖于与硅谷的一家临时职业介绍机构的合作,这家职业介绍机构专门提供高水平的 IT 专业人员。莱尼甚至还提到了那家职业介绍公司及其总裁的名字,这个公司没听说,但公司的总裁却不是别人,正是艾伦·克莱恩。

为了防止另一家公司再次成为莱尼及克莱恩合谋行骗的牺牲品,吉姆要求我设法与维戈公司的管理层取得联系,并且要保证我们中的任何人不受到诽谤的指控。我们给维戈公司打了电话,想确定莱尼是否还在那里工作，结果发现他于一两个月前离开了这家公司。我们想，维戈公司可能发现了莱尼与克莱恩新设立的 IT 职业介绍公司存在某种关系，因而解聘了他。如果事情确实如此，我们可以帮助他们了解这两个人的前科，他们也许能为我们成功地起诉莱尼和克莱恩提供帮助。

我给维戈公司总裁写了一封简短的信。出乎我的意料，维戈公司总裁在收到信的当天就亲自给我打来电话。我们进行了一次简短而热情的谈话，他邀请我与他会面。

吉姆·罗伯茨、托比公司的律师和我与维戈公司的总裁、内审主管以及首席法律顾问进行了会谈。一开始，双方的讨论还是试探性的，但很快就证实莱尼和克莱恩再次合谋行骗了。维戈公司很快发现了他们的图谋，因为 IT 部门有人看出艾伦的公司出具的发票有些异常，就向内审部门报告了此事。内审部门随后发现了更多异常的发票，其中大多数发票的服务时间与服务费标准明显地与聘用合同不符。内部审计师审查了莱尼的费用支出报告，也发现了一些重复付费的问题。莱尼故伎重演，又是将责任归咎于他的助理。

维戈公司的总裁说，他在听到内部审计师的审查结果后就知道莱尼是个窃贼。他批准了莱尼的辞职申请，因为涉案金额较小就没有起诉他。维戈公司总裁最后还说，公司当初要是对莱尼多做一些背景调查就好了。可是，莱尼在托比公司的任职经历并没有出现在他提交给维戈公司的简历中。

加上这些新证据，我们将内容最全面、表述最完整、最有说服力的犯罪证据材料提交给了联邦调查局。遗憾的是，在比较大的法律辖区，很多证据比较充分、金额比较大的公司舞弊案件常常会让位于那些证据特别充分、金额特别重大的案件。在联邦调查局看来，我们的案子尚需做很多的外部调查工作，我们所做的前期调查没有为他们减少多少工作量。起诉就此停止。

我们与保险公司交涉的结果还算不错。我们准备了公司所受损失的各项证明材料，附上一份要求商业犯罪保险赔偿的申请书，递交给了托比公司的保险公司。历经数月的协商后，保险公司同意按照保险合同规定的 100 万美元最高限额对公司的损失进行赔偿，并另行赔付了 20 万美元的案件调查成本和相关律师费用。

说到莱尼，我不知道他是否还有返回香港的理由，也不知道那张逮捕证的有效期还有多长。我们一直没有听到香港廉政公署逮捕他的消息。莱尼还是逃脱了法律的制裁。据我所知，他仍然任职于私营机构，对那些不明底细的善意的雇主来说，他仍然是一个非常危险的人物。

§经验与教训§

这个案例为我们提供的经验与教训虽然显而易见，但还是值得在此加以重复：

1. 做好员工背景调查工作。两封内容并不确定的推荐信，并不能满足对应聘人员背景调查的需要。可以肯定地说，如果托比公司人力资源部门能够委托一个独立、专业的人事调查公司对莱尼进行适当的背景调查，托比公司根本就不会聘用他。

2. 更加关注 IT 设备与服务的支出。对于多数公司而言，因为没有设立既独立于 IT 部门、又具有技术能力来评价支出的恰当性和高管人员行为的内部监督部门，这项要求确实是一项挑战。

3. 积极主动地识别舞弊行为。托比公司既没有建立内部审计部门，也没有设立举报热线。研究表明，大多数的舞弊阴谋都是有人举报后才被发现的，而且多数来自于员工的举报。托比公司的案子也是如此，因为公司的舞弊调查正是始于员工杰姬·金的举报。

4. 与司法机构打交道时要保持耐心。很多案件常常涉及到诸多不同的犯罪行为，并同时触犯了州及联邦法律的规定。考虑到对公司的负面影响和可能出现的民事诉讼，以及调用公司内部资源及聘用外部律师与调查人员的成本，许多公司难以下决心对所发现的犯罪行为提起诉讼。公司舞弊行为较为复杂，常常会使那些中小警察机构耗费大量的资源，加重他们的负担。当我们将一个证据充分的案件提交给当地警方时，由于警方不清楚应如何对案件进行调查，或者缺乏必需的时间与精力来处理案件，使得案件迟迟得不到处理，这实在是一件令人沮丧的事情。即使将案件提交给联邦司法机构，也同样会因为众多原因而让人失望。比如：这些机构调查案件所花费的时间过长，或者因为某种政策原因不便告知受害人诸多的案件细节等。许多公司舞弊的受害人都认为，他们应当将案件提交给联邦调查局以便按联邦法律提起诉讼。事实上，其他联邦政府机构也可以考虑。例如，如果与案件有关的发票、支票或其他书面文件是通过美国邮政系统传递的，就可以向美国邮政检查总署报案；如果犯罪分子涉嫌非法进入计算机系统、提供伪造的或者虚假的身份文件，则可以向美国财政部特工处报案。

5. 公司应当审查自己的保险政策。许多公司针对员工欺诈行为可能导致的巨额损失向保险公司投了保，但往往会忘记向保险公司索赔。虽然托比公司没能如愿提起刑事诉讼，但该公司还是从保险公司获得了120 万美元的赔付，这也可以减少公司因员工舞弊而导致的损失。此外，公司还应当留意保险合同条款中是否包含可赔付至少一部分的调查成本。如果托比公司忽略了这一点，保险公司就不可能赔付 20 万美元的调查成本了。

§防患于未来之建议§

吸取以往的经验和教训，可以在很大程度上帮助我们防止类似舞弊行为的发生。莱尼·华莱士和艾伦·克莱恩这样的人到处都有，公司舞弊确实很常见，它们不但会经常发生，而且成本极高。近些年来舞弊审核、法务会计及相关领域的快速发展就是一个很好的证明。

安然事件之后，大型上市公司除了遵守萨班斯法案及其他监管规定别无选择。反舞弊计划、舞弊减少策略、舞弊意识培训、举报热线以及其他预防性措施就是这些规定的组成部分。这些措施的确有效，但实施的成本不菲，因而也存在一定的问题。即使舞弊预防的成本要比发生舞弊的处理成本低得多，还是有很多公司没有把财力花费在舞弊识别方面，这常常令我感到不解。中小企业在这方面所面临的风险要大得多，因为监管规则并未对这些企业建立强有力的内部审计和反舞弊计划提出要求。

如果管理层关注舞弊及其他违反职业道德的问题，并且立即采取针对性的措施，就会向公司员工传递一个强势的反舞弊信息。从长远的观点来看，如果能对员工不断地进行舞弊意识培训，增强其反舞弊的能力，同时为员工举报舞弊行为提供方便，不仅能显著减少公司员工舞弊的机会，而且发现舞弊的可能性也可显著增加。

6

虚构的货运量

These Weights Didn't Measure Up!

约瑟夫·R.德弗斯

理查德·兰利是其所在选区的一名热衷于社交活动的政治活跃分子。作为社区的一位冉冉升起的政治新秀,他不仅一直努力地做好选民登记工作,还曾经是一项冒险的倡议活动的组织者,可惜这次活动最终没有成功。同时,他还对州里的许多政治活动捐赠过资金。

理查德长着一张娃娃脸,身材矮胖,喜欢提及他认识的名人来炫耀自己。理查德乐于冒险投资,他在靠近一个大都市的湖边租了一幢房子,在那里举办盛大而奢华的派对。他经常邀请法官、市长、前任州长们、律师还有议员到家里做客,为所有来参加派对的人安排贴身的仆人。客人在他那布局优雅的家中会看到墙上挂满了众多体育明星亲笔签名的纪念品。当然,他举办这些派对的首要目的是为那些重要的达官显贵结交其他一些热衷政治活动的人提供一个场所。

理查德还在租来的80英尺长的快艇上、棒球馆的高级包厢里举办派对。他乐于滔滔不绝地发表自己的政见,喜欢夸赞自己的手表和汽车有多昂贵,以此来炫耀自己的财富。事实上,34岁还未婚的理查德名下并没有什么不动产和汽车。

理查德需要钱来支撑自己奢华的生活方式,他开始经营汽车运输生意。一段时间之后,他利用自己在政界的关系与该州酒类专卖公司(简称"专卖公司")签订了利润丰厚的货物运输合同。专卖公司为何聘用理查德为承运商,到目前为止都还是一个谜。后来有人检查了理查德的合同档案,发现他的档案材料内容空洞,实在没有什么特别之处。档案中只有两份资料,其中一份是专卖公司一名员工所作的备忘录,备忘录上提到,在理查德最初到专卖公司联系业务的时候，他一直把专卖公司的某位高级主管的名字挂在嘴边；另外一份资料是一份辞职信。专卖公司决定让理查德负责十四条运酒路线中的一条。

理查德开始了他的运输服务。他的运输车辆沿着90英里长的州际高速公路，将货物从中心仓库运送到酒类零售店。专卖公司需要在理查德提供发票之后才能支付运费。理查德的公司以前从未经营过运输业务，因此即使是很简单的事情在他那里也成了难题。由于缺乏会计知识，理查德对怎样填写发票以便尽快拿到付款一无所知。为了应对这种状况，他开始和专卖公司应付账款部的职员葛丽·斯巴克拉关系。葛丽在专卖公司担任记账员已经五年了。她是个42岁的单身母亲，有两个十几岁的孩子，刚与相处了四年的情人分手。她的个人生活状况及窘迫的财务状况使她不堪一击。家庭生活保障一直困扰着她，眼下再一次陷入孤独让她更加害怕。

应付账款部设在位于州首府的专卖公司总部。葛丽的工作职责之一就是处理本州分销系统的承运商所开具的发票。这是一项十分耗时的工作，每个月要处理大约1 400张、总额为42万美元的发票。在理查德成为公司的承运商之后，他的发票也要由葛丽来处理。承运商开出的发票先要积累成批，经过审核和批准后输入到会计处理系统中，最后根据发票付款。所有从中心仓库运送出去的货物，葛丽都要对承运商开出的发票以及输入电脑数据库的信息进行核实。

在理查德为专卖公司服务的第一年，每当他在填写发票过程中碰到问题的时候葛丽都会尽力帮助他。他们花了很多时间打电话，讨论如何正确地填写发票。葛丽觉得理查德的公司不会有什么问题，只是在业务处理方面不太规范罢了。她越来越相信理查德是个诚实的好人。

但是，理查德在经营和会计知识方面的匮乏的确给他们双方都带来了很大的麻烦，他总是需要更多的时间修改发票，因而不能及时拿到运输费，葛丽也不可能把时间和精力都用在这一个承运商身上。

理查德请求葛丽帮忙，葛丽觉得还不如自己为理查德填写发票，免得每次都要与理查德花费口舌，他俩都同意这么做。理查德给她提供他的公司送货的数据，她负责填写发票。这样以来，葛丽节省了核实数据的时间，理查德也能更快地收到运费。但是，尽管有了葛丽的帮助，问题还是时有发生,例如,寄给理查德的一张付款支票丢失了,还有一次给理查德的支票被寄到别的公司去了。

“怎么回事呢?”理查德问。

“我不知道啊,”葛丽回答说,“但我会解决这件事的。”

葛丽打算安排由自己从公司总部拿到给理查德的支票,不再让他们邮寄给理查德。于是她打电话给签发支票的人。

“给理查德的支票你能不能别邮寄而是直接交给我?”葛丽问道。

“当然可以,这样我们还可以节省邮票呢!”

于是,葛丽开始与理查德在停车场碰面,把支票交给他。理查德感到,要想与专卖公司扩大业务额,他需要葛丽的帮助。

理查德问葛丽:“我能不能把我的运货数据传真给你,这样不是可以加快信息处理的速度吗?”葛丽同意了。

后来葛丽被调到了其他部门工作,但她继续帮助理查德填写发票。她对发票进行复核之后便转给应付账款部做进一步处理。因为发票已经她核实,应付账款部的工作人员便直接用自己的口令把信息录入会计处理系统。

不久,理查德就开始利用自己与葛丽的这层关系为个人牟取私利。在三年多的时间里,理查德共从专卖公司骗取了大约 84 万美元。

§政治遇上酒品:危险的结合§

州立法机构在 1934 年成立了酒类专卖公司,州财政部给专卖公司拨付了两年总额达 1.57 亿美元的预算。专卖公司总部聘用了 950 名全职员工,拥有一个中心仓库,还有遍布全州的 350 家由州政府直营的酒类零售店。专卖公司由三个由州长任命并经过州参议院批准的兼职议员负责管理。建立这个专卖公司的宗旨是通过发放许可证、加强公众教育、贯彻实施专卖法和控制购销渠道等措施,防止酒精和烟草的滥用对公众健康的危害。公司的主要职能包括:

1. 对所有酒精类饮料的生产、销售和配送发放许可证并进行监管。

2. 通过与其他政府执法机构合作,贯彻实施酒类专卖法。

3. 采购、存储和销售酒制品。

4. 对本州内所有生产酒制品和进口酒制品的公司征税。

5. 控制和监管酒精类饮料的广告发布。

有些酒类零售店由专卖公司直接经营,有些则由私人企业来经营。专卖公司与一些承运商签约,由他们将货物从中心仓库运送到本州内的每一个零售店。在每个财务年度内,专卖公司都需要向承运商支付大约4 500万美元的运费。

在理查德成为承运商一年之后,该州的会计处理系统对付款流程做了一项重大的修改,这一变化使专卖公司削减了应付账款部的员工数量,公司对付款政策和流程进行了调整以适应人员的减少。调整后的付款程序取消了对承运商发票内容真实性的审核。

此后,应付账款部的员工只需要核对承运商发票的数字计算是否正确,以及发票上的费率和签订合同时拟定的费率是否一致。虽然专卖公司仍然保留了记录中心仓库发货情况的数据库,但应付账款部却不再根据这些重要的资料来核实承运商发票的真实性。这次流程的更改后来被证明是一个致命的缺陷。

在接下来的六月份,葛丽被调到了另一部门工作,她必须培训另一位员工来接替她在应付账款部的工作。实际上,该部门的人员经常发生变动,葛丽需要不断地培训新员工,同时还需要解答他们在处理业务过程中遇到的各种问题。她甚至还为应付账款部的员工编写了培训手册,以帮助他们改进工作。

几年来,葛丽与所有的承运商都建立了良好的关系,尤其是与理查德的公司。两年后的一天,当葛丽协助应付账款部的员工处理一笔业务时,她注意到有一张理查德的发票问题不少。她做了一番查核,发现这张发票明显地虚报了部分商品的重量。葛丽随后查看了理查德公司的其他发票,发现所有发票都明显虚报了重量,虚报数竟高出实际重量两万磅。葛丽感到非常震惊,第二天就与理查德取得了联系。

"请你立即过来见我。"葛丽对理查德说。

"怎么啦?"理查德问。

"没什么特别的,见面再谈。"理查德以为葛丽是为了私事要和他见面。葛丽在专卖公司总部停车场看见理查德的车开过来后就上了他的车。为了方便说话,理查德又开出去一段路才把车停下来。

葛丽直截了当地对理查德说:“你开给专卖公司的发票都虚报了金额。”

葛丽真希望他说这都是由于一时的疏忽造成的。但是,当她得知真实情况时简直吓坏了。

理查德一开始不承认,但后来他还是说:“我想知道你花了多久才发现了这件事。为了给我的新公司筹集启动资金,我的确曾有几次虚报了货物的重量,甚至还伪造过运输信息和发票,这也不算什么大事。等我那个新公司正式开始运转了,我就会有足够的钱来偿还专卖公司了。”

这么说,理查德实际上是在利用专卖公司的付款系统来获取短期贷款。

“别担心。”理查德对葛丽说,“我最后一定会处理好这件事的。另外,还有其他人知道这事吗?”

葛丽简直不敢相信自己的耳朵,她大声说:“不,没有其他人知道这件事! 但是,理查德,这是偷窃行为!”

理查德对葛丽的指责不以为然,他淡淡地说:“如果我的计划真的被人发现了,到时候我也会有足够的钱去聘请一个好律师来为我辩护。”

葛丽此刻开始考虑自己在这起舞弊事件中到底有多大的责任。

理查德试图安抚葛丽,却没有什么说服力:“葛丽,你不会有事的,你什么也不知道,一切都是我做的。如果真的被发现了,我就说是因为我们公司对运输业务缺乏完整的记录所致。”

葛丽深知自己无法容忍这种偷盗行为。她请求道:“理查德,请就此罢手吧!”

“我迟早会的。”他许诺说。“如果你因为我的事被公司解雇了,我会出钱给你请个律师,你还可以在我的公司里工作,我会向你提供一切帮助。”两个人的这次会面就这样结束了。

葛丽没有向专卖公司的主管人员揭发理查德的作弊行为。之后不久,理查德和葛丽之间的来往由业务关系变成了私人关系。他们开始一起吃午餐,谈论她不如意的个人生活。有一天,理查德递给葛丽一个装着现金的信封。

“请你收下这笔钱。”他说。“我想帮你渡过难关。”葛丽当时没有打开信封,后来她才发现信封里装了6 000美元。

葛丽觉得他是好意。一星期后，理查德又给了她一个装着现金的信封，她还是没有当场打开看，之后发现信封里装了4 000美元现金。在接下来的几个星期，葛丽一直在说服自己她是为生活所迫才留下这些钱的，她甚至从中拿出一些钱来用于生活开销。

虽然葛丽很需要钱，但她后来还是对理查德说："我不能再这样下去了。"

大约六个星期以后，葛丽把6 000美元退给了理查德，还许诺不久就把其余的4 000美元也还给他。葛丽觉得如果她收下这些钱她就成了他的同谋。如果自己日后有一天决定揭发理查德虚开发票的话，她不想因为自己曾经参与其中而面对被起诉的后果。她希望这件事就这么过去了，以后理查德能够如实地开发票。打那以后，她不再帮助应付账款部的同事处理业务了，她真的不希望必须得由她来揭发理查德。

葛丽甚至对理查德撒谎说："审计师来公司了，他们要求我们认真核实所有运输发票是否准确。"

理查德不友好地大声说："谢谢你告诉我这个消息。"此外再没说什么。

葛丽暗自想，自己与理查德之间并不存在利益冲突，因为为理查德的公司填写发票并不是她的分内之事，另外，他们只是纯粹的朋友关系。如果他的阴谋暴露了，她只会因为是他的朋友而感到内疚。葛丽继续陪着理查德参加派对和看棒球比赛，仍然没完没了地跟理查德通电话，谈论他那种快乐的生活方式，还表示希望他们之间的友谊地久天长。可是，理查德却另有打算。

随后，葛丽的身体和家庭都出了问题。她被诊断出得了高血压，一位亲戚在一场车祸中丧生，继父又因为心脏病发作而死亡。葛丽难以安排好自己的工作和家务事。

理查德也陷入了消沉之中。虽然挣的钱不少，但他的精神状态已经难以保持原来政治活跃分子那种快节奏的生活方式了。"我觉得毒品和酒精加重了我的沮丧情绪。"理查德对葛丽说："最最糟糕的是，我新创建的公司倒闭了。"

葛丽绝望了。她决定查清理查德通过作弊得了多少赃款。葛丽知道，他每年从专卖公司赚得的运输费应该约为14.4万美元，但她很快发现他在 2001 年竟然从公司拿走了 68.5 万美元。惊骇之余,葛丽知道自己现在不得不充当举报人的角色了,她要把理查德的所作所为报告给专卖公司。她决定和理查德再见一次面来解决此事,出乎她的预料,理查德带来了他的律师。

"如果专卖公司发现了我们的事,我也将给你请一名律师。"理查德承诺道。

"不用了,谢谢。"葛丽回答。她从来没有像现在这样烦恼和沮丧,还为自己的生命担忧起来,她甚至立了一份遗嘱。

一天,理查德给葛丽打来电话,让她帮忙填写一张金额巨大的发票。

"你自己做吧!"葛丽决然地说。

理查德意识到他的阴谋就要败露了,他被葛丽斩钉截铁的回答惊呆了,知道自己的好日子已屈指可数了。"我要赶紧收拾行囊离开这个州,逃离这个是非之地。"

葛丽在秋天就决定向专卖公司揭发理查德的行为,但在六个多月之后才付诸行动。由于自己与理查德的关系密切,她显然很难做出这个决定。

§ 阴谋终于见光 §

次年二月,葛丽聘请了一位律师。按照律师的建议,她向州审计局揭发了理查德欺诈阴谋的详细情况。我是一名从事专项调查的审计师,负责调查州内的舞弊事件,葛丽揭发的案件便交到了我的手上。在对情况作了初步分析之后,我立即安排我的同事富兰克林·斯玛特去审查专卖公司在 5 年期间向理查德支付的全部款项。

调查伊始我就不禁惊呼:"种种迹象表明,这将是我们州审计局调查过的最大的舞弊案之一。"

"我也这样认为。"富兰克林说。

历经六个月的艰苦努力,富兰克林把所有的资料都输入了数据库。我在审计结束前核实了资料和结论的准确性,葛丽的所有证言均属实。这是我们所调查过的最大的一起舞弊事件。

这个案件非常复杂,需要六个部门之间的密切配合。

1. 专卖公司。该公司总经理要求全体员工都要配合审计师和警方的调查工作。另外,内审人员负责从付款记录中调集所有承运商的发票,并从公司总部中心仓库索取全部商品承运凭证。专卖公司还给调查此案的审计师和警方提供了办公场所。另外,内审人员还利用一个案例来说明理查德从公司骗取付款的过程。专卖公司据此中止了理查德公司的承运商资格,警方也依据这个事实向银行发出提供资料的传票以满足警方调查的需要。

2. 州审计局。州审计局需要实施审计以确定事件造成的损失金额。借助计算机辅助审计技术,审计师找出了专卖公司向理查德公司支付的全部款项。在调查过程中,审计师和警方调查人员密切合作,以确保审计的结果能够符合警方向理查德提起诉讼的证据要求。

3. 州警察局。审计工作一结束,州警察局就开始了警方对案件的调查工作。警方要复核审计结果,讯问涉案人员,索取理查德公司的账簿和银行账户记录,然后向县公诉人建议提起诉讼。

4. 检察长办公室。在审计和警方调查的过程中,专卖公司和州审计局的法律代表均提供了法律指导和建议。

5. 州财政部。这个部门掌握着与这个案件有关的全部支票原件,在审计师将理查德骗取款项的支票列出清单后,州财政部从支票档案中拿出全部与欺诈有关的支票,小心地放入一个塑料袋中,以保护指纹证据。警方在调查过程中需要利用这些资料,资料还要被妥善保管以备日后审判需要。从档案中调出的支票的收款人均为理查德的公司,上有理查德的背书。

6. 县公诉人。该部门负责对案件提起公诉。在案件的调查和审计过程中,公诉人需要与审计师、州警察局以及承运商的辩护律师会面。公诉人最终协调各方达成了认罪协议,承运商同意对专卖公司的损失进行赔偿并承担审计费用。但是,由于司法管辖范围的原因,州首府所在地的县公诉人把案件移交给了理查德公司所在地的县公诉人。案子庭外解决了。

州审计局为专卖公司建立了一个数据库,包括承运商发票、专卖公司付款凭证、支票以及所有从中心仓库运出货物的相关资料。通过对数据库的信息进行分析,审计师确定了专卖公司的损失额。审计师还意外地发现,理查德对一些已提供的运输服务却没有给专卖公司开出发票,这可以部分地抵消专卖公司的损失。

审计师发现了专卖公司管理上的一些漏洞,正是这些漏洞才使理查德的阴谋得逞,三年多都没有被发现。首先,应付账款部的工作人员在付款以前没有将承运商发票上的货运业务或货运重量与中心仓库的电脑货运记录进行核对。其次,专卖公司对理查德公司提供的发票审核不严。葛丽已经不在应付账款部工作了,却还接收并审核理查德公司的发票。发票邮寄环节违反了业务流程,将应寄给理查德公司的支票直接交给了葛丽,由葛丽转交给理查德。最后,理查德用传真机传送发票,专卖公司没有要求理查德公司提交发票原件就付了款。

§虚假发票§

理查德公司向专卖公司提供虚假的发票,没有提供运输服务却收到了非法的款项。在三年时间里,理查德共收到非法所得 839 796.90 美元。虚假发票的具体情况如下:

已送货但虚报重量所增加的运费	$ 123 161.12
虚构货运业务的运费	600 527.84
重复开票增加的运费	116 017.94
损失合计	839 706.90
已送货但漏开发票而减少的运费	(67 843.31)
净损失	$ 771 863.59

1. 已送货但虚报重量增加的运费。支付给承运商的运费金额等于货品重量乘以专卖公司与所有承运商签订合同时确定的费率。在被审期间内,理查德共运送 1 103 次货物,其中有 600 次他虚报了重量,总计达到 5 000多磅(相当于送货总重量的 54.39%)。

2. 虚构货运业务增加的运费。理查德虚构了 1 370 次送货,给专卖公司开出了 1 100 张发票。

3. 重复开票增加的运费。其中有 273 次送货,理查德已经提交发票且专卖公司已支付了款项,但理查德又重复提交了 238 张发票。

4. 已送货但漏开发票而减少的运费。理查德共有382次送货未开具发票给专卖公司,运费总额为67 843.31美元。审计师不禁要"感谢"他的疏忽,它减少了专卖公司的损失。

在作为承运商的五年时间里,理查德共向专卖公司开具了总额为110万美元的发票,其中大约76%的发票是虚假的。当州警察局去理查德家里逮捕他的时候,他早已逃离该州以逃避法律的惩罚。由于该案情节严重,该州专门成立了一个地区性的在逃犯追捕特别小组来抓捕理查德。理查德逃亡了六个月。后来,根据秘密情报,联邦法院的执行官赶到了另一个州,在理查德一位朋友的家里没有费什么周折就抓到了他。他被临时囚禁在一所县级监狱中。在理查德放弃了引渡条件后,他被押送回自己家乡所在的州,并在监狱中候审。县公诉人宣布说:"理查德除了记忆之外一无所有,他已经一文不名,欺诈所得的钱财已被他挥霍一空。"

理查德已经没有任何财产了,因此他可以申请一名公共辩护律师。他对自己的行为表示认罪,并向高级法院上诉请求减轻处罚。理查德的辩护律师辩称他是初犯,并且受毒品和酗酒的困扰,试图减轻对他的判罚。

律师说:"理查德需要接受治疗。"

法官认为理查德的犯罪行为持续的时间相当长,因而否认他是初犯。理查德所出具的每一张虚假发票都被认定为一个独立的事件,所有虚假发票累积起来就构成了最严重的盗窃行为,这也是该州最严重的盗窃罪。

法官向理查德和他的律师保证说:"他在监狱也可以进行戒毒戒酒治疗。"

法官随后判处理查德在州监狱服刑57个月,这是该州法律对此类罪行的最高刑罚。法院还要求理查德赔偿损失并承担审计费用,但理查德偿还损失并承担费用的可能性几乎为零。

葛丽也向专卖公司揭发了理查德的犯罪行为。在审计结果出来前,葛丽被公司停职离岗。州审计局公布审计结果后,专卖公司因葛丽玩忽职守、严重的不当行为以及故意违反公司规章和程序而解雇了她。因为此案还涉及违反适用于所有州的政府雇员的职业道德守则,所以还被上报给了职业道德执行委员会。

葛丽并没有作为本案从犯而被提起公诉,公诉人决定将葛丽的证词作为起诉理查德的证据之一。葛丽在最初帮助理查德编制发票的时候，对他的欺诈阴谋并不知情，最终又揭发了理查德的犯罪行为，这些都是对葛丽有利的证据。另外，理查德是其欺诈行为的唯一受益人。当理查德挥霍钱财、过着极度奢侈的生活时，葛丽只是从中得到了一点点好处而已。但是，在宣布葛丽不是从犯之前，县公诉人还是坚持要求葛丽退还未还给理查德的 4 000 美元。

§经验与教训§

在这个案件结束的时候，审计师学到了很多有关发票欺诈的知识。在今后的工作中，专卖公司的管理人员将学会严格执行规定的业务处理程序：首先是发生产生付款的交易，然后要进行应付账款审核，接着是签发支票，最后是支票的寄发。如果付款支票在应付账款部或支票寄发处发生了 U 型路线变化，即又回到了付款支票申请人手中时，舞弊的风险就增加了。这类交易必定成为内部控制系统的例外事项，需要管理人员的严密关注和监督。任何违反应付账款流程的事项都必须被记入例外事项人工记录簿，以确认违反正常处理程序的交易。所谓违反应付账款流程的事项包括有关员工与应付账款员工或分发支票员工之间的任何形式的书面沟通（包括带粘胶的便条）或任何口头沟通，还包括由员工取走签发的支票，这一点正是本案暴露的内控薄弱的致命缺陷。管理人员应当定期检查例外事项人工记录簿，如果发现有异常，则应当复核每笔业务的原始凭证以及支票上银行背书的真实性。

应付账款部的工作不应由该部门之外的任何人员来处理。如果通过交易分析或执行分析程序，发现某些供应商的交易金额很大、增长过快或存在异常，舞弊核查人员就要对相关的供应商合同进行审查。例如，我们可以按照供应商或者会计年度将公司的付款分类，按金额从高到低进行排序，再将本年度和以前会计年度的数据进行比较，找出异常或预期之外的差异。如果发现了异常情况，就要请管理层相关人员说明原因，然后就所发现的情况做出专业判断。

如果供应商是通过竞标选中的，舞弊核查人员应当审查合同竞标文件的完整性，判断竞标过程的记录是否恰当以及竞标过程是否合理。

§防患于未来之建议§

根据专卖公司对业务流程的更改,我们对预防舞弊的发生提出如下几点建议:

1. 审查内部控制和相关程序

对公司的内部控制、会计程序以及管理工作进行全面的审查,针对发现的漏洞修改相应的程序。

2. 审查付款业务的真实性

虽然本案只涉及专卖公司最小的一家承运商,是一起个别的重大发票欺诈案件,但是,公司有必要对全部的付款业务进行审查,无论交易规模多大,都必须审查所有付款业务的真实性。

3. 监控

对所有关键员工的工作都必须实施严格的监控。专卖公司认识到,其员工允许承运商不按规定程序提交发票、要求付款,其行为违反了内部控制程序。

4. 培训

请州相关机构为员工举办各种舞弊及职业道德培训班。专卖公司的全体财务人员都要接受州审计局的舞弊培训、财务管理办公室的内部控制培训以及州检察长办公室的职业道德与法律培训。

7

与鲨共泳

Swimming with the Sharks

彼得·法比亚诺

伊凡·维奇,生于帕姆斯共和国的一个富裕、虔诚且受人尊敬的家庭。他是家中的次子,有着不同寻常的学习和工作经历。在获得了工业工程学士学位以后,他决心献身于宗教,便加入了一所教会学校。但没过几年,伊凡就想改变自己的生活,于是在家里的资助下开始涉足汽车销售生意。

伊凡不满足于经营二手车。三年后,他和好朋友赛格·库比塔合伙创立了一个名为康萨的咨询公司。同为富家子弟的赛格,在帕姆斯海军大学就读期间就已经环游过世界。获得学位后赛格就回到了自己的国家,但没有找到工作。虽然伊凡和赛格缺乏公司运营的实践经验,但他们认识不少政府官员和一些潜在的国际投资商。

20 世纪 90 年代初,帕姆斯共和国政府宣布对天然气的开采、输送及零售行业实行私有化。伊凡和赛格都认为康萨公司应当成为这个行业的老大,不仅要为国际投资商提供帮助,也要为新成立的公司提供管理咨询服务。伊凡和赛格这一对朋友还蛮有企业家的气魄,他们时时梦想着依靠自己的力量做一番大事业,而不想依靠他们富有的父辈的支持。

瓦坊公用事业公司是意大利南部一家主要的天然气输送公司,维托·瑞加提是这家公司的创始人和老板,他在 1950 年就创立了这家赚钱的公司。公司的管理团队不大,还有两名实习生,也就是他的儿子弗兰克和尼克。兄弟两人不喜欢和父亲一起工作,他们觉得父亲太严厉了。他们更喜欢享受富家子弟奢侈放纵的生活,但是维托强迫他们继续在公司工作,并对他们说"公司就是你们的未来"。

赛格第一次遇到尼克是在一次去法国里维埃拉旅行的时候。他们在那里共同参加奢华的聚会，享受美妙的夜生活。他们不仅成了亲密的朋友，还打算以后合伙做生意。现在，赛格把尼克和瑞加提家族的事告诉了伊凡。伊凡认为瓦坊公用事业公司完全可以在国家天然气输送行业私有化的竞争中获胜。他对赛格说："立即给尼克打电话！"正是这个电话，使伊凡和瑞加提家族开始了密切的生意往来。

通过分别在意大利和帕姆斯进行的几次会面和谈判，伊凡和瑞加提家族达成了一项协议。瓦坊公用事业公司将作为私有化竞标联合体的主要合伙人，伊凡和赛格将在竞标的准备阶段和投标阶段向瑞加提家族提供建议。此外，伊凡和赛格还要寻找新的合作伙伴。如果竞标联合体中标，伊凡和赛格将成为新公司的合伙人及董事会成员，这将是一项很大的事业。

帕姆斯的政府条例规定，一个竞标联合体至少要有三个合伙人，其中一个合伙人必须具有丰富的天然气行业运营经验。伊凡已经与瓦坊公司敲定了计划，但他需要再找两个合伙人才能满足政府的要求。

帕姆斯私有化法令允许投资者用按票面价值计算的政府债券来支付大部分的合同价款，这对债券持有者相当有利，因为帕姆斯政府债券的市场利率是9%。国际金融公司（简称 IFE——译者注）是一个在纽约股票交易所上市的美国金融机构，在拉丁美洲、欧洲和亚洲都设有分公司。IFE 的证券投资部正在寻找在拉丁美洲的投资机会。此外，在私有化的那段期间内，IFE 还持有很多帕姆斯的政府债券。伊凡成功地与 IFE 公司和当地的一家建筑公司拉莫斯—普莱塔取得了联系，这两个公司都同意与瓦坊共同组成联合体。

那年的 12 月，以瓦坊公用事业公司为主导的联合体在全国天然气输送行业私有化的竞标中一举夺标，依据帕姆斯的法律组成了一个新公司，并取名为南美洲天然气公司，简称萨格克。

瓦坊公用事业公司拥有萨格克公司 51% 的股份，负责委派新公司的董事长和副董事长。其他少数股权股东分别为：帕姆斯政府，拥有 9% 的股份；拉莫斯—普莱塔公司，拥有 25% 的股份；IFE 公司，拥有 15% 的股份。新公司暂由董事会下属的指导委员会来管理，尼克被任命为董事长，伊凡被任命为副董事长和首席执行官，赛格由瓦坊公用事业公司委派出任董事，亚力克斯·塞布斯卡和汉尼拔·佩雷斯分别由IFE和拉莫斯—普莱塔委派出任董事。另外，虽然公司章程没有明文规定，但尼克必须每天向父亲维托汇报，一切重要的事情都由父亲在意大利做出决定。根据股东协议，瓦坊公用事业公司有权任命整个管理团队，美国股东IFE有权任命总审计师，总审计师直接向指导委员会汇报工作。

在帕姆斯实行天然气私有化期间，我是IFE分管内审的副总裁，已经在美国从事金融机构审计10多年，并已获得职业舞弊审核师的专业资格。

大约是在联合体成立一年半后的某一天，公司分管证券投资的副总裁亚力克斯给我打来电话，说他能"为我的职业发展提供某种有益的帮助。"后来的事实证明，这个机会不但有意思，而且充满了风险和挑战。原来，亚力克斯推荐我代表IFE到新公司萨格克出任总审计师。我接受了这项任命。

§几笔调整而已§

在一个下着小雨、略有寒意的上午，我第一次见到了伊凡·维奇。他们事先已经告诉我，跟伊凡的会面只是走个形式而已，因为我的任命是IFE批准的，而IFE有权任命总审计师。见面的时间约定在上午10点，但我不得不等了一个多小时，因为伊凡的秘书说他必须参加一个"计划外的会议"。我们的会面用了不到半个小时就结束了，中间还被打断了几次，但伊凡已经把他对审计的要求清楚地传达给了我。

我简单地介绍了自己有关银行工作的背景，伊凡强调说，萨格克并非美国的金融机构，我必须认识到二者的差别。虽然伊凡的说法有些武断，但我还是很认真地听着。他进一步解释说，内部控制的两个关键点是预算和内部审计。他又补充道："我把审计师看成是很好的管理顾问，而不是搞政治迫害的人。"事实上，他就是在建议我采用"哈巴狗"式的审计理念，虽然我觉得这与我"猎犬"式的审计风格有所冲突，但我依旧表现得非常礼貌，并简单地回答道："维奇先生，请您放心，我会根据公司的具体情况制定内部审计计划的。"

在最初的几年里，伊凡对公司决策的影响力和控制力急剧上升，赛格无条件地服从他的指示。尼克刚开始时是先与身在意大利的父亲商量，然后才对伊凡的想法做出批复。过了几个月，他就开始觉得这样做太麻烦，便让伊凡直接和他父亲交涉。这样以来，伊凡几乎获得了对公司的绝对控制权，他只需要在合伙人面前保持良好的形象就行了。最重要的是，公司运营当年就取得了可观的盈利，投资方最关心的盈利问题得到了保证。公司分配了丰厚的红利，投资者皆大欢喜。

对伊凡来说，外部审计不是什么问题，他能让外部审计师对他所说的几乎每件事都深信不疑。在第一年的财务报表审计中，审计师发现了几个重大的问题，在报告期末，公司没有编制银行存款余额调节表，之前公司的管理层已多次许诺要做这件事，所以，会计师事务所的合伙人对此很是担心。

财务总监詹尼向伊凡做了汇报，说审计师已向其施加压力，要求尽快完成银行账户对账这件“很简单的管理事务”。伊凡告诉詹尼不要担心，他会解决的。他的确做到了。伊凡告诉审计合伙人就直接用银行账户的实际余额来出报表，与会计记录之间的差额，他将亲自督促并批准尽快予以调整，这样就不用费时费力地与银行对账了。伊凡强调说，在公司成立的第一年，公司的人员大多被安排到新公司筹备以及业务拓展上，还说企业需要审计师的合作，短期内可能还需要一些咨询服务。外部审计师听信了伊凡的话，接受了未进行银行对账的事实，出具了无保留意见的审计报告。

§ 力陈利害 §

我是在一次周例会上从伊凡的口里听说了这件事，心里对伊凡与外部审计师之间的交易暗暗吃惊，但尽量忍着不让自己表露出来。接下来我的举动就有点不合事宜了，因为就在这个节骨眼上我向伊凡递交了第一份风险评估报告。在这份报告中，我着重阐述了公司缺乏最基本的现金管理内部控制，存在滥用回收的现金、不适当的付款和侵吞现金的风险。

伊凡看完报告后说：“你怎么敢写出这样的报告呢?”他很不友好地说：“知名的审计公司都认可了我们的财务报表，我们内部人员为什么还要横加指责呢?”伊凡还强调说,每笔款项在支付前他都要亲自审核发票,亲自签发所有的支票,他对詹尼的工作完全放心。他看上去心烦意乱,我的第一反应就是应当向他澄清,我的报告不是在评论财务总监的诚实性,而是讨论风险和内部控制的问题。我实在地说,“这不是一个会计上的技术问题,我们应当知道钱花到哪里去了,清楚开支的用途是什么。”

就在这个时候,公司总裁突然打来电话,我们的谈话就此结束。我临走的时候,伊凡建议我再“斟酌”一下报告的措词。回到办公室后,我开始怀疑首席执行官一定在做着什么可疑的事情,于是决定把这份报告一字不变地呈交给董事会的指导委员会。

那次例会之后过了一个星期,我第一次向指导委员会当面汇报情况。所有收到我那份报告的“大老板”都出席了,包括董事长尼克·瑞加提、IFE委派的代表亚力克斯·塞布斯卡、拉莫斯—普莱塔委派的代表汉尼拔·佩雷斯、瓦坊公司委派的代表赛格·库比塔,当然,作为首席执行官的伊凡·维奇也到场了。亚力克斯让我对报告做个解释,我尽量用非财务专业术语向大家简单阐述了报告中提出的问题,并从经营的角度提出了一些建议。我强调了控制收款及付款过程的重要性,因为萨格克公司的业务涉及大量的现金,平均日收款额约为70万美元。尼克正想问我“不适当的付款”是什么意思,伊凡突然打断了他,说这件事我已经和他讨论过了,我们应当把时间用来探讨相关建议是否可行。伊凡最后对几位董事说:“我很感谢内审人员的建议,我承诺我们的管理团队会在我的监督领导下,有效地实施内审人员建议的所有内控措施。”

这是一个他无法兑现的承诺。几个关键问题仍然没有解决:“如果由首席执行官审批签发所有的发票及支票,管理层还怎么去监督?管理层能够对首席执行官进行控制吗?为什么伊凡每天要工作15个小时?为什么他不愿意把签字审批权交给其他人?”

从我第一次向指导委员会汇报情况到现在两年已经过去了。这期间我又招聘了四名审计师,制定了内部审计政策,拟定了审计程序和审计计划,还提交了几个包括后续改进措施的审计报告。我们的审计报告覆盖了公司的主要业务流程,揭示了许多管理上的漏洞:

1. 市场部经理卡洛·茵菲吉塔有权自行与公司客户谈判,谈判的内容包括价格、折扣和付款条款。订立的销售合同没有相关的附件,有些销售业务没有签订正式的书面合同。公司客户的销售额占萨格克公司年度销售额的40%。卡洛对我的报告有异议,说伊凡信任他,所有的销售谈判都是从公司的最大利益出发的。

2. 付款凭证上没有相关的附件。每张发票在付款时的唯一要求就是要有伊凡的签字。我就此事询问过财务总监詹尼,他说他无法控制他的老板。我们发现了几例未写明发生缘由和具体内容的管理咨询费用。

3. 公司总部对重要的采购合同并未实施招标采购。分公司所签订的采购合同进行了三次招标,这些招标所签订的合同还不到全年支出总额的10%。

4. 制定书面的职业道德准则的建议没有得到认同。尼克认为没有必要制定一部规范员工行为的道德准则。但在我的坚持下,他让我写一份草案呈交给指导委员会,但董事会从未讨论过这个草案。

最新的后续审计报告显示,我们提出的建议大多没有被采纳。管理层依然在说,基本的内部控制尚在实施过程中。伊凡不断地承诺他会解决这些问题,指导委员会也一而再、再而三地迁就了他。

除了常规的内审工作外,我们还收集了一些有舞弊迹象的特别资料。这些资料大多来自于内部人员的秘密举报,这些举报人与审计师建立了一种牢固的合作关系。我们建立了一个所谓的钻石文档,收集了一些审计过程中发现的异常或非常规的业务往来。就这些问题我多次提醒过亚力克斯,但他还是不愿意相信伊凡会有什么问题。

尼克和伊凡完全不同,他极具幽默感,与所有的员工相处得都很融洽,尤其是女员工。他还常去高管人员的办公室,跟他们讲些奇闻趣事,并顺便讲一些公司里的琐事。有一次我去他的办公室,他闲扯了二十多钟后,我说出了自己对公司内部控制的担忧。他说这种情况可以用鲨鱼来比喻。作为生物学专业的毕业生,他知道鲨鱼从不无缘无故地攻击它们的猎物。换句话说,如果我们不打搅鲨鱼,鲨鱼就绝不可能攻击我们。"好的,尼克,我明白你的比喻",我努力克制着自己的情绪对尼克说。他的意思不难理解,如果我继续用审计报告来打扰鲨鱼(首席执行官和管理层),那我就死定了。

我无法再忍受下去了!我立即打电话给IFE的代表亚力克斯,要求马上与他见面。虽然他已经收到了我呈交的所有报告,但他并没有做出我所期待的反应。

谈话一开始,我就建议公司要就内部控制的缺陷及其重要性进行一项特别的调查。但亚力克斯一直说他不想干扰伊凡的工作,伊凡工作上勤勤恳恳,公司已连续三年超额完成了利润目标,大家都非常开心,事事进展顺利,何必要为内部控制而烦心呢?

"你就只管好好地审计、好好地出审计报告吧,别把审计工作与调查混为一谈。"亚力克斯说。这时,我意识到我没有使用适当的词汇来说明当前事态的严重性,我没有在审计报告中提及我已经注意到的一些舞弊迹象。所以我决定用一些"刺耳的"词汇来说服他。我说:"亚力克斯,请再考虑一下,我们已经发现了一些舞弊的迹象,我们需要对此作进一步的调查。"

看来亚力克斯还是没有完全相信我说的话,于是我只好亮出我的底牌:"伊凡和瑞加提家族可能正从萨格克公司抽取资金用于他们的私人生意,他们不仅可能触犯了刑法,还很有可能违背了同 IFE 签订的股东协议,我认为我必须调查这件事,并把这件事正式汇报给身为 IFE 代表的你。"

这番话把亚力克斯吓坏了。为了使他平静下来,我简单地跟他解释了内部控制缺陷与舞弊迹象之间的区别。另外,我还强调了一点,尽管 IFE 在萨格克公司占有少数股份,但因为是 IFE 任命我为审计负责人的,因此,按照美国反海外贿赂法中关于内部控制的规定,IFE 对舞弊调查是负有一定责任的。正是基于这一点,我认为我们应该实施一次彻底的调查,也应该听取纽约总部法律顾问的意见。对可能产生的法律责任亚力克斯也很害怕。最后,我们俩决定由我来准备一份机密的"舞弊迹象报告",交给亚力克斯审核。

我一回到办公室,就立即与两位高级审计师一起讨论调查前的准备工作。我对亚力克斯所说的"舞弊迹象报告"显然是一种委婉的说法,目的是为了加快推进我们计划已久的调查工作。一名审计师已经得到消息,一位"大老板"正准备从萨格克公司财务部提取大笔资金以私用。

我听到这个消息后立即给亚力克斯打了电话,可他已经和上司出差去纽约参加会议了。我往他住的酒店发了一份传真,告知他我们的最新发现,并让他随时打电话给我。第二天上午 11 点,亚力克斯把电话打到了我的家里,说他已经看过我的传真,并已和他的上司说了这件事。

"按照你们的计划迅速开展调查,我将在下周带着法律顾问一起回来,我们支持你。一旦有进展请立即通知我,祝你调查工作进展顺利!"亚力克斯说道。

终于得到了他的支持,我很兴奋。但当我了解到亚力克斯改变主意的真正原因后又非常失望。原来 IFE 有一个可以高价出售它在萨格克公司股份的好机会,但股东协议中规定,新公司成立的五年之内,IFE 出售任何股权都要获得大股东瓦坊公司的同意。因为某种我无从知晓的原因,瑞加提家族并不想让另一个美国合作伙伴进入萨格克公司。正是这一点促使亚力克斯决定利用这次调查给瓦坊公司施加压力,迫使他们同意 IFE 对外转让股权。

我想我们的调查应当从最基本的问题开始。我安排全体审计人员在第二天早晨 8 点开始对现金进行突击盘点。直到第二天下午一点钟,我还没有得到现金盘点的任何信息。往常审计人员不用两个小时就可以结束这项审计程序。我焦急万分,便自己到财务部去看看究竟是怎么回事。财务总监詹尼看见我就说:"你的审计师说现金短款 50 万美元,我刚才找到了相应的凭证,所以现在没事了。"他所说的凭证不过是用计算机打印的零用现金内部提款单,上面有公司董事长尼克的签名,用途为"现金借款",金额为 50 万美元,日期为 4 周前,但该项借款并没有登记入账。詹尼还挺高兴,因为在他看来,所有事情都能自圆其说了。问他为什么没有入账,他解释说,由于董事长经常在当月就归还"借款",所以总分类账也不过就是在几个星期内不平衡而已,"因此,这样的交易也就没有必要入账了。"

此外,詹尼还说不需要其他的凭证,因为有董事长的签名。他接着说,"对,你也明白这意味着……"

詹尼并不知道、抑或是他故意忘记了,这样做不仅不符合财务制度,还可能触犯法律,也明显违反了股东协议的约定。事实上,股东协议约定,任何关联方与公司之间的超过 10 万美元的交易都应当予以披露并获得指导委员会的批准。

除了"董事长现金借款"的问题外,我们还通过查询公共记录发现了部分客户及供应商在所有权及财务方面也可能存在问题。现在,我们可以将这些信息与我们的“钻石”档案中的资料联系起来了，查明真相的日子即将到来。

§钻石档案§

康萨咨询公司

通过查询公共记录，我们发现了一家名为康萨的咨询公司，伊凡拥有其51%的股份，赛格拥有其49%的股份。据称该公司向萨格克公司提供咨询服务，其他合伙人并不了解这一情况。在过去的一年里，萨格克公司共向康萨支付了35万美元虚构的服务费用，所有发票的流转及付款均经过了伊凡的书面批准。公司管理层对这些付款的商业目的无法提供合理的解释。在问到财务主管时，他的回答是：“我也不知道，我只是依照伊凡的意思行事。”

莱沃格纳公司

通过审查莱沃格纳公司的财务报表，我们发现其上年度销售收入的98%来自于萨格克公司的采购。该供应商据称主营建筑工程业务，虽然在两年多以前就已经成立，但在帕姆斯共和国并没有经营活动。我们还发现，莱沃格纳是注册于开曼群岛的迈纳菲格联合公司的全资子公司，可惜我们没能确定迈纳菲格公司的主人是谁。

但是，我们却发现萨格克公司未经公开招标程序就向莱沃格纳提供了巨额的合同（总计超过1 600万美元），且合同的价格明显高于其他合格的供应商。我们还发现，该公司通过虚构建筑工程业务从萨格克公司收取了600多万美元的款项，所有这些付款均经过伊凡的审批。

伯纳皮特拉能源公司

萨格克公司与一家名为伯纳皮特拉的能源公司签署了天然气销售合同，该公司系瓦坊公司的附属公司。在这份为期10年、总价值1亿美元的合同中，合约价低于市场价格26%。此外，通过查询公共记录，我们发现伊凡是伯纳皮特拉能源公司的董事长。我们还发现，付款期限从最初的7天修改为70天，这一慷慨的变更由萨格克公司的董事长尼克与伯纳皮特拉能源公司的董事长伊凡共同签署。上述决定都没有经过公司董事会指导委员会的审批，也没有任何能够证明其合理性的书面文件，因而也就再一次违反了公司股东协议的规定。

§无法拒绝的要求§

在一次由IFE代表、纽约总部的法律顾问、公司当地律师共同参加的会议上，我们向与会人员提交了调查报告。会议持续了四个多小时，对每个问题都进行了深入的讨论。律师们认为，已有极为充分的证据以涉嫌舞弊的罪名对伊凡和尼克提起刑事诉讼，并以违反股东协议及存在利益冲突的名义对伊凡、尼克及瓦坊公司提起民事诉讼。

亚力克斯及IFE总部的老板对律师们说，他们在采取法律行动之前可以先给瑞加提家族提供一个改正的机会，这个所谓的机会就是，如果瑞加提家族同意以下条件，IFE将不会对瓦坊公司及其他相关各方采取任何法律行动：

1. 伊凡·维奇和尼克·瑞加提立即辞去其在董事会及管理层所担任的职务，公司将不提供任何特别的补偿；

2. 瓦坊公司就调查报告中所披露的违规行为向IFE赔偿由此造成的全部经济损失；

3. 瓦坊公司不得反对IFE出售其在萨格克公司的全部股份；

4. 新的合伙人在5年内独家拥有聘用及解聘萨格克公司高管人员的权力；

5. IFE将不再对调查报告中披露的已经存在三年之久的关联交易行为继续追查。

1个月后，也就是调查报告签发3个月后，瑞加提家族接受了IFE开出的全部条件，瓦坊公用事业公司在新的股东协议上签了字。

伊凡辞去了其在萨格克公司的职务，未获得任何补偿，后来他通过起诉瓦坊公司获得了1 000万美元的补偿。在舞弊丑闻发生后的7年里，他从帕姆斯共和国的商业圈内彻底消失了。但后来有一天，他突然出现在当地一份财经报的访谈中。文章的标题为：《成功的企业家获得了政府合同》。

尼克回到了意大利，继续过着生物学家的生活，在帕姆斯的经历可能使他了解了更多有关鲨鱼的知识。听说他的父亲维托曾因其在萨格克公司的不良表现而痛斥过他。

IFE 公司总部对我在此案中的表现大加赞赏，他们让我担任一家新成立的媒体娱乐公司的管理职位，IFE 是该公司的少数股权股东。这份工作确实非常吸引人，我没有理由拒绝它。

§经验与教训§

在萨格克公司担任了为期 5 年的内部总审计师，这是我职业与个人发展过程中非常重要的经历。我亲眼目睹了公司董事长、首席执行官及其他高级管理人员的种种舞弊行为，其中包括：未披露的关联交易、假公济私、利益冲突、挪用资金、虚假付款、故意违反股东协议等。

在大多数涉及首席执行官的舞弊事件中，常常是首席执行官利用自身的权力逾越内部控制。但在此案中，首席执行官及公司董事长无须逾越内部控制，因为在萨格克公司基本上就不存在什么内部控制。外部审计师也不能发挥任何作用，因为他们从被审计单位获得了巨额的咨询服务合同，因而也乐于对存在的问题视而不见。董事会也没有很好地履行其监督职能。除了内部审计师外，公司管理人员均认为仅凭某个“大老板”的签名就足以处理任何业务，根本不管这些签名是否符合公司的规定。这样的公司管理氛围，加上舞弊者的侥幸心理，使得伊凡、尼克及其同伙敢于合起伙来营私舞弊。

在本案中，IFE 出于商业上的需要才为我们开展调查提供了大力的支持，调查的目的是迫使瑞加提家族允许 IFE 割断与萨格克公司的关系。伊凡被认为是“明星”首席执行官，公司的盈利丰厚，只要有钱可赚，每个人都满心欢喜而无视不法行为的存在。但我觉得，公司的股东及社会公众决不会容忍舞弊。该公司的“容许有限的舞弊的政策”，使我想起了那位臭名昭著的黑帮头子查尔斯“幸运的”卢西亚诺的话：“世上没有什么干净的钱与肮脏的钱之分，钱就是钱。”

§防患于未来之建议§

1. 制定职业道德准则

我曾建议公司制定一部职业道德准则，但萨格克公司董事会从来没有拿到会上讨论过，我拟定的草稿到了尼克手里便石沉大海。幸好IFE的律师在股东协议中写进了一些基本的反舞弊条款，正是这些条款才使得IFE可以依据我们的调查结果提起针对大股东的民事舞弊诉讼。在合伙协议或合资协议中写入反舞弊条款对任何公司来说都是可取的做法。正如本案所示，股东协议中的内部控制条款是保护少数股东权益的唯一途径。

2. 设立举报热线

在外国分支机构中，文化差异往往会成为舞弊预防与识别的一个障碍。设立一部举报热线电话是一个好办法。在许多国家，人们对举报会感到不自在，在曾经发生过镇压或虐待的地方更是如此。虽然萨格克公司并没有设立举报热线，但我们确实得到了员工们的信任，我们与企业内部关键岗位上（应付账款、销售收款、分公司等等）诚实的员工们建立了非正式的沟通渠道，如此我们才得以收集到与本案相关的资料。

假如公司内部设立了举报机制，员工和供应商能够匿名举报舞弊行为的话，萨格克公司的某些不法行为就会更早地被发现。由于文化上的原因，公司可能需要通过更多的沟通与培训，教育员工举报不法或可疑行为是他们的责任，并使他们相信这样做是安全的。

3. 对董事及管理层开展舞弊防范重要性的培训

有些企业家直到问题已发生的时候才会关心内部控制，有些人则期望内部审计师能够提供舞弊案件的法律证据。在经历了此次事件之后，我认识到应当对企业家们进行培训，使之理解管理层、董事会成员、外部审计师、内部审计师、舞弊审核师以及律师对于舞弊行为的不同责任。高管人员应当更多地理解注册舞弊审核师这一职业，这将有助于我们在舞弊预防与识别过程中获得注册舞弊审核师的帮助。

8

纽约州骗保案

A New York State of Fraud

马丁·T.毕格曼

在电影《华尔街》里,由迈克尔·道格拉斯扮演的古德·盖克有一句经典的口头禅:“贪婪是件好事”。在20世纪80年代,华尔街发生了无数桩内幕交易和其他的财务丑闻,集中体现了人类贪婪的一面。与华尔街仅有几个街区之隔的约翰街,名气虽没有华尔街那么大,却是纽约保险业的聚集地,此处隐藏着黑暗而肮脏的秘密。自20世纪50年代以来,这里一直是滋生贪婪与腐败的温床。

我要告诉大家的事情听上去就像编造的故事,因为它实在令人难以置信,但却是发生在纽约市真实的故事。在这里,腐败、回扣、舞弊及欺诈日复一日地发生着——违法犯罪分子认为这样的日子永远也不会结束。如果没有持之以恒和强有力的侦查,加上某种程度的运气,这些骗局还可能继续下去。

多年以来,纽约保险业充斥着形形色色的欺诈现象。有人以欺诈的方式虚增及策划财产损失,从而获得保险公司的赔偿。这种骗保现象几乎无处不在,以至于和保险理赔有关的每一个人都成为其中的一分子,从财产保险的投保人到保险经纪商,无一幸免。巨额的私下分赃以及严格保持沉默的潜规则,使这种阴谋持续了40年之久。

公共保险调解员是指取得了执业资格证书的、为投保的财产所有人估算赔偿额的专业人员。他们通常是与保险公司理赔员及其他专家合作,决定应当支付给投保人的赔偿金额。当然,公共保险调解员与保险公司理赔员对赔偿金额存在分歧也是常见的。纽约州的法律规定,公共保险调解员对保险理赔案的佣金最高不得超过赔偿金额的12.5%,佣金比例一般都介于5%至10%之间。保险理赔款支票通常是直接寄给公共保险调解员，由公共保险调解员扣除佣金后将剩余部分转付给投保人。

在本文介绍的骗保案中，公共保险调解员向保险公司理赔员及其他专家支付了回扣，以便争取他们的合作。投保人在获得了远高于应当获得的保险赔款后，从中支付相当于保险赔款一半的金额给公共保险调解员作为报酬，公共保险调解员再与其同伙们分赃。

很多年以前，纽约财产保险理赔行业的规模还比较小。因此，在许多理赔案中，往往会出现相同的公共保险调解员、保险公司理赔员、会计师及其他专家。随着公共保险调解员及理赔员越来越多地勾结在一起，这种骗保的阴谋得以盛行了几十年。

在美国，几乎每一个大型保险公司都成了这种舞弊与腐败阴谋的受害者。保险公司不知道他们的员工受贿并接受数百万美元的回扣，所以批准了欺诈性的保险索赔。许多保险理赔员的年薪不过5万美元，却堂而皇之地过着百万富翁般的生活，可没有人问一个为什么。

成千上万件虚构的保险索赔被定损或虚增赔偿额，金额最低的也有8 000美元，最高的达到惊人的1 900万美元之巨。保险骗保案涉及水灾损失、故意破坏损失、被盗损失、火灾损失及纵火损失，违法犯罪分子的造假手段也极富想象力。我们调查发现，有人使用机器设备将煤粉吹进建筑物中，以假造烟熏的损失；有人安装管道仅仅是为了把它们砸碎以便制造水灾损失的索赔；有人则向墙壁上倾倒茶水，以便制造水斑损坏的假象。

我们确认的骗保人员常常是其所在社区中受人尊敬的人物，有的是孩子们的少年棒球队的经理，有的是家长老师联谊会的成员，有的是当地基督教堂及犹太教堂的积极活动分子——他们看上去都是颇具身份的居民，但暗地里却干着不法的勾当，为了利益而相互勾结。

§ 窃贼成堆 §

我是纽约市的一名美国邮政检察官，刚刚结束了针对一家叫做“奇迹汉堡”快餐店的调查工作。我们发现店主犯有邮政舞弊罪。卢·奥迈利，一位保险舞弊预防局的舞弊调查员，对我们的调查提供了诸多的支持和强有力的帮助，他在就任保险调查员之前曾是纽约警察局的侦探。卢的个头不高但身体健壮，被人们誉为侦探中的精英和典范。他虽已年近七旬，却仍然倾心于警察工作，有着极强的使命感。

卢对我说，整个纽约财产保险理赔行业都曾经卷入一个长达40余年的松散的骗保网络，这是他在多年的工作中从知情人口里得到的信息。虽然他从来没有得到任何实质性的证据，但他从内心里相信知情者所说的情况都是真的。

"我一听到此事，就知道是真的，"卢向我保证道，"我敢打赌。"

据卢所称，此类的骗保行为是一种普遍的现象，或许保险理赔业的每个人都被卷入其中，骗保的金额可能达到了数亿美元。他说，保险业从来没有完成过一次成功的大规模调查，因为没有人能够打破这个犯罪的链条。卢认为，我是完成这个里程碑式任务的合适人选。我问他掌握了什么证据。

卢看着我的眼睛说，"哈，小伙子，这正是问题之所在，我还没有任何确切的证据，但我完全相信，你能够找到我们立案所需要的证据。"

我喜欢挑战，但这个案子简直就是一项"不可能完成的任务"。我不知道从何入手。就在我失去信心的时候，或许是偶然和运气，希望突然出现了。冠军保险集团的一位调查员告诉我，他最近接到了几个匿名电话。

冠军保险公司是奇迹汉堡骗保案中的受害者之一，卢和我刚刚完成了对此案的调查。负责奇迹汉堡保险赔偿业务的冠军公司理赔员名叫卡尔·米勒。我们原本考虑由米勒出任奇迹汉堡案的出庭证人，但现在我们改主意了，我们对他产生了怀疑，现在还不想去碰他。有人向冠军保险公司匿名举报说，米勒涉嫌骗保并收受了大笔的好处费。还有人举报说，在一家高级乡村俱乐部，有人曾自夸地说起过自己的骗保一事，说他通过公共保险调解员赫尔曼·伯恩鲍姆赚了很多钱。现在，我认为我们已经掌握了足够的证据，可以启动调查了。

§使命：如今可能实现§

我们成立了专门工作组来调查这一系统化的、持续多年的舞弊与腐败阴谋。邮政检察署、联邦调查局、国内税务署的犯罪调查处、负责纽约东部地区的美国检察官办公室都加入了工作组。卢·奥迈利虽然即将退休,也同意加入工作组,希望看到他梦想中的调查能够获得成果。我们首先调出了由米勒担任冠军公司理赔员、由伯恩鲍姆担任公共保险调解员的数百个理赔档案资料,又调出了冠军公司其他理赔员的理赔档案资料。

为了找到骗保圈套的蛛丝马迹,工作组花费了几个月的时间对几千份档案资料进行了彻底的检查。有的档案没有附件,有的没有照片或者虽有照片但不能显示财产的毁损情况,有的事故发生的时间不对,有的现场记录文件未经上级主管的核准,有的在事故发生几天内就完成了理赔,有的事故照片在之前就已经报损并索赔过,有的是同一投保人索赔多项损失,还有些档案资料在保存过程中遗失了。这些情况都预示着存在骗保问题的可能,我们将它们统统列为进一步调查的目标。

我们在档案中发现,许多可疑的理赔案件都与米勒、伯恩鲍姆以及冠军公司的其他理赔员有关。我们还掌握了涉嫌参与骗保案的其他人员的名字,嫌疑人的名单迅速扩大。依据心理学上的"六度分隔理论",我们将保险公司理赔员与公共保险调解员联系了起来。

接着,我们又与上述公共保险调解员参与过保险理赔的其他保险公司取得了联系,请这些保险公司为我们提供相关资料。我们很快就收到了几千份有待复核的档案资料,我们花费了几个月的时间来复核这些档案。现在,我们手头所掌握的涉嫌骗保案既有家庭保险索赔,也有商家保险,其中的许多案子都获得了数百万美元的赔偿。我们知道,大凡舞弊都少不了腐败和回扣。

工作组开始约见涉嫌骗保的家庭投保人。家庭投保人比较容易"招供",他们一般都只提出过为数不多的虚假索赔,往往很快就会透露有关的公共保险调解员的姓名。随着调查工作的深入,我们从其他保险公司、律师、调查人员、举报人及合作者等渠道,又陆续发现了更多的虚假索赔及相关信息。

工作组在合作者的家中或办公室里装上了监控摄像头,以便抓拍有关舞弊计划或者现金支付的谈话。我们的摄像头拍摄到了一名叫莱斯特·英格拉姆的公共保险调解员,在教唆一名扮成投保人的举报人不要伪造火灾索赔,而要伪造入室盗窃索赔。

"难道你是个笨蛋?"英格拉姆用质疑的口吻说,"永远不要提出火灾索赔,因为这样会招来警察和消防队,你应当伪造失窃来索赔,这样就不会有谁会问你问题,大家都能得到好处。"

英格拉姆及其同类被暗中逮捕,这些人很快就同意与政府调查组在不断扩大的调查工作中进行合作。

英格拉姆具有作弊的癖好。他以前做过杀虫剂生意,因此,他故意向他前去检查的客户家中撒下死白蚁。

"天哪,"他随后尖叫,"你家的白蚁成灾,我得马上除掉它们。"

在卢请我开展调查工作的两年后,工作组进行了首次搜查,搜查的内容包括破案所需的我们能想到及必须查清的各种情形。

吉米·科利尔和他的妻子住在纽约市皇后区的一幢公寓里。科利尔长得很英俊,大约30岁出头。他结婚的时间不长,这是他们的第一套公寓。科利尔以其公寓遭受严重水毁损失的名义,向冠军保险公司提出了保险索赔。他说,他家厨房里的水槽漫水,由于漫出的水没有得到及时处理,导致公寓里的所有物品包括家具都被彻底毁坏了。一块洗碗布不知怎么掉到了水槽里,堵塞了排水孔,造成了公寓漫水。没过几天,科利尔数千美元的损失就理赔完毕了。

仅从理赔档案中的那几张照片(主要是家具),工作组无法证实财产损失是否属实。科利尔家住在六楼,他声称水漫了好几个小时,对他们夫妇俩的公寓造成了重大损失,但他家楼下或旁边的邻居谁也没有报告什么损失。

科利尔试图让保险公司相信,虽然他们公寓里的水一直漫到了天花板,损毁了全部家具、衣服和其他物品,但水没有流到邻居家或楼下的住户家。看来科利尔是想告诉我们他住在卡通城,而不是皇后区。在卡通城,电影《谁陷害了兔子罗杰》中虚构的那座城市,物理学的定律并不适用。更有意思的是,卡尔·米勒正是此次索赔案中冠军公司的保险理赔员。后来我们发现,科利尔简直是一位"灾难专家",许多保险索赔案都是他与米勒密切合作的结果。

我们找到了科利尔所在的公寓,可他和妻子已经搬到长岛的一座房子里了。我们见到了公寓的新住户,她说根本不知道这里曾经被水泡过。她让我们卷起地毯,露出了尚未完工的木地板,结果地板上根本没有水毁的迹象。我们还找到了当时住在科利尔家楼下的邻居们,他们的家都没有遭遇水灾，也没听说过漫水事故。我们又找到了大楼的管理员。“这里没有漫过水，也没有发生过水毁事件，什么也没有发生过。如果确实发生过，我应当知道的，因为我是管理员。他们是骗子。”他如是说。

工作组决定采用一种新方法来证实这一骗保案。我们取得了搜查科利尔新家的搜查证，目的是找到他所声称已经毁坏的家具。为了取得搜查证，我们与联邦法官进行了专门的讨论：如果科利尔的家具确实如其索赔时所声称的那样受到了毁坏，那么这些家具要么被扔掉了，要么已经被修理过；如果我们在其新家看到了与索赔照片中一样的家具，就可以证实舞弊和腐败的确存在。“现在我全明白了。”联邦法官在签署搜查证时说。

与索赔时隔5年之后我们出现在了他的住处，你可以想象科利尔是何等的惊讶。我们依据搜查证将家具搬上卡车，科利尔说，“这不可能。你们怎么能搬走我的家具？”

在科利尔的住处，我们找到了几件已经向保险公司索赔过的家具，将它们作为证据提交给邮政检察署的犯罪实验室进行分析。分析的结果在工作组的预料之中，没有任何证据证明其中的某件家具曾被水淹或被修理过。科利尔随后被起诉、逮捕并被宣判有罪，他很快和其他嫌疑人一起成为积极配合我们起诉米勒的被告。

在对数千件索赔档案进行复核之后，工作组的成员们只要看一眼档案，就可以告诉你某次索赔是否为虚假索赔、系谁所为。某些公共保险调解员以特殊的方式虚构财产损失，成为区别不同的骗保人的标志。有些人会打破水管，有些人用水管直接冲刷房屋，有些人使用喷烟雾的设备，有些人从其他地方搬来已毁损的物品以便制造更多损失的假象。也有些人不敢凭空捏造保险索赔，所以就大幅度地夸大保险损失的金额。

调查工作还在继续。工作组对5个公共保险调解员的办公室进行了搜查，它们多数都在约翰街；又对24个人提出了诉讼指控，其中包括公共保险调解员、保险公司理赔员、损失鉴定专家等。骗保案已经公开了，许多被告和被调查对象立刻前来与政府调查组寻求协商解决。被起诉的人中包括幕后策划者赫尔曼·伯恩鲍姆和卡尔·米勒。

伯恩鲍姆被起诉不久，越来越多的被告人愿意出庭作证，伯恩鲍姆终于决定认罪伏法，同意与政府调查工作组合作。

“我已经不年轻了,我知道游戏该结束了。”已从业40年、74岁的公共保险调解员伯恩鲍姆说。坐在政府调查人员面前,他要说的很多。

伯恩鲍姆交待,40年前他和其他愿意参与骗保的公共保险调解员意识到,通过向保险公司的理赔员行贿就可以在这个蓬勃发展的行业中挣到大把的金钱。当时,许多保险公司的理赔员的薪水都很低,通过私下的现金交易来劝服他们参与骗保并不难。伯恩鲍姆说,重要的是将涉及理赔过程的所有人员拉上“一条船”,一旦他们尝到了甜头就不会罢手。这些腐败和舞弊行为持续了这么多年才被发现,连伯恩鲍姆自己也为之震惊。“任何好事都有终点,但我没有想到它会持续这么久、以这样的方式结束。”他悲叹道。

伯恩鲍姆向我们提供了在其漫长的骗保生涯中,与其合谋过的数百位个人投保人、公司投保人、保险理赔员及其他专家的名单,还交待几十年来他向同伙们支付了大量的现金,其中拿回扣最多的人正是卡尔·米勒。

“我这些年来付给米勒的大概有几十万美元,也许是几百万吧!”伯恩鲍姆说,“这还只是我给他的,米勒与许多其他公共保险调解员也合作过,”他补充说。

工作组对米勒的净资产进行了分析。伯恩鲍姆说的没错,米勒是一个年薪从来没超过5万美元的保险理赔员,他的个人财产价值却高达数百万美元。他不仅拥有大量的股票与债券,还在好几个州拥有不动产。我们后来得知,他还藏匿了几百万美元的现金。米勒的骗保生涯结束了。他看到了一丝光明,也决定认罪并与政府调查组进行合作。

工作组长时间的艰苦努力终于得到了回报。经过我们的调查,一位退休侦探无法释怀的梦想如今成为现实。卢·奥迈利终于可以退休了,因为他知道自己的使命已经完成。

§拨云见日§

工作组首先提交给法庭审判的是3年前发生的一桩骗保案。该案的当事人是一家名为“买家首选”的家具折扣商店,位于纽约长岛的一个购物中心。有人在这家商店放了火,但纵火者一直未被抓到。这个家具商店遭受了一点小损失，却向环球保险公司提出了大额的索赔。

赫尔曼·伯恩鲍姆是家具店的公共保险调解员，乔·罗德里格斯是环球保险公司的理赔员，凯文·贝利是决定店内物品受损程度的损失鉴定专家。伯恩鲍姆、罗德里格斯、贝利与投保的家具商店串通起来，将不到1万美元的损失按10万多美元向保险公司提出索赔。伯恩鲍姆告诉家具店主，“这些人(指保险理赔员)听我的，他们都被我买通了。”

在这个案子中，赫尔曼·伯恩鲍姆同意与我们合作。凯文·贝利被起诉并将提交审判，我们利用其同伙的证词及书面证据来证明他的骗保及贿赂行为。伯恩鲍姆和罗德里格斯作证说，他俩与贝利都参与了该起骗保案，并承认他俩向贝利承诺过，将以现金回报他在骗保过程中提供的帮助。

一位没有涉案的会计师作证说，他无法验证贝利提出的店内存货状况和估计的损失额。一位代表环球保险公司的律师作证说，贝利没有提供有效的记录来证明存货的实际状况及损失金额。这位律师还说，贝利拒绝对自己确定并提交给保险公司的有关存货及其估计损失的情况签署一份书面声明。最后，一位没有涉案的商店经理对商店里到底有多少存货以及实际的损失情况提供了证词。

在审判结束时，陪审团认定贝利犯有邮政舞弊罪，即使保险索赔款或者承诺的回扣没有支付过，政府调查组也能将他定罪并把他送进监狱。审判结束后，很多待审理的被告人都主动认罪了，因为他们认识到，无论虚假索赔款或者回扣是否实际支付过，政府调查组都能够证实骗保事实，那他们还有什么机会呢？

接下来，工作组对其他7位公共保险调解员的办公室进行了搜查。“他们又来了！”这句话回荡在约翰街及保险业界的上空。政府调查组又起诉了39名涉案人员，其中包括财产保险投保人、公共保险调解员、保险公司理赔员、损失鉴定专家、会计师及经纪商。很快，大多数的被告人都认罪了。

第二个提交审理的案子涉及由海景制造公司提交的一系列索赔。这是一家汽车零部件制造商，位于纽约的麦斯佩思地区，冠军保险是海景公司投保的保险公司。案子的被告是拉尔夫·墨菲，其真实姓名是拉尔夫·米勒。墨菲是保险公司聘用的机器设备专家，负责确定和评估保险索赔的损失。

墨菲是冠军保险公司理赔员卡尔·米勒的兄弟,他的业务就来自于卡尔·米勒。为了避免引起他人的怀疑和受到存在利益冲突的指控,他用了墨菲这个假名,没有人知道他们是兄弟,他们想把这个秘密一直保守下去。

海景公司的公共保险调解员是我们的"老朋友"赫尔曼·伯恩鲍姆。米勒、墨菲与伯恩鲍姆商定,他们将在大幅度提高保险赔偿后获得一大笔回扣。纳西尔·阿卜杜拉也是冠军保险公司的一名理赔员,也做过海景公司的一些理赔案,他与伯恩鲍姆之间也有关于收取回扣的标准协议。保险公司雇用的一位会计师也参与其中。海景公司的老板拉尔夫·拉托尔,也与伯恩鲍姆及其他人合起伙来虚报损失,然后将骗来的赔款中饱私囊。

墨菲被指控涉嫌 10 项有关海景公司火灾及水灾损失索赔的邮政舞弊案,冠军保险公司为此支付了 67.8 万美元的赔偿;还有一项水灾损失索赔,冠军保险公司支付了 32 万美元的赔偿。墨菲收受了贿赂,将工厂里未受损坏的机器设备按照已损坏且无法修复进行损失鉴定。伯恩鲍姆、拉托尔、阿卜杜拉及会计师均证实自己参与了骗保案。

一位目击事故现场的自愿者消防员作证说,他看见的损失其实很小,还不到 1 万美元。海景公司的记账员证实,她知道有人拿回扣,自己还去过银行提取现金以支付回扣款。

"我将现金塞进手提箱内,当时就像在拍电影一样。现在看来那简直就是一场噩梦。"她对陪审团说。

海景公司几位未涉及骗保案的员工证实,墨菲所称已毁坏并向保险公司索赔的机器设备不但没有毁坏,而且仍在使用中,其中的一台机器设备已经被出售,在距其报损索赔 5 年之后,调查人员找到了这台设备并拍照取证。墨菲曾宣称这台设备已经毁坏且无法修理,但照片及证人证言均显示,这台设备仍然可以运转,因而无可争议地证明了骗保的犯罪事实。墨菲在被起诉之前与调查人员谈话时,承认了一些问题,但隐瞒了其他的涉案情况,政府调查组向法庭提交了他当时的陈述。

墨菲为自己作证辩护,但政府调查组认定他在作伪证。法庭经审理后认为,墨菲被指控的罪名都成立。他被判处三年监禁,同时责令他向冠军保险公司退还赃款。

纽约保险业这一涉及金额巨大、时间跨度极长的骗保阴谋，使舞弊审核师们有了用武之地。如果说一位被告应付一两起涉嫌贿赂的犯罪指控还有可能的话，那么当他涉嫌几十起或数百起此类案子的时候，要想从容应对就不可能了。每当有人被起诉，就会有更多的被告慑于法律的威力而争相认罪。

工作组的调查最终使256位涉嫌骗保、合谋诈骗、逃税的被告被指控并被认定为有罪。在调查过程中，总共进行了26次搜查。美国几乎所有主要的保险公司都是受害者，骗保损失总额超过了5亿美元。

令人诧异的是，在众多的被告中只有两个人走上法庭，经过审判被判处有罪。所有被告的判处结果各不相同，有的被判缓刑，有一位被告因为一系列的纵火骗保事件而被判处15年的监禁。大多数的判决结果都涉及罚款和按法院的裁定退还赃款，最高的一笔罚款为100万美元，最高的返还金额为235 301 435美元。大多数被告都是由受害的保险公司依据《反诈骗和腐败组织法案》提起民事诉讼的。

§经验与教训§

此次骗保案调查对我们调查人员来说是一个学习的机会。在此之前，我们还从来没有经历过被告和书面证据如此之多的案子。经过多次搜查和大陪审团传讯后，形成了几十万件的证据材料，这些材料都需要我们审核。为了存放、保管和审核这些证据材料，我们使用了一幢仓库般大小的大楼。为了审核这些证据，调查人员及我本人都付出了超乎寻常的时间与奉献精神。

我们学会了永不放弃。我们的座右铭是"时刻盯住你的目标"。调查大而复杂的案件需要很长的时间。工作组的成员们明白，这样的案件可能需要几年的时间，每个人都必须做好长期作战的思想准备。有效的组织工作非常关键。我们决不能被成堆的证据材料吓倒。

系统性的审核使我们能够去伪存真，形成关键性的、最有说服力的证据。计算机的使用大大提高了我们的工作效率，有效地运用信息技术能显著提高调查工作的效果。

我们还认识到，要想成功地调查保险行业的舞弊案，就必须了解这个行业，包括了解这个行业是如何运作的、如何提交保险索赔以及如何支付保险赔款、在保险理赔过程中不同人员的作用，专业术语及行业暗语。我们的时间和精力不会白费。无论要调查哪个行业或哪种生意，舞弊审核师了解其如何运作都是绝对重要的。

我们必须充分利用舞弊审核师所掌握的各种可用的手段，包括秘密调查、现场或电子监控、取得搜查许可、传讯当事人、让被告“倒戈”成为合作者、公开案件的起诉及抓捕情况，以及对未申报的现金所得追加逃税指控等。我们甚至依据《反诈骗和腐败组织法案》对其中一家公共保险调解事务所提起了诉讼。

我们更深刻地认识到，必须对所侦办的案件有一个彻底的了解。我们发现，不断复核我们的办案笔记、报告以及关键证据是极为有益的。因为案件涉及到数以百计的被告、证人，还有相关的笔记以及大量的证据，对它们进行复查总会让我们发现或想起某些事情。我们还发现，集中少数的调查人员，让他们经历调查工作的全程也很重要，这样大家才能熟悉案件的前后经过。

无论是在案件审理过程还是在其他环节，永远记得准备、准备、再准备，准备更多的证据，因为你不知道自己可能会被问到什么样的问题。你对案情的了解可以决定最终的结果。

§防患于未来之建议§

我们的调查取得了成功是因为我们发现了许多舞弊和腐败的迹象，同时在调查过程中做到了不徇私情。

1. 理解舞弊风险

通过本案我们发现，受害保险公司的管理层并不了解其公司正在发生着腐败和舞弊行为。在调查的初期，一家保险公司的高管曾对我们说，他以自身的名誉担保其理赔员的诚实性。他甚至还说，他相信骗保行为对公司经营的影响微乎其微。遗憾的是，他在这两个问题上都错了。仅他所在的一家公司，我们就对 4 位保险理赔员提出了诉讼指控，损失达到数百万美元。

保险业内人士必须认识到，骗保行为是一种持续性的威胁，每年因此而造成的损失达到了数十亿美元。每个公司的管理层都必须持续开展舞弊风险评估，并采取适当的行动以降低已识别风险的影响。

2. 员工轮换

本文介绍的骗保阴谋之所以能够成功地持续这么长时间，是因为同一批保险理赔员与同一批公共保险调解员及其他外部专业人士年复一年地在一起工作。如果更换了保险理赔员或者公共保险调解员，这种“骗保联姻”可能就会被打破。关键岗位的员工轮换这项内部控制应当永远受到重视。

3. 关注传言

在整个调查过程中，我们听到了关于保险公司理赔员的许多传言，说他们拥有无法解释的财产，过着奢华的生活。许多案件的涉案人员的生活水平都明显超出了同行的平均水平，但高管人员却对此视而不见。一家保险公司的高管告诉我们，某位理赔员经常向其他员工提供有关购买股票和债券的投资信息，可惜没有引起任何人的怀疑。

还有一个例子，一位年薪 4 万美元的理赔员竟然住在一幢价值百万美元的房子里，也没有人对此采取过行动。本案中的腐败行为实在太多，非法资金像水一般流动着。事实告诉我们，对传言和其他异常现象必须进行适当而专业的调查。

4. 复核理赔档案

我们发现，保险公司的理赔业务代表经常不对索赔档案进行全面的复核。应当对这些理赔业务代表进行全面的培训，让他们学会通过舞弊迹象来识别舞弊。

5. 职业道德与舞弊意识培训

受害的保险公司通常没有对员工进行职业道德与舞弊意识培训，这是一种严重的疏忽，因为它助长了公司内部的舞弊氛围。公司应当至少每年开展一次职业操守与舞弊预防的培训。此外，我们还强烈建议，当某些员工或其他与公司有业务往来的人因为舞弊行为而被逮捕或被解雇时，应当告知公司的全体员工，这样做就是向员工、客户及投资者表明公司反对舞弊和欺诈行为的坚定立场。

6. 设立举报热线

对此案侦破贡献颇大的匿名举报并不是来自于正式的举报热线，而是来自于员工。事实上，多数受害的保险公司并没有设立举报热线。建议所有公司都应设立举报热线，以便于对舞弊或违规行为进行匿名、秘密的举报。举报热线号码应当在公司内外广而告之。更重要的是，对接到的所有举报都应进行全面的核实和调查。

7. 注册舞弊审核师

现在，注册舞弊审核师证书已经成为从事舞弊识别与预防工作的金字招牌。聘用注册舞弊审核师作为调查人员，能够更好地保护本组织的利益。每个调查机构都应配备注册舞弊审核师，以便侦破、调查和预防舞弊行为。在培育组织内部诚实、正直的氛围的过程中，舞弊审核专业人员发挥着至关重要的作用。

9

信息超级高速公路

Information Superhighway

巴里·达维多

菲尔·格林在澳大利亚新南威尔士州警察局工作了8年。虽然他的身高只有六英尺多一点儿,但由于体型标准而匀称,所以看上去要比实际高一些。见到他的人都认为他是在军队或司法部门工作,因为他看上去很像一位值得尊敬的权威人物。

在菲尔决定辞去警察局的工作的时候,他已经是一位很受尊敬的侦探了,他是大家公认的勤奋、有效率的专家小组成员。他的上级主管试图劝他不要辞职,并确信他必将会很快得到提升。当然,至少他是这么对我说的。

菲尔离开警察局时刚刚30岁出头。尽管他热爱警察工作,但他觉得自己应当为家人考虑,找一份风险小一些、赚钱多一点的工作。

菲尔开办了一家私人侦探公司,凭借自己在司法部门及犯罪团伙中广泛的人脉资源,他可以获取嫌疑人及其活动的信息,他能够找到那些逃避债务、家庭或情人的人。新公司开业一年后,他已有了一批稳定的客户,感觉还不错。

"我现在的情况还可以,但我想赚大钱。"他说,"一个客户告诉我,如果我想发财,就应当像斯利克·威利那样去赚银行的钱。"菲尔很快了解到,银行和保险公司常因为客户逃匿而遭受巨额损失,因此,为了追回欠款,他们愿意支付高额费用。

菲尔发现依靠选民册来查找逃债人的效果并不理想。虽然法律要求市民向选举办公室提供真实的地址,但那些不希望被别人找到的人肯定不会这么做。菲尔得知,最可靠的地址数据库在新南威尔士州道路交通管理局(简称交管局)。交管局的主要职能是驾驶执照的考试与管理、机动车的登记和检查以及提高道路交通安全水平。为了避免失去驾驶执照,人们在地址变更时都会及时告知交管局。但是,交管局不允许将驾驶执照与机动车登记信息泄露给外部第三方。

金融机构陷入了两难的境地。交管局的员工不想泄露数据库里的个人信息,银行也不想贿赂他们,他们知道行贿有悖于职业道德,这就是他们为什么希望菲尔代为取得这些信息的原因。

菲尔找到了将交管局诚实的员工变成腐败的官员的办法,对此他还颇为得意。

"我在交管局机动车登记处找到最乐于助人、最谦虚、最诚实的人作为进攻的目标。"他说。他认为符合这一特征的人往往是男性,而且他们比女性更易于被骗。"我把一个文件夹放在柜台上,然后告诉他我因手头的这个案子而急得难以入睡。我打开文件夹向他出示里面的文件,对他说诸如下列的一番话:'这是一个骗子欺骗比尔和格瑞塔·约翰斯顿的案子。他们两个人可是你渴望遇到的好人,是真正值得信赖的人。他俩已经80多岁了,在住宅区附近开了一家小商店。一个名叫弗瑞德·布洛格斯的坏家伙总是从店里赊购商品,现在已经欠了他们2万多美元。经过调查,我发现这家伙的犯罪经历长得让你难以想象,他是一个十足的骗子。他从慈善机构、孤儿院和许多像比尔和格瑞塔一样的人那里骗取钱财,他总是找好人下手。比尔和格瑞塔是将房子抵押才借到了开店的资金,如果我不能找到弗瑞德·布洛格斯,他们俩就可能失去一切,他们的商店就得关门,他们将无家可归流落街头。我看得出你是个好人,知道你在机动车登记处是怎么尽力帮助他人的,请帮我救救比尔和格瑞塔,我不能让他们变得一无所有。请你帮我查一下布洛格斯的地址,没有人会知道这件事,你将帮助这对好夫妇,而且会看到这个骗子的下场。'毫无疑问,这位交管局员工会把地址给我,我留下一盒精美的巧克力,告诉他这是比尔和格瑞塔夫妇买的,虽然他们不知道是谁帮了他们,但他们感激不尽。这位交管局员工会感觉自己做了件好事,我在几个月内不再去打扰他。然后,我会再次以另一件'案子'找到他们,让他们再次帮助我。第二次过后,第三次找他们间隔时间就不长了。以后我再来的时候就会给他们一个简短的名单。用不了多久,他们就会给我提供名单上所有人的地址，我付给他们报酬。”

“当然，”他还说，“不存在什么比尔和格瑞塔，故事都是虚构的，但这样可以使交管局的员工上钩，他们也因此得到不少钱。没有人受到伤害，直到反腐败独立委员会调查这些事情，但那不是我的错。”

在反腐败独立委员会进行调查的几年之后，我在一次审计会议上见到了菲尔。我向会议提交了关于上述事件以及其他非法泄露和盗取信息事件的报告。在会议休息时间菲尔向我作了自我介绍。

“我是逃脱惩罚的主要当事人之一。”他说。他向我讲述了他的故事以及他涉及此案的具体细节。

我从事舞弊调查工作20多年，每每听到当事人讲述他们的经历时总有一种惊奇感。很显然，菲尔对自己成功地贿赂政府雇员、为其客户获取信息而感到非常自豪。如果说他有什么遗憾的话，那就是这样的游戏该结束了。

反腐败独立委员会的调查是为了减少政府机构的腐败行为，许多政府雇员将丢掉饭碗，有的将因丑闻公布于众而蒙羞或职业前景受到严重影响。

很多私家侦探、调查机构和讨债人说服了政府雇员，使他们违反规定对外泄露保密信息，并经常因此而触犯法律。参与信息交易的人员来自包括社会安全局、移民局、澳大利亚税务局、澳大利亚海关总署、国民保健处、电信公司、澳大利亚邮政局、交管局、警察局、供电公司、金融机构、律师事务所等机构。

保密信息的购买者并不仅仅是那些追讨“合法债权”的人，负案在逃的犯罪分子同样也会购买警方信息。当然，并不是所有的信息泄密都涉及金钱交易。例如，警察局的一位总警司交待，他“应老朋友的请求”向一位好朋友泄露了信息，虽然他也知道自己不应当这样做。

有些政府雇员在以不恰当的方式获取保密信息来出卖这件事上花了相当多的时间，影响了他们的本职工作。反腐败独立委员会主任提到了某个警察，“如果再给他一些时间的话，他就会成为悉尼郊区一个较大的警察局侦探部的负责人。”委员会主任说。

有些政府雇员无法满足他们的“关系户”的请求，还会向其他的政府雇员分包或介绍这种涉嫌舞弊的生意。一位调查人员对我说，在好几个政府部门,出卖保密信息的雇员形成了金字塔结构,“在某些部门,这个网络比安利公司的直销金字塔还要大。”他说。

许多原本负责解决泄密问题的人后来也参与了泄密。例如,交管局组建了一个专门小组来编制计算机安全程序,以便更好地保护档案记录。可惜小组的部分人员趁机下载了保密信息并予以出卖。

不知道究竟有多少人参与了信息交易,因为其中的大多数人并没有被发现。反腐败独立委员会的报告指出,至少有250多人被证实参与信息交易。一位曾经频繁进行信息交易的私家侦探告诉我,被抓到的只是极少人。“我不知道到底有多少人参与交易,但我知道大多数的私家侦探及其线人都没有被抓住。如果其中的5%至10%被抓住,那也将是一个很大的数字。”他说。

可能有数千人或多或少地参与了信息交易。有人估计,正是这种不恰当的信息交易,形成了澳大利亚历史上涉及面最广的腐败案件。

§驾驶员培训§

新南威尔士州道路交管局成立于1989年1月16日,由干道管理局、机动车交通局、交通管理局三个政府机构合并而成。如前所述,交管局的职能是驾驶员执照的考试与管理、机动车的登记与检查以及提高道路交通安全水平。在反腐败独立委员会成立以前,该局在管理驾驶员执照及机动车登记的过程中,曾经进行过两次主要的腐败调查。

第一次调查是针对机动车教练员向交管局及其前身机动车交通局的考官行贿的行为。反腐败独立委员会发现,虽然只是涉及到小部分违法分子,但这种收受贿赂的现象却是屡见不鲜的。调查发现,在过去10年里,悉尼中心区内许多机动车登记处的腐败行为十分普遍,甚至一个机动车登记处的所有考官都在收受贿赂,有时他们会按日或按周进行分赃。

这次调查查出,有61人涉嫌行贿,总额估计为数百万美元。反腐败独立委员会承认,他们不太可能抓住所有的腐败分子,实际数字可能会大大高于这个数字。

杰弗瑞·威廉姆斯被任命为反公司腐败协调人,直接向委员会主任报告工作。反腐败独立委员会的报告认为,威廉姆斯先生“是一位非常值得期待的人”。

杰弗瑞所提出的许多措施都在澳大利亚得到了全面的实施,对监管当局制定规则产生了很大的影响。他的工作难度很大,其中的原因是多方面的。反腐败独立委员会认为,在机动车交通局,“腐败行为是受到鼓励的”。腐败问题在某些领域非常普遍,报告腐败行为障碍重重,在其他公共机构,也存在严重的腐败问题被忽视的情况。

杰弗瑞提出的最有效的一项措施是开展职业道德教育活动。交管局职业道德教育的口号是:“维护你的价值观”。澳大利亚的文化传统是尊重个人主义和重视人际关系相结合的产物,这种文化氛围造就了朋友与同事之间很高的忠诚度,对掌权的人却心存怀疑。杰弗瑞认为,发动大家参与职业道德教育运动,有助于形成诚实的工作氛围,改变传统文化观念对报告腐败行为造成的阻力。

在这项运动中,人们散发彩色的海报,鼓励大家“大胆地说出”违反职业道德的行为。幽默的图片、案例分析、内部刊物上的短文、职业道德研讨会、工作简报,与提高管理人员反舞弊意识的活动一起,明显加强了交管局的职业道德氛围,也鼓励了大家积极举报腐败行为。

以前,人们极不愿意举报腐败行为,而在这次活动之后,对腐败行为的举报以及成功的调查明显增加了。采取的其他措施包括:建立严格的调查工作标准、评估舞弊风险、完善内部控制系统、与内部审计师密切合作以便更好地发现舞弊和腐败行为、修订人力资源及其他政策以体现更高的职业道德标准,等等。这些措施使交管局在打击腐败方面取得了重大的进步。

§法律与秩序§

新南威尔士州警察局从一位私家侦探那里获得了一些书面文件。这位私家侦探无意中透露,他可以从警方及交管局的记录中搞到保密信息。州警察局负责人将这些资料转给了反腐败独立委员会。

当调查人员约见这位私家侦探时,他说自己是一位律师,拥有悉尼大学的法律硕士学位。调查人员后来发现,他既不是律师,也没有获得过学位。因此,当该侦探否认自己接触到警方和交管局保密信息的时候,调查人员深表怀疑。反腐败独立委员会认为,依据实际掌握的证据和举报线索,可以启动调查。交管局也跟着展开了调查行动。

调查人员对涉嫌非法买卖政府保密信息的私家侦探的书面记录展开了搜寻。有些调查工作相对简单,因为并不是所有涉案人员都会设法在其财务及其他记录中将涉案情况隐藏起来。

例如,从一位私家侦探的记录中发现了一张发票,上面的开支用途为"贿赂几位警察,获得了该人犯罪登记表的打印件,然后与他们一起喝了很长时间的酒。"

另一位私家侦探的会计记录显示,他向交管局的工作人员付了钱,并在账面中清楚地列于"行贿"项下。

一位私家侦探打印了一份工作手册,目的是向客户说明其所能提供的服务及相应的费用。该手册显示了信息的来源,其中包括:机动车交通局、国民保健处、社会保险局、移民局、犯罪档案局、电信局和邮政局。由于这些信息都是不公开的,因此,从这些渠道获取信息显然都是非法的。

许多私家侦探都会保存他们所购买的信息。一位私家侦探在其计算机里保存了涉及 1 万名个人的机密政府信息。

还有一些私家侦探承认,他们没有保存任何非法的记录,其中一些人闻听反腐败独立委员会正扩大调查范围便销毁了非法记录。

"我将所有的信息记录都扔进了垃圾堆,"一位私家侦探这样告诉我。"我知道我的许多同行都将保密信息记录粉碎或烧掉。我需要销毁的记录太多了,要是用粉碎机把记录全部粉碎掉,我会被累成卡西莫多的模样了,如果我把它们都烧掉,火势很可能大得无法控制。"

私家侦探们一个一个地接受了问讯,让他们说明自己的涉案情况,尤其是谁为他们提供了信息。他们的回答总是躲躲闪闪,"我的线人 10 多年来一直为我提供信息"是最为典型的回答。这句话出自一位曾在警察局担任过多年高级侦探的私家侦探之口。他曾经接受过多年的专业培训,诸如:如何细致地观察、如何记住姓名、地址及其他相关信息等。现在他却说,"我记不清他的名字,我只知道他叫约翰,我不知道他在哪里工作,也不知道他是怎么获得这些信息的。我是在一家小酒馆里碰见他的,他的相貌很普通,我实在无法更准确地描述他了。"

另一位私家侦探说,他从来没有与向他出卖保密信息的警察见过面。

"我接到了一个电话,"他说,"他当时对我说'我想你可能需要接一些国外订单'。我知道这显然是一句警方暗语,意思是他有我所需要的保密信息。我同意交易,但他说他担心安全问题。那个人解释说,安全问题必须做到'滴水不漏',并问我是否有信箱及备用钥匙,我说有。"据这位私家侦探说,他用邮政信箱来支付交易款,"从不直接见面,没有与任何人面对面地做过交易"。

这位私家侦探力图为那位警察的身份保密,但我们最终还是确认了,因为在许多打印件上都有那位警察的注册号码和出入证编码。

之后不久,我们都能猜到私家侦探会怎么说了。

达克先生说,他在上班的时候接到了一个电话,"一位男士在电话里说'我这里有一些保密信息,您感兴趣吗?'"

"先让我来猜猜看。他通过信箱、邮政信箱或电话做了一些安排,只提供给你他的教名或不说名字,你和他做了交易,给了他钱。但你不知道他长得什么样或者叫什么名字。我说对了多少?"

"我从来没有见过他。"他说道。

"我说对了多少,达克先生?"

"你说的基本都对,我想你以前听说过这类事。"他承认。

有些私家侦探保护其政府线人的办法听上去简直滑稽可笑。例如,一名私家侦探的记录显示,他为获取保密信息付钱给一位名叫"杰森"的人。

"你认识一位名叫杰森的人吗?"

"是的。"他说。

"他是谁?"

"那是个别名,"他说。

"他是谁?"

"是我。"他答道。

调查中发现的书面及电子证据虽然数量很大,我们还是非常仔细地对它们进行了审核,以便尽可能发挥这些证据的作用。我们仔细地审核笔迹,将书面文件送交司法鉴定,或者从文件及其他物品上提取指纹。

菲尔·格林对我说,许多私家侦探都谈论过反腐败独立委员会调查一事。大家的共识是尽可能地否认涉及信息交易。"我们的口号是'说谎，直到死去’。我们中的许多人坚持这样做。”

那些涉嫌出卖保密信息的政府雇员也成为调查的重点。有些腐败的政府雇员并不信任那些正向其行贿的私家侦探，所以对于拟出卖的保密信息，他们都保存了相关的记录。

“他们既然能贿赂我，他们也会欺骗我。”一位政府雇员说。政府雇员自己会留有记录，以便在每周、每两周或每月结束时，检查一下所收到的贿赂金额是否正确。有些政府雇员在其日记里记录，有些甚至在办公桌上的日历中记录，任何从其办公桌前走过的人都能看明白。当然，也有许多人很谨慎，他们不保存有关交易的电子或书面证据。还有些人在调查人员收集证据之前就把它们销毁了。

§政府雇员的否认§

有些政府雇员一开始竭力否认自己曾经出卖过保密信息，经过广泛的问询、向他们出示了其涉案的书面及其他证据后，一些人才改了口。

一位警察一个劲地否认出卖过保密信息。向他出示证据后还是否认。最后，他说，“我误导了你们……我思路混乱。”他接着承认，他每次出卖保密信息时都直接收钱，但后来是按月进行结算。大约在八周后再次问讯他时，他却改口了，虽然他曾对以前的供述宣了誓。

“你对外提供过警方的档案信息吗？”

“我可能干过，”他回答道。

“可能干过是什么意思？”

“噢，也就是可能干过，也可能没干过。我记不得了。”他含糊其辞地说。

有些政府雇员一开始会否认提供过保密信息的打印件或机密文件的复印件。但是，当向他们出示的复印件或打印件上有其指纹或其不经意间留下的书面注释时，他们的否认也就立刻不攻自破了。

有些没有接触保密信息权限的政府雇员会设法得到其他拥有接触权限官员的密码和登录账号。

有些政府雇员想从其他政府部门获取保密信息，就利用自己的权限误导其他部门的人，以合法的官方用途的名义取得相关信息，再将这些信息出卖给私家侦探。

许多政府雇员向多位私家侦探出卖信息，其中一位警长在接受调查时承认向7位私家侦探出卖过信息。

调查人员汇集了有关银行和保险公司涉嫌非法交易机密政府信息的证据。当然，银行和保险公司通常都不愿意配合。在许多案件中，他们都会为调查人员设置障碍，一次又一次地误导调查人员。例如，有一家银行在被迫提供书面文件时，将其提交的文件中涉及到非法支票的部分涂改掉。

下面的问讯则是一个例外。

"你是否知道史密斯调查公司在那个期间被银行利用？"布莱克先生被问道。

"是的。"他回答。

"被利用来做什么？"

"为了获取信息。"布莱克先生答道。

"从哪里获取信息？"

"我确实不知道，先生。"他回答道。

布莱克先生后来承认，银行用代码来表示它所使用信息的来源。例如，社会保险局用1表示，交管局用2表示，等等。

"那么，你为什么认为确有必要隐藏信息的来源呢？"

"因为我认为这些来源可能不恰当，先生。"他回答。

"不恰当？"

"是的，先生。"他承认道。

"不合法吗？"

"是的，先生。"

当调查人员要求一家银行就其员工有意识购买机密政府信息作正式答复时，该银行回复说它的员工从未问过信息是从哪里来的。

从已经掌握的证据来看，该银行的答复是在误导我们。后来，该银行试图与前述误导性答复撇清关系，声称回复文件的作者并未被授权在文件上署名，该作者直接将文件作为银行的答复提交了，他没有权力这么做，"但他以为自己有相应的权力。"反腐败独立委员会认为，银行董事会秘书以银行名义所作的答复，理所当然就是银行的答复。

有些金融机构想方设法掩盖非法获取机密政府信息的事实。在有些案例中，金融机构要求其员工在将所获取的信息输入计算机中时，要做到看上去就像在最初的贷款申请或其他的个人合法文件中就已有这些信息。

有一份文件对一名新员工作了如下的提示："记住，不要在电脑屏幕上显示出与驾驶执照核对过，这是非法的。"

当调查人员向员工们出示相关证据，证明某些信息不应被录入电脑时，他们承认确实存在获取保密信息的问题。

"公司是不是有规定，不得记录某些信息的来源？"调查人员向一位员工询问。

"是的。"她回答道。

"为什么要这样？"

"噢，从驾驶执照管理处、机动车登记处所获取的信息显然都是非法信息。"她肯定地回答。

"这就是为什么不允许输入计算机中的原因？"

"我想应当是这样。"

许多银行及保险公司的高管人员都设法与非法获取机密的政府信息一事保持距离，有些甚至为此专门制定了禁止这种做法的书面政策。

其中有这样的一项政策，如果金融机构的工作人员参与了机密政府信息的非法交易，就将被视为违反公司规定的"坏员工"：

"整个公司，特别是消费者金融服务部，不得从事任何违反职业道德或可能违法的活动。因此，我们不应直接或间接地参与获取或使用任何非法信息的活动，这是消费者金融服务部的政策。"

还有一项证明上述政策的备忘录：

"员工们会不时地受到获取和使用某些信息的诱惑，而这些信息直接或间接地来源于多种渠道，其中也包括一些政府机构……1914 年的刑法对非法渠道信息的提供者、接受者和使用者都规定了严厉的惩罚。请确信全体员工都完整地了解我们有关此问题的政策并严格遵守。"

在这家金融机构，除了上述政策外，还有充分的证据让反腐败独立委员会确信，购买机密的政府信息"经过了管理层的批准，经理人员们自身也卷入其中。"

不仅有些银行会间接购买机密的政府信息，还有些银行会将客户的保密信息作为“信息俱乐部”的一部分提供出去。

§犯罪与惩罚§

调查工作的成果之一是，对用来处理作为政府保密信息交易来源的全国及州立政府机构的信息安全保护法律的健全性做了一次认真的检查，并最终颁布了隐私法，以防止对私人信息的买卖行为。对刑法及其他法律也进行了修改，填补了法律中存在的漏洞，对未经批准的计算机访问及其他非法获取信息的行为制定了新的治理措施。

为了免受惩罚，新南威尔士州及联邦公共机构的许多雇员辞去了职务或者提前退休，一些被发现参与腐败活动的人受到了纪律处分，最轻的处分是正式警告，最重的是解聘。

许多在非法信息交易中获利丰厚的私家侦探们发现，自己已经被金融机构和保险公司列入了黑名单，而其中的多数都曾经是自己信息交易的客户。

菲尔·格林就是其中的一个。他对“金融机构的背叛”怀恨在心。“他们曾经是积极的参与者，”他解释说，“可在受到调查以后，他们做出一副局外人的样子，好像只有私家侦探才是坏人。”他在调查结束后迅速关闭了自己的私家侦探公司，并在一家大型机构谋得了一份高级侦探的工作。他是非法信息交易案中未被发现和起诉的参与者之一。

此后，大多数金融机构及保险公司都修改了公司的政策，确保不再以非法方式或通过不恰当的途径获取相关信息。

许多被反腐败独立委员会在报告中点名为机密政府信息购买者的债务回收经理及其他经理人员，有的在公司中被换到不重要的岗位，有的人的职业生涯受到了很不利的影响。

许多涉嫌腐败或对反腐败独立委员会作假供的人被提起公诉。

依据此次调查所发现的证据，联邦政府机构也受到了调查，进而导致了不少雇员被停职、解聘或纪律处分，并且进一步完善了内控系统以保护机密信息。

§ 经验与教训 §

我们可从本案吸取的最重要的一条教训是,机密信息是一种非常有价值、备受欢迎的资源。我们对澳大利亚政府机构进行了大量的信息保护情况的评估,发现许多政府机构都拥有非常有价值的数据库。有些公共机构拥有的个人保密信息价值高达数百万美元。

我们从中可以看到,随着腐败现象的不断蔓延,腐败已经被一部分人轻易地接受了。我就此与许多参与保密信息非法交易的人讨论过。许多人认为,大家之所以觉得自己的行为符合职业道德原则,是因为他们相信正是因为自己的帮助,才让那些逃债者、诈骗者以及其他邪恶的或不负责任的人,不得不承担起相应的法律责任,归还他们所欠下的债务,这其中并没有哪个无辜的人受到伤害,从整体上来看还对社会有益。

通过这次与舞弊和腐败行为的较量,我们认识到要想与"出于高尚动机的腐败行为"作斗争确实不易,因为人们很容易为自己的舞弊行为找到合适的理由。因此,非常有必要让社会看到腐败和违规行为对个人造成的损失,这种做法对预防舞弊及腐败的泛滥起到了积极的作用。

本次调查表明,记录和审查以只读方式对信息系统的登陆是非常重要的。警方的 IT 系统使调查人员可以追踪到访问特定信息的人,这些信息对调查人员极为重要。交管局的驾驶执照与机动车登记信息数据库缺少追踪功能,因而严重影响了调查人员的工作。

交管局的数据库系统随后进行了升级,可以对所有的计算机访问保存日志记录,这将有利于对计算机访问的合法性进行审核,确定访问保密信息的可疑人员。系统升级后,交管局调查人员依据系统日志所提供的信息成功地开展了多项调查。

审核系统日志的方法有多种,其中之一是确定一个知名人物的名单,如果有人访问这些人员的信息,就要对这些访问的合法性进行审核和调查。曾有这样一个例子,一位模特的照片出现在悉尼报纸的头版后,有30多人访问了她的信息,调查人员对这些人逐个进行了问讯,结果没有一个人的访问目的是合法的。另一种方法是使用统计和分析方法来逐一分析访问的情况。

当人们得知对信息的访问要被进行分析后，非法访问的数量明显减少了。

情况不明也会导致腐败。一些政府雇员从来就不知道哪些信息是保密的，哪些信息可以自由对外提供或者可以提供给特定的人。每当有人要求提供信息时，他们只能自行决定提供与否。显然，他们的决定主要依据于是谁要求提供信息以及提供何种信息。结果是有些人会提供，有些人会拒绝提供，一切都取决于他是否喜欢你。

在判断腐败是否是加入"信息俱乐部"的最佳途径时，情况不明和对腐败的认识是两个重要因素。

因此，对于哪些信息可以自由披露、哪些信息可以在特定情况下提供、哪些信息是机密的信息，都必须制定出相应的管理规则，一旦制定了规则，就必须确保这些规则能够被明确无误地贯彻和实施。

本次调查还显示了充分利用每一份证据的重要性。例如，许多书面文件都成为非常重要的信息来源——调查人员利用这些书面文件进行测试和比较、对某些书面文件上的笔迹进行司法鉴定、将某些书面文件上的笔迹与其他文件进行比对、从书面文件上获取指纹等。利用从书面文件中取得的信息访问证据进行比较，据以实施分析程序，都可以获得更有价值的证据。

本次调查还告诉我们，不必过高估计涉嫌舞弊和腐败人员的能力。在调查的初期，有些调查人员和顾问们认为检查行贿人员的财务记录是在浪费时间，因为他们不可能保存他们行贿的记录。然而，确有许多财务记录明确而直观地列出了具体的贿赂或潜在的贿赂行为。我们应该记住的一个重要经验就是从所有的渠道寻找证据，不要忽视那些看上去过于明显的证据。

这次调查还告诉我们，证据的收集要赶在证据可能被破坏以前，对遗失书面或电子记录的行为应当进行调查，因为有可能是某些人在涉嫌破坏或隐匿证据。首先证明他们与案件有关，对于迫使他们全面地交待调查中的腐败行为是有帮助的，有时还是十分关键的。

对被询问者的回答进行准确、正式的记录也很重要。谈话和回答有时候看起来不太重要，但对以后收集新的证据往往会起到非常重要的作用。有时候，人们的回答可能与其之前的陈述自相矛盾，或者干脆否认之前所说的话，因此做好可靠的记录对调查人员非常有用。

让人们对自己的陈述做出承诺有助于调查的进行，让他们对自己的证言宣誓更好。要向当事人询问更多的细节以便他们更清楚地表达，使他们更难于隐藏自己的涉案行为，防止他们随后声称自己所说的话被人误解、被断章取义或者被不公平地引用。

§防患于未来之建议§

1. 增强 IT 系统的安全性

要增强 IT 系统的安全性，尤其是加强密码管理。人们经常用昵称、喜欢的足球队名称、首字母缩略词作为密码，所以用户的密码往往很容易被猜中，从而非法访问保密信息。例如，调查人员曾只用一次就猜出了一位警察局副局长的登录密码。

有些警察互相交换密码，以便在必要的时候对问题进行"理直气壮的否认"，因为在密码共享的情况下，在他们离岗的时候其他人可以滥用他的密码登录计算机。

这些都更加证明了对计算机访问日志进行分析以发现对 IT 系统的不当使用的重要性。因此，对在工作时间以外进行的登陆、在某人离岗特别是午餐时间进行的登陆、间隔时间过长的登陆、间隔时间过短因而只能是由一人进行的登陆、规律异常的登陆，都要进行认真的审核。统计学分析也常常对计算机访问的审核有所帮助。

2. 制定正式的程序

应当制定出正式的书面程序，以规范保密信息在政府机构间的合法传递。某些政府雇员之间一开始都是采取正式的信息传递方式，但后来逐渐地就变得不那么正式了，涉及的人员也更多了。现在，社会关系已成为相互间交换信息的渠道，用不了多久，邀请加入"信息俱乐部"的对象就被扩展到了政府雇员以外的人，尤其是银行和其他金融机构的雇员。

书面程序应当包括：哪些政府部门可以获得保密信息、可以对外提供的信息种类、要求提供信息的申请表、信息可以向谁披露、信息被披露以前的其他先决条件。将保密信息提供给其他的政府部门时，应当有正式的记录。

3. 进行信息保护评估

应当对信息保护情况进行评估,最好定期进行,评估的频率取决于信息未经批准被披露或被盗用的风险程度以及信息价值的大小。我们对很多政府机构进行了这样的评估,经常发现保密信息保护情况并不总是像高级官员们所想象的那么好,其中包括重要的信息,这些机构普遍存在重大的内部控制缺陷。

反腐败独立委员会提出了一项重要的建议,遗憾的是并没有被实施。建议指出:“在任何部门,如果某位雇员的访问密码被其他人获知,或者某位雇员用其他人而不是用自己的密码访问计算机信息,都应当受到纪律处分。为了严肃纪律,如果某位雇员的密码被其他人使用,则该次登陆将被初步认定为该雇员的自行访问。”我们发现,共享密码或者允许他人使用自己密码的现象在许多政府机构依然存在。

10

一桩金融欺诈案

Banking on Fraud

贾森·李

欺诈性的购并交易每年给美国的投资银行及投资者造成的损失达数十亿美元,而这一数字仅仅是我们知道的,我们难以想象还有多少不为人知的骗局。华尔街的投资银行业务是一项高风险的游戏,因为这些交易的金额巨大,很多缺乏才智的人可能会成为交易的牺牲品。

10 年前,我应聘成为菲尔普斯温斯顿嘉誉银行(以下简称菲尔普斯银行)的首席购并舞弊调查员。该银行是纽约最大的投资银行之一,位于华尔街,在全球拥有 4 万名雇员,业务主要集中在保健和生物技术领域。我的舞弊调查小组有 10 名成员,每年要深入调查大约 275 宗案件。为了查找舞弊证据,高级调查员丹尼斯·罗维斯克、萨拉·库珀、马克·罗森赫尔和年轻的调查员们经常牺牲了晚上给孩子们讲故事的时间,挑灯夜战,翻看大量资料。丹尼斯曾经是纽约警察局反舞弊和洗钱部门的一名警察,一次突击搜捕行动的失败使他离开了警察局,那次搜捕是针对他正在调查的毒品偷运活动的。萨拉孑然一身,是个工作狂,她大约六年前从商科学校毕业,曾经在纳斯达克证券交易所和纽约股票交易所等证券业务管理机构工作过。马克曾是美国特勤局的特工,现已退休。他们三个人协同作战,任何财务欺诈也逃不过他们的眼睛。

大约在圣诞节的前六天,菲尔普斯银行负责制药投资业务的副总监斯坦·莫菲满面愁容地来到我的办公室。他说他正在为中国的一家名为法莫梅迪克斯的上市制药公司做一宗交易,该公司欲整体出售给一家美国公司,以便向西方国家拓展销售市场。这家美国公司为斯坦的客户,名为麦迪苏尔有限责任公司,也想向全球扩展业务,是一家虽名不见经传但稳步发展的上市公司。麦迪苏尔公司在其首席执行官奈德·卡瑞罗的带领下，聘请了大约 1 100 名从事内科药品开发、运输和销售方面研究的博士。大约一周前，奈德打电话给斯坦，说他在食品和药品管理局的一位熟人告诉他，法莫梅迪克斯公司正在极力做市场推广的药品中有一些没有通过临床试验。这个消息使奈德大伤脑筋，他请求斯坦对这件事的进展给予更加深入的关注。

§根本不合情理§

斯坦随后试图与法莫梅迪克斯公司的一些从事药品开发的研究人员预约会面，结果所拨打的电话要么是无法接通，要么是接电话的人说他们根本没听说这家公司。斯坦是数学奇才，他用自己发明并获得专利的一个财务模型对提议的并购方案进行了测算，评估的结果与按全球资本投资信托集团公司（以下简称信托公司）的财务模型提供的评估结果相差数千万美元，正是这家信托公司给法莫梅迪克斯公司提供投资咨询服务。按照信托公司的计算结果，法莫梅迪克斯公司的价值要比斯坦的估价高出 8 900 万美元。信托公司的欧文·坎贝尔是主管这宗交易的银行业务人员，他向斯坦保证说他本人已经验证过公司的资产负债表的真实性，不存在什么值得担心的问题。出于谨慎的考虑，斯坦把这些财务数据又仔仔细细地分析了六遍，每次的结果都一样，而这个结果与欧文的评估结果大相径庭。交易以信托公司的评估结果 4.32 亿美元定价，但斯坦觉得他可能已经触摸到了一块暗礁。

我请马克和萨拉对斯坦的财务模型和其他资料进行研究。马克马上拿出一个计算器，并向斯坦询问了许多关于法莫梅迪克斯公司账面记录的问题。萨拉则马上打开她的手提电脑开始上网搜索，看法莫梅迪克斯公司以前是否有什么丑闻。我对他们说他们有些操之过急了。

我说："在得出结论之前，我们首先应当研究一下财务模型，确定是哪些财务报表项目导致了巨额的差异。萨拉，你可否利用你的大工作底表来查找一下异常的事项呢？马克，你能否与你在执法部门工作的老朋友聊聊，看是否有人掌握法莫梅迪克斯公司的什么情况。"在展开全面调查之前，我们需要搞清楚我们所面对的情况是什么。

§一粒难以下咽的药片§

法莫梅迪克斯公司是一个由政府赞助的药品生产商，由苏音利（音译）和他的妻子何梅文（音译）在中国上海创建。公司以它独特的经营模式而著称，其经营模式更像是一个风险资本基金而不是制药公司，重点业务是为准备推向市场的新药筹集资金。公司向其投资者承诺，筹集来的资金只有一小部分花费在药品开发上，而其他资金则被作为公司的股本。投资者们还被告知，只要公司账面盈利，公司只保留利润的10%，其余利润则在全体投资者中平均分配。为了表示他的诚意，苏允诺说如果新药开发不成功，公司将返还用于药品研发的资金，这意味着投资者不会有任何损失。苏氏夫妇为了实现他们制造新药来治病救人的梦想而创造了这种经营模式。

但是，在苏不断积极尝试开发诸多新药的过程中，其中的一些项目却不幸失败了。那些失败项目的投资者立即找到他要求履行先前承诺的资金返还。为了避免法律诉讼，苏从盈利的药品风险投资基金中“借来”所谓的利润偿付了这些投资者的投资。待到必须向其他投资者支付利润时，他又不得不从公司其他业务中抽取资金以使他的“游戏”能够继续下去。苏就像一个上了瘾的赌徒，仍然徒劳地试图为新药开发筹集更多的资金，只可惜他虽然雄心勃勃，怎奈风险太大了。他期望能够时来运转，凭借一个具有开拓性的药品获取足够的利润来还清所有的债务，包括向失败项目的投资者分配利润、返还资本。苏为了聘请有能力的专业人员来开发如空中楼阁一般的超级药品而花光了所有的钱，不幸的是，这一系列的活动成为迄今为止最大的失败项目。苏破产了，他找不到新的投资者，他的坏名声也越传越远。于是他辗转到亚洲的其他国家，到处游说筹集资金建立新的风险投资基金。但是，这一次苏没有把筹来的资金合法地用于药品开发，他只是一个劲地筹集资金。当投资者询问资金的使用情况时，他便编造故事加以搪塞，居然让他混过去了。

苏向众多的投资者“筹集”了大量的资金，他返回中国还清了所有的债务，挽回了自己的声誉，使自己又貌似一个有信誉的商人。这时，他产生了一个新的念头：为了防止将来出现债务麻烦，不如假装是在经营一个成功的药品开发企业，这可比真的经营一个制药企业更有利可图，因为药品开发实在是劳心费神、压力重重。足有三年的时间，他不断地向投资者重复着他的谎言——法莫梅迪克斯公司的药品开发是成功的，已经赚得盆满钵满。实际上，所谓的公司是虚构的。后面我们将会看到，他的16个风险投资基金根本没有进行公司注册，无论是在美国还是在中国。对那些想要得到收益的投资者，苏也真的会给他们发放小额的利润，并对投资者说其余的资金都投向了新的项目，用来为新项目聘请最优秀的人才和购买最好的设备。

苏虚构了太多的药品风险投资基金，谎言的大厦岂能持久。其实他深藏于内心的唯一希望就是能以最高的价格把公司卖出去，等到事情败露，责任就是新公司的了。他哪里知道，中国的调查人员正在展开调查，他们已经发现了足够的证据，拘捕了他的妻子，并提起了诉讼。苏于是弃家只身逃往美国，并在康涅狄格州租金最昂贵的一个街区开了一家商店。他假装不善英文，聘请了一位精明的代理人加律师路易·威尔逊。路易还是一名注册会计师，在一家叫做“MK 查尔斯及同道”的一流的大型会计师事务所工作。路易最亲密的朋友给他起了个绰号叫“酷酷的路易”，大家都知道他是一个常常挑战职业道德的底线、为了利益而不择手段的商人。

路易利用了 MK 查尔斯会计师事务所的名义，说这个有声望的事务所正在为一家势头强劲的中国公司代理业务，这个成立不久的公司从事最前沿的药品开发，现在为了扩大经营意欲在美国寻求购并伙伴。奈德领导的麦迪苏尔公司正在寻找机会超越自己的竞争对手，拓宽经营范围，便与路易一拍即合。路易马上给他在信托公司的投资行家朋友们打电话，开始着手这宗交易并共商这家公司的出售大计。他甚至建议信托公司为麦迪苏尔公司起草一份购并业务约定书，传真给奈德让他尽快签字。路易希望麦迪苏尔公司能聘请信托公司而不是别的投资银行来做他们的投资顾问。但是奈德是一个谨慎的商人，他与斯坦·莫菲是老朋友了，以前也曾与菲尔普斯银行合作过，他认为这项业务与以往没什么区别。

欧文·坎贝尔是信托公司的首席专家，个性与斯坦正好相反。他喜欢飙车和广交女友，花钱毫无节制，他负债将近34万美元，还不包括他在商业学校的债务。他经常光顾大西洋赌城，但也毫无收获。信托公司认为他们能做成这宗价值4.32亿美元的巨额交易，欧文的老板于是向他承诺："如果你做成了这宗交易，你就会在曼哈顿这边拥有最大的办公室，我会给你的薪水加倍，并给你一个你一直想要的费用报销账户——我说话算数。"欧文太激动了，他顾不得再做考虑，在感恩节后的第二天就与苏和路易碰了头，而此时的华尔街还都关门闭户。

路易首先开了腔："苏先生的法莫梅迪克斯公司相当不错，但是欧文先生，有些事情您应当知道。为了能以更高的价格成交，我们不得不想了一些办法——该怎么说呢——使用了一些会计技巧。我们在过去的这个年度中调高了公司的利润，少计了一些费用。我们还作了其他一些调整。虽然有几个风险投资基金项目已经结束了，但是按照苏先生的建议，财务报告显示这几个基金项目仍在交易，这样就会使法莫梅迪克斯的投资看起来更大一些。"

"你在说什么？！"欧文反问道："难道你说这些风险投资的情况都是假的？一切都晚了，我们必须做成这宗交易。如果做不成，我就会破产，还会被解雇。现在你只需要说明我该帮助你们做些什么，好让麦迪苏尔公司收购你们公司，我愿意帮助你们。"

实际上，欧文不仅为促成这宗交易不遗余力，他还决定自己也要搞点小动作。他做了精心的策划：让苏在一家媒体上发表声明，说他两年前患上了一种罕见的癌症，使用法莫梅迪克斯公司的一种药品之后取得了神奇的疗效。这份声明将在并购的前三天发布，这样股价就会飞涨，法莫梅迪克斯公司的价值就会增加数百万美元。欧文还帮助路易想出了一些富有吸引力的名字，以便在他编写的所谓公司简介中编造业务说明。欧文知道，为了证明这项交易的高昂价格，他还得对财务模型做些调整。通过虚增并购交易中常见的资产——"商誉"，并编造"本季度中出售的短期轮换的固定资产"以及"行政管理和风险投资运营的专业费用"之类的项目，他便把苏攫取的以公司正常药物销售无法解释的非法所得合理化了。

§夜半电话§

在和丹尼斯、萨拉和马克碰面的时候，我告诉他们要做更深入的调查，结果那天他们又熬了一个通宵。大约凌晨两点，我家的电话铃响了。

"亲爱的,是丹尼斯的电话,他说要告诉你关于那些想毁掉你们银行的骗子的一些情况。"我妻子一边叫醒我一边说。我睡眼蒙眬地接过电话:"喂,丹尼斯,你发现了什么?"

"有16个甚至可能是20个风险投资基金项目是假的,都是空壳公司。我查阅了药品登记数据库,想要验证药品研究专家的医学执业资格,还想找到药品开发每个阶段的测试报告,结果什么也没有。"丹尼斯脱口说道。

我简直不能相信自己的耳朵。做了这么多年的银行业务和调查员工作,我还没有听说过这么荒唐的事。曾经遇到公司的首席执行官试图虚报费用从中渔利的事,也见过一些会计人员试图通过大量的费用注销来调整利润,但是一个公司居然虚构了至少16家子公司……真是闻所未闻。

夜里,萨拉把菲尔普斯银行的内部记录进行了梳理,发现苏已经在我们银行的相关零售银行部门开设了多个账户。当苏被发现多次存入1万美元以上的现金,有时一天之内多次存款时,出纳员多次通过网络向金融犯罪执法办公室提交了可疑活动报告和货币交易报告。萨拉不相信银行的投资业务部门之前对此一无所知,特别是这些报告都来自于本银行内部的另一个部门。马克则通过他在执法部门的熟人得知苏的妻子一年前就在中国被逮捕了,被判犯有证券欺诈和洗钱罪。

美国国内税务署也就路易编造的那些未注册的减免纳税的公司展开了调查,这些公司都是一些不知名的在美国做生意的海外药品开发公司。但是,国内税务署却在寻找谁是这些小公司的母公司的过程中费尽周折。马克根据已掌握的事实推断,苏在从中国逃往美国之前就已经和路易有联系,一定是路易向苏灌输了这样的想法:与亚洲和欧洲相比,在美国出售公司可获利更多,而且引起怀疑的可能性更小。而且,路易还为苏设计了非法逃税的办法——这也是苏到美国出售公司的另一个原因——使出售不同风险投资基金所得的利润在美国都免于纳税。如果这个推理成立,那么就意味着这桩舞弊性购并是一个由多方参与的有组织、有周密计划的阴谋。马克的直觉是对的:后来路易为了与控方律师达成协议,承认他确实向苏提出过上述建议。

马克随后与其他跨国银行的舞弊检查部门取得了联络,结果发现了用苏或法莫梅迪克斯的名字开设的海外账户。为了确保以虚构的风险投资基金项目向投资者筹集的资金不被发现,苏每个月都开立一些账户,注销另一些账户,使资金在全世界的不同银行之间周转。另外,苏还在黑市上出售一些没有标签的药品以获得额外的收入。马克还让一名私人侦探截获了法莫梅迪克斯公司的一些废弃纸张,并在上面发现了其他药品研发人员正在研制的药品的配方和分子结构,苏其实是在"地下"实验室中按照这些配方和分子结构制成药品,然后当作正规品牌的新药在黑市上出售。在废弃纸张中还发现了一些丢弃的信件,这些信件是那些想起诉和追回资金的愤怒的投资者写的,另外还发现了一些采购化学品和药品生产设备的发票。

在接下来的日子里,萨拉不辞辛劳地审查了法莫梅迪克斯公司的利润表和现金流量。她发现了一件特别奇怪的事,公司向两家诊所分别出售了大批量的不同药品,而账面记录的对每家诊所出售药品的数量和应收账款的金额却完全相同。萨拉后来发现,该公司在固定资产方面的开支、管理费用和现金流量中至少有三处类似的疑点。显然,苏和路易的手段并不高明,这使得萨拉揭开了这个财务报表舞弊案的神秘面纱。路易本以为加上大篇幅的附注、注释、说明和摊销表会使财务报表非常难懂,从而使报表使用者知难而退。显然他低估了萨拉·库珀。

萨拉还想从在废纸中找到的费用单据中再发现点什么。虽然没有足够的资料来重新表述法莫梅迪克斯公司的会计账簿,但是萨拉觉得也许他们还能发现一些财务违规行为,这至少可以为查清舞弊提供一点线索。结果萨拉发现苏为了虚减账面的应税利润,还把一些开支作为固定资产开支和管理费用重复入账。

丹尼斯不想继续坐在办公室里搞调查,他想从源头找到线索。他决定向法莫梅迪克斯公司的一些竞争对手了解情况,他的第一次出手就有所收获。

"如果有机会,我一定要起诉苏那个家伙,我知道他是个彻头彻尾的坏蛋。有一次,我丢失了一卡车最新的非处方感冒药。两天后我的一个客户告诉我,这家伙正在出售一种被他称作瑞达感冒灵的感冒药。"托尼·弗雷切塔用浓重的纽约口音大声说。

这次会面之后,丹尼斯又拜访了很多药品顾客,他们个个满腹牢骚。

他来到俄亥俄州的一个小城拜访了爱丽丝·莫迪。爱丽丝说她患有严重的周期性偏头痛，服用法莫梅迪克斯公司的治疗周期性偏头痛的强力阿司匹林，服用了一年多，结果头痛更加严重了。苏在被捕不久之后的一次法庭取证中，承认他伪造了竞争对手的药品，并将这些药品和安慰剂一起冒充合法药品出售。

§你喜欢这个午宴吗？§

在得到我对法莫梅迪克斯公司的调查结果之前，斯坦中止了这宗交易的所有工作。从他那次满面愁容地来到我的办公室到现在已经过去五个星期了。路易开始不耐烦了，每天至少给斯坦打两次电话询问菲尔普斯银行购并交易的进展情况。我告诉斯坦举行一个午餐会，让所有的重要角色都出席：奈德·卡瑞罗、苏音利、欧文·坎贝尔、路易·威尔逊、斯坦和我。斯坦在曼哈顿地区的顶级饭店——拉伯纳丁预订了包间。斯坦之所以选择在这里举行午餐会，是为了避免苏或路易对交易的进展产生怀疑。绅士们一个接一个到了，每个人都衣冠楚楚，眼神中充满了对财富的渴望。路易是最后一个到场的，他张开双臂大声喊道："大家好，我的朋友们，我们今天是不是要使制药行业成为大家的骄傲啊？"

然后路易转向我说道："我们好像没见过。你在给斯坦做事吗？是银行的助理职员？"我回答说："是的，威尔逊先生，我们以前没有见过面，但我觉得我非常了解你。"他脸上现出了疑惑的表情。斯坦转过身来语气坚定地对这位冷血的律师说："路易，贾森是菲尔普斯银行的舞弊调查员，麦迪苏尔公司不会购并法莫梅迪克斯公司了，我们发现了一些关系我们切身利益的违规行为，这就是我们今天邀请大家来共进午餐的原因。关于这个问题，我想贾森会比我解释得更清楚。"苏很机灵地继续装出不太懂英语的样子，咕哝了几句汉语，好像是在询问发生了什么。路易则以守为攻，声称自己一无所知。

"威尔逊先生，在这个公众场所我们不能谈论事情的细节。但是我可以告诉你，我们已经获取了你的委托人存在财务报表舞弊以及盗取商业秘密行为的证据。我相信，威尔逊先生和坎贝尔先生对苏先生的非法行为心知肚明。我们除了停止并购交易别无选择，我们还会把这个案子提交给纽约州检察院。"不等翻译,苏先生就气冲冲地出了饭店。路易以愤怒但有所控制的声音说:"我要以诽谤罪起诉你们这些人。你们侮辱了苏先生,他把全部精力都投入到了治病救人的制药行业。你们应该感到羞耻。"

"不,威尔逊先生,我不会感到羞耻"。我说:"我相信通过揭露这些事实,我们已经让制药行业为我们感到骄傲。"

最后,苏被逮捕并被引渡到中国接受审判。欧文·坎贝尔失去了他的证券从业资格,被终身禁止从事投资银行业务,并作为案件的同谋被判处6个月的缓刑。路易在压力下决定出庭提供同案犯的罪证,因此他没有被起诉。他从MK查尔斯会计师事务所辞职以后继续从事律师工作,主要为投资银行客户提供服务。但是他因为违反职业道德而受到惩处,并被吊销了注册会计师的执业资格。奈德·卡瑞罗聘请斯坦·莫菲代表麦迪苏尔公司为启动另一项药品研发进行企业购并,这一次的交易对方是一家加拿大公司,研制出了三种具有革命性的治疗过敏的药物。我在这个事情了结三年之后离开了菲尔普斯银行,成为一名执法人员。丹尼斯退休了,他多半在加利福尼亚与他的儿孙们待在一起。马克荣升为银行的首席调查员,萨拉的工作没有改变,依旧经常为了使客户免遭厄运而对着她的电脑和财务报表工作到深夜。

§经验与教训§

法莫梅迪克斯事件给了我很多启示。在可以取得大量的会计数据的时候,利用财务模型进行定量分析是进行价值评估的首选方法。斯坦利用模型得出的评估结果使我们发现了账表中的许多可疑之处。另外,走访知情者也是非常重要的,财务记录所能揭示的信息是有限的,与舞弊者的客户和竞争对手面谈可以了解到很多情况。

这一事件还告诉我们,在调查公司舞弊的同时还能够发现其他的违法行为。公司舞弊通常首先表现为粉饰财务报表,另外还可能存在盗取商业秘密、伪造药品、洗钱等活动。法莫梅迪克斯事件还表明,与国外投资银行发生的交易相比于与国内银行的交易更容易产生舞弊。

欧文·坎贝尔的行为让我看到,许多人假借受托保护投资者利益之名在自己的职业领域肆意舞弊。贪欲促使他们极力做成大宗交易，就算是在帮助客户实施和掩盖白领犯罪也在所不辞，他们甚至在舞弊调查的过程中袖手旁观。

在并购舞弊中，嫌疑人往往会密谋串通销毁证据，为调查人员设置种种障碍。因此，一旦出现预警信号，调查人员就应当警觉舞弊的存在，认真查找舞弊。首席执行官奈德·卡瑞罗保持了应有的谨慎，因此尽早发现了问题的迹象，他的直觉挽救了他的公司。幸运的是，奈德还取得了尽职尽责、真正为客户着想的银行专家斯坦·莫菲的帮助。虽然奈德从食品和药品管理局得到了法莫梅迪克斯公司的一些药品没有通过临床试验的消息，但斯坦完全可以选择听而不闻。但他没有这样做，相反，他认真调查了这些疑点，明明知道这样做的结果是可能丢掉自己职业生涯中的一笔巨额交易。

与不法之徒打交道需要斗智斗勇。马克依靠他以前做特工的经验，像私家侦探一样查找重要线索。他调查了苏在中国的法律记录，这对查找线索也是至关重要的。丹尼斯则不辞辛苦地跑到俄亥俄州，迂回辗转地向愤怒的患者了解法莫梅迪克斯公司伪造药品的情况。

§防患于未来之建议§

在我离开菲尔普斯银行的时候，我给他们提出了一些建议。在银行或证券机构工作的调查人员应当认真考虑升级安全防护措施以确保有效地应对舞弊。

信息透明是头等重要的问题。萨拉就是从菲尔普斯的零售银行部门调阅了多份可疑活动报告和货币交易报告以后才发现了重大疑点，而银行的投资业务部门却没有看到这些报告。

还有一个建议是有争议的。舞弊调查部门应当有权力、有责任审查银行正在办理的所有交易，这应当成为保持应有职业谨慎必不可少的一项要求。

对那些帮助客户舞弊、帮助客户掩盖舞弊或者妨碍司法工作的投资银行专业人员，应当施以严厉的惩罚措施。因为银行业务人员也都是自利性的，严厉的惩罚措施必然会降低其犯罪的可能性。投资银行不能将惩罚的责任丢给监管部门和执法部门。金融机构之间应当保持沟通，这就需要有一个可供查询的网上银行信息库。银行应当聘请软件人员开发专门的电脑软件来帮助查找舞弊迹象，这会大大提高舞弊调查人员的工作效率。

对跨国银行来说，在海外派驻舞弊调查人员是非常重要的。国外投资经常涉及不同的会计准则以及货币兑换问题，证券交易所执行的所在国的法律可能与美国的贸易法律相抵触。常驻海外的舞弊调查人员应当精通驻在国关于这些方面的规定。

还有一个重要的方面，就是投资银行必须与联邦、州以及当地的司法部门保持长期的联系，这种联系可为刑事案件的背景调查提供巨大的帮助。同样，司法部门也会在分析可疑行为的时候利用这些基本的信息。并购舞弊可能是所有公司舞弊中最少被报告的。银行通常要极力掩盖因非法行为导致失败的交易，唯恐自己因为介入其中而受到牵连或惩罚。银行工作人员也经常在数百万美元佣金的诱惑下而将名利置于职业道德之上，调查人员对此同样要保持警觉。投资银行业务领域的腐败可能永远都不会被彻底消除，但是，直面现实并对其进行迎头痛击无疑可减少此类案件的发生。

11

或迟或早

Just a Matter of Time

马格瑞特·史密斯

泰德·尼克森是一个喜欢热闹的人,他坐在吵吵闹闹的酒吧间里的感觉可能比坐在会议室里开会更舒服。18 岁高中毕业之后,他就从钟表生产商“戴利产业”的装配车间开始了自己的职业生涯。泰德的工作是把公司名称和产品的注册编号粘在每一个组装好的钟表的底部。他为自己在戴利的工作感到自豪,但也盼望有一天自己能够成为一名管理人员。

泰德认识到,如果自己想获得成功,就需要接受大学教育,于是他便进入了当地的一所大学学习。在获得会计学的学士学位之后,泰德把这个消息告诉了公司的管理部门,并申请参加管理培训。不久,采购部门的应付账款管理员的职位空缺,泰德抓住了这个机会,开始了他的升迁之路。

随着职务的升迁,泰德承担的责任也越来越大。他几乎做遍了会计部门的所有岗位,包括工薪、应收款、现金管理和财务报告等岗位。在存货管理与核算新系统的开发和运行工作中,他还担任了领导职务。

当泰德被任命为公司的首席执行官的时候,他已经在这里工作了 25 年,对戴利产业的每一个细节都了如指掌。但是,泰德的快速升迁反而使他陷入了孤立的境地,他一走进哪个办公室,那里的员工就会立即沉默下来并各自走开,以避免与他正面对视。造成这种局面的主要原因是他信奉高压管理方式,还时常提出一些不合理的要求和无法实现的目标。

泰德个人的命运和价值与公司的成败休戚相关。他没有结过婚,每天都要工作 15 个小时。公司的员工开玩笑说泰德就好像是神秘地生活在办公室里似的,不管员工来得多早,走得多晚,都能看见他还在办公室里。在有限的休息时间里,泰德·尼克森尽力培养着自己奢华的爱好和品位，他刻意以浮华的汽车、家具、艺术品来显示自己的成功。他住在费城最高档的社区里，座驾是一款糖果苹果红的法拉利，还时常飞车前往大西洋赌城与客户赌上几局。大家都知道他赌博的时候总是不计后果乱下赌注。

戴利产业是荷兰移民亚特·戴利于1922年在费城创建的，早期的工厂设在地下室里。亚特本来以卖肉为生，但是每天晚上回到家里，他都要摆弄他收藏的钟表。亚特对钟表的迷恋和钟表修理技术高超的名声越来越大，找他修理钟表的人越来越多，他终于决定不再卖肉，开办了戴利钟表店。亚特苦苦撑过了经济大萧条和第二次世界大战。在20世纪50年代，亚特和他的儿子巴特决定扩大经营，于是就有了戴利产业。为了能满足不断增长的需求，他们安装了最先进的设备来装配和包装他们的钟表产品。亚特退休以后，活力四射的巴特成为父亲的接班人，那一年他28岁。作为工匠，巴特的技术比不上他的父亲，但是他很有商业头脑。他决定大力发展公司的员工定时钟业务，这一战略决策促进了新兴的工业经济的发展，使机械化日益受到重视，戴利产业的销售额达到了前所未有的水平。在多年的企业管理中，巴特注意到了一个名叫泰德·尼克森的雇员，此人雄心勃勃，在员工中表现突出，一直在朝着管理者的位置努力着。巴特经常对泰德加以指导，他知道有一天这个人会成为戴利产业的领导者。

多年来戴利产业一直利润颇丰，非常富有的巴特决定退休。后来公司上市，泰德成为新的首席执行官，享有公司20%的股权。巴特把他的几个亲密朋友和商业伙伴安排在董事会里，他并不关心他们是否具有灵活的商业头脑和高超的领导才能，他只是把董事会成员的位置作为对他们长久以来的支持和忠诚的回报。

到泰德执掌公司的时候，技术的进步已经使戴利产业的产品逐渐落后了，公司却并没有马上意识到这个问题，因为修理配件和钟表的市场需求依然很大。泰德觉得有必要将公司的繁荣景象展示给公众，于是在工厂旁边建造了一座豪华的办公大楼。但是，不久之后，公司的销售额和利润都开始下降。

§传言并非空穴来风§

后来，公司聘请钱德勒·索耶作公司的首席财务官，他上任后的第一项工作就是安排当年度财务报表审计事宜。钱德勒在国际会计和审计公司工作了二十年,在他看来这不过是小事一桩。他在会计师事务所工作的时候,曾担任两家著名的钟表企业财务报表审计的主管合伙人。为了了解公司经营的基本情况,钱德勒在上任后的头几个星期里走访了公司每一个部门的主管人员。在这段时间里,他开始将公司的内部控制制度文件化,为主要工作程序绘制了流程图,比如应收账款和收现、应付账款和付现、存货管理及控制、采购和薪酬业务。他发现公司没有书面的规章制度,员工对各部门的职责缺乏了解,对此钱德勒深感惊讶。他几乎从每一位走访过的主管人员嘴里都听到了财务欺诈的传闻,他开始警觉了。但是,所有的主管人员都对尼克森心存畏惧。

钱德勒非常重视这些传言,他利用在访谈中获得的有限的信息,背着泰德展开了调查。他发现了很多需要做进一步分析的违规现象。当时比较麻烦的一点是,下个周一就要开始年终审计了。在取得关于舞弊行为的可靠证据之前,钱德勒不想让审计师知道以前公布的财务报表可能需要重述。他会同公司的法律顾问罗斯·盖勒安排了一次专门的董事会电话会议,将发现的违规情况向大家做了通报。钱德勒和罗斯都知道,董事会不过是泰德的傀儡而已,他们对公司的实际情况并不了解。泰德尽量淡化主管人员的意见,还说他认为没有必要搞什么内部调查。钱德勒和罗斯说服了绝大多数董事会成员,授权法务会计人员继续调查。

§全面检查存货§

钱德勒与罗斯推荐的“科林、克瑞姆、纽曼及合伙人会计师事务所”的会计师取得了联系,我当时也在这家会计公司工作。钱德勒向我的上司乔治·克林详细描述了他所发现的情况。乔治说他要成立一个调查组,预定明天早晨在戴利产业会面。调查组包括四名专业人员,其中两名助理人员主要负责数据录入和获取原始资料的工作,另外一名会计师负责指导助理人员,并对比较复杂的可疑财务事项进行调查。我是调查组的高级经理,一方面要参与罗斯与公司员工的座谈,另一方面要协助乔治将调查结果及建议形成书面报告。

我与钱德勒、罗斯和乔治在第二天早晨见了面。钱德勒说明了需要调查的四个方面：

1. 篡改存货实物数量和单位成本；
2. 夸大收入的确认；
3. 可疑的固定资产购置；
4. 现金支出。

我着手安排询问现任和以前的主管人员的时间，为了保密，与他们的面谈需要在公司以外的地方进行。有两位前任主管（首席财务官）已经移居到其他州了，因此我和罗斯需要到当地去拜访他们。科林用我准备的笔记本对每一次谈话都做了记录，从而确定可能了解那些可疑交易的人员在公司工作的时间和岗位。全部受访的前任及现任员工都有一个共同的反应：每个人都害怕泰德·尼克森。大家说他总是以威胁的手段进行管理，亲自掌控公司经营的方方面面，包括重要客户、与银行的关系、审计以及年度存货盘点。他经常干预高级管理人员的工作，因此，公司的高管人员频繁离职。

在询问工作结束之后不久对存货的调查便开始了。据说，许多存货标签上的数量在存货盘点之后都被改动了，显然是想让存货的数量大于实存的数量。我们找到了有问题年份的存货标签，并给它们编了号，打算将这些标签与存货主管保存在仓库中一个上锁的柜子里标签进行比较。公司的存货标签一式三份：一份挂在存货上，一份在盘点之后取下送往会计部门，另一份保存在上锁的柜子里，放在存货主管的办公室中。但泰德不知道存货主管手中还有一份标签。

整理标签并进行比较的过程不仅乏味而且费时费力。经过若干个小时的工作，我们发现存货主管办公室中的许多标签上显示的数量与挂在存货上的相应标签上的数量不一致，标签被改动的事实是显而易见的。例如，标签的数量本来写着20的被改成了220，改动的笔迹和墨水的颜色与原来的明显不同，看来改动者根本不想加以掩饰。在我们完成了两套标签的比较之后，我们又将其中不符的标签与存货盘点报告进行了比较。结果发现，盘点报告上记录的无一例外都是两个标签上较大的那个数量。我们随后编制了一份列示存货数量和成本的差异表，以确认当年通过篡改标签所导致的错报金额。

在面询中我们了解到公司还存在通过提高单位成本来虚增存货价值

的情况。在与一位前任首席财务官面谈时，他回忆起了这样一个场景：有一年，在盘点的存货全部记入存货盘点报告后，他在下班前将存货盘点报告打印了出来，上面显示的存货总计金额是78万美元。他当时看到泰德也出现在仓库附近，还很不满地大声说存货金额最好是接近100万美元而不是75万美元，否则年末报表的数字就不好看了。负责存货数据记录的一名工作人员在公司工作了很多年，而且与泰德关系密切。第二天早晨，这位前首席财务官检查后发现存货的总计金额已经被提高到了102.5美元。他为此去见了泰德，却被警告要少管闲事。

我们取得了卖方的价格清单，以此核对存货盘点报告上的价格。在三年的存货报告中，我们发现许多存货的价格都明显高于价格清单上的数字。例如，单位成本125美元变成了1 250美元。我们把所有的差异项目都作了记录，并对数字做了进一步的审核。同时，我和科林还核查了由前任销售主管确认的交易，这位销售主管直接受泰德领导，他不允许其他任何人与这个客户有联系，因为这是“他的客户”。我们发现这个客户同时也是戴利产业的存货供应商，对这个特殊客户的销售业务总是在临近季末的时候发生，而且交易的金额非常大，但实际上该客户从未付过款。通过进一步的调查取证，我们发现戴利产业从这个客户采购的货物就是它卖给这个客户的货物，但这个客户是以高于其售价的金额买回这些商品的。我们让现任首席财务官钱德勒对近四年中与这个客户的所有交易进行了分析，以确定这些交易的合法性。

另外，财务报表反映出有两年的固定资产存在巨额增长的情况，但却没有详细的记录。我和科林发现，戴利产业将增加的固定资产的款项付给了一个泰德名下的公司。据说，这些开支是用来更新装配车间的设备的，但车间的领班说，时间都过去三年了，设备更新的事也没有付诸行动。

我们最后的工作是复核现金支出。我们请钱德勒让计算机部门的工作人员把支票和电汇业务记录簿中的数据做成Excel表格，然后按照收款人对这些数字进行了分类汇总，把现金支出金额按照从大到小的顺序重新排列，最后复核了其中重大支出项目的账单，以确定这些支出是否有原始资料说明其用途。

§关注公司的股票§

当科林、克瑞姆、纽曼及合伙人会计师事务所结束调查的时候,我们向罗斯和戴利产业董事会递交了一份详尽的书面报告。一个星期之后,我和科林要向董事会当面陈述调查的结果。我们重点说明了下面三个方面的问题:

1. 戴利产业在过去至少四年中存在错报财务状况的问题。一些错报是通过篡改公司账簿和记录来进行的,特别是存货项目。

2. 所有迹象都表明,公司董事长和首席执行官泰德·尼克森存在不恰当的越权管理的问题。泰德所设置的种种障碍,加之他的独断专行,常说"少管闲事",导致了连续多年的财务错报和披露。

3. 违规问题大致可分为以下几类:

(1)存货错报;

(2)收入确认错误;

(3)可疑的资本化支出;

(4)现金支出和薪酬方面的问题。

听到我们的报告后董事会成员都感到震惊和愤怒。他们向我和科林连珠炮似地提出了许多问题。许多年来,他们一直相信泰德的谎言和承诺,现在觉得泰德完全背叛了他们。

现在必须考虑如何尽量减小上述问题对公司及其股东的长期影响。戴利产业是上市公司,公司出现财务报表错报是必须向 SEC 通报的,董事会、钱德勒和戴利产业的管理层也不得不与公司的现任审计师以及贷款人佩恩荷兰银行讨论如何处理目前的处境。

罗斯与 SEC 取得了联系并提交了调查报告,SEC 要求公司编制并提交适当的报告来纠正公司以前的错报,泰德的问题将另行处理。

钱德勒和罗斯会见了会计师事务所的合伙人——泰德的一位老朋友,向她说明了法务调查的情况和调查结果。钱德勒还与这位合伙人探讨了为什么审计师在财务报表审计的过程中没有发现这些违规行为。他查阅了会计师事务所提供的各年管理建议书,其中没有一份建议书中包括内部控制需要改进的建议。这位合伙人听到这个消息非常震惊。事务所认为他们有必要从事务所的角度自己展开一次调查。

钱德勒和罗斯还与佩恩荷兰银行负责戴利产业贷款业务的信贷主管进行了会面，这位主管也是泰德的一位老朋友。他得知戴利产业的财务报表存在错报的消息之后显得非常焦虑不安。他告诉钱德勒和罗斯，该银行除了向戴利产业提供了一系列由存货作担保的贷款外，还向泰德个人提供了金额相当大的贷款，这些个人贷款是以戴利产业的股票作抵押的。钱德勒和罗斯此前对这个情况一无所知，现在钱德勒开始明白其中的缘由了，泰德实施财务报表舞弊是为了使公司的股价保持在一定的水平之上，这样他的贷款就不至于出现抵押不足的问题，他也就能够继续向银行贷款，从而为他奢侈的生活方式提供资金来源。佩恩荷兰银行决定对戴利产业暂时中止授信并通知了钱德勒和罗斯，银行认识到关于戴利产业的任何情况都可能对提供给泰德的个人贷款产生不利影响，因此银行打算采取谨慎的措施。银行还决定向戴利产业派出一个审计小组，自行开展调查。

终于要与泰德进行正面交锋了。董事会召开了一个特别会议，钱德勒、罗斯和泰德都参加了会议。董事会主席在会上通报了法务调查的结果，泰德开始显得很镇静，然后就歇斯底里地大哭起来，坦白了自己的所作所为并证实财务报表的错报都是他一人所为。除此之外，泰德还承认自己对财务报表的操纵在五年之前就开始了，因为公司经营不善，他不得不变本加厉地粉饰报表以保持公司良好的财务状况和经营成果。他抱怨说，在他走马上任的时候，公司原来最先进的生产设备都已经陈旧过时了，需要彻底翻修。泰德认为戴利产业的产品即将沦为过时商品，多年前销售额就已经出现下滑，竞争对手推出的更新更好的产品迫使戴利产业大幅削减产品的价格，从而大大地降低了公司的利润率。泰德还隐匿发生的管理成本。他的薪水已经涨至每年50万美元，新建的办公大楼给公司带来了巨大的财务负担。泰德承认他不想改变自己的生活方式，也不想冒险使公司的形象受损，他别无选择。他承认自己操纵财务信息披露是为了稳定公司的股价，这样既可以保住公司的形象，也可以使自己的生活方式不受影响。

罗斯和董事会向SEC汇报了公司的财务舞弊问题，并提交了一份由科林、克瑞姆、纽曼及合伙人会计师事务所编写的调查报告。董事会还向SEC

提出了一个行动计划,包括免去泰德的首席执行官职务,选举新的董事会成员。新的董事会成员必须具有有效监督戴利产业的经营管理活动的能力。因为戴利公司在调查过程中能够坦诚面对问题并且勤勉尽责,没有受到SEC的处罚。鉴于泰德的年龄和虚弱的身体状况,SEC也没有追究其责任。奇怪的是,公司的股票价格在舞弊事件披露前后一直保持了稳定。

§经验与教训§

法务会计人员通过此类案例认识到,他们的调查报告将为很多人提供有用的信息,因此需要以全面完备的书面证据为基础。面询的过程非常重要,本案中法务会计人员就是通过面询明确了调查的思路。简明清晰地说明调查结果能够减少混乱。

钱德勒在受聘于戴利公司的时候就对一个奇怪的现象进行了思考:为什么公司管理人员的流动异常频繁,他觉得不应当忽视这个警示信号。一个靠威胁的方式来管理的公司很可能存在问题,员工不应当是由于害怕才服从管理。对员工反映的问题应当进行调查。首席财务官应当尽一切努力保证内部控制系统的有效运行。

董事会成员可吸取的教训是他们不应当在其位而不谋其政。董事会对一个公司具有至关重要的作用,他们应当保持客观的立场、合理怀疑的态度和尽职尽责,不参与公司经营的股东就是依靠董事会来监督公司的运营并保护他们的投资。

佩恩荷兰银行可从本案例吸取的教训是,在向公司以及公司的员工或股东同时提供贷款的时候,如果银行要求个人提供与公司无关的抵押品,那么银行面临的风险可能会大大降低。在本案例中,如果银行对戴利产业财务成果的监督更严格一些,银行的内部分析师就可能发现公司财务数据关系和市场趋势的异常现象。如果银行对公司实施了实地考察,就会发现公司设备老化过时的问题,也会发现公司的库存商品和作为贷款抵押品的许多存货已是呆滞冷背商品的问题。

§防患于未来之建议§

为了改进财务报告过程,避免上述问题再次发生,戴利产业应当做好下列工作并保持下去：

1. 形成一种管理氛围，鼓励限制舞弊和进行准确的信息披露的努力。

2. 建立内部审计部门，发挥内部审计的作用。

3. 重构董事会。

4. 建立审计委员会：

（1）由能够保持警觉并真正发挥作用的财务会计和内部控制方面的专业人士构成；

（2）有足够的资源和权威来履行责任；

（3）复核管理层对会计师事务所独立性的评价；

（4）每三年到五年更换一次外部审计师；

（5）监督季度财务报告披露过程。

5. 对重要的会计问题管理层应当进行咨询。

6. 建立下列正式的会计政策和程序：

（1）保存记录；

（2）固定资产购置；

（3）计算机资料备份；

（4）存货跌价估计；

（5）管理费用比例的确定；

（6）采购和销售的截止日；

（7）月度财务报告的编制；

（8）超过规定金额的支出要双重签字；

（9）考虑利用独立的第三方协助存货实物的盘点和记录；

（10）开发存货循环盘存程序。

7. 管理层所有人员薪酬的提高都要由薪酬委员会批准。

8. 形成正式的员工投诉渠道和岗位培训制度。

9. 建立和执行强制休假制度。

上述政策和程序尽管不会彻底消除舞弊，但可以降低舞弊风险。如果戴利产业实施了上述全部或部分政策和程序，其违法行为可能根本就不会发生。

12

我不要死在圭亚迪特

Bury Me Not in Guyandotte

约翰·W.波迪斯

不知道他为什么要选择西弗吉尼亚的圭亚迪特,可能是因为这座小镇那臭名远扬的无视法律和风俗习惯的生活方式吧!实际上,圭亚迪特很久以来就盛行无法无天之风,肯尼·考克斯和他的同伙在一起舞弊事件中的所作所为就可以用无法无天来形容,他们近二十年来在一家银行疯狂地实施舞弊。

J·肯尼斯"肯尼"考克斯出生于宾夕法尼亚州的麦基斯波特——一座临近匹斯堡的小城市。人们无法确定他是否读过大学,但他的确参加过弗吉尼亚的帕考特军事学院的预科班。一位非常了解肯尼的银行同事说:"他在跟别人谈话的时候总是爱夸耀他过去的经历,声称在斯坦福大学获得了硕士学位,但是没有记录能够证明他的说法。"

1949 年,肯尼在匹斯堡一家银行的信贷部开始了他的职业生涯。他在银行平平淡淡地工作了 25 年之后,于 1975 年离开了美国,在联合国位于密克罗尼西亚的一个试验项目中任职。他本想在那里多干一段时间,结果却只在那里干了两年。他任职情况的审计报告批评他"旅行太多、收款太少、发放的发展贷款少得可怜。"

1977 年,肯尼当上了圭亚迪特的塞克泰瑞银行的董事长,该银行拥有 1 700 万美元的资产。圭亚迪特是西弗吉尼亚州南部一个偏远的小煤城,全城只有 600 人。

在该银行董事会长期任职的一位成员这样评价考克斯:"他经营的银行很小,且位于不发达地区,不会引起人们太多的关注,但他有过人的魄力来改变人们的印象。他精力充沛、喜欢交际、标新立异。当然,他也从未停止过夸夸其谈。”

他通过大量的竞选捐款而结识了很多政界人物，在办公室的墙上把自己的照片与总统的照片并排挂在一起。在美国货币监理署的检查员问讯他的时候，他便毫无羞色去拜访白宫和西弗吉尼亚州的参议员，请求他们的帮助。

与考克斯一起来到西弗吉尼亚的还有两位匹斯堡地区的女子，一个名为萨利·宾，另一个叫苏姗·“苏茜”·斯库克拉夫特。他们曾经一起在匹斯堡的一个公寓工程项目中供职，当时萨利担任会计主管，苏茜担任簿记员。尽管她们都没有在银行工作的经验，也没有受过大学教育，但二十多年来她们一直是肯尼在塞克泰瑞银行可以信赖的左膀右臂。

在塞克泰瑞银行的员工队伍中还有一位男性，即银行抵押贷款部的执行副经理杰瑞·古德曼。杰瑞曾经是一名注册会计师，因所得税申报中的不当行为被取消了执业资格。考克斯只招聘女性雇员，称她们为“考克斯的女精灵”。肯尼一直没有结婚。

大家都知道，肯尼从来不把货币监理署的代表放在眼里，导致塞克泰瑞银行与货币监理署之间矛盾尖锐。杰瑞说：“只要一提这些官员肯尼就会勃然大怒，咒骂好一阵子。”肯尼有一次竟大胆地对西弗吉尼亚州的一份商业周刊《本州杂志》的工作人员说：“我根本不在乎那些检查员，我想我们应当除掉他们。”

在与货币监理署对着干、对塞克泰瑞银行实行铁腕管理政策多年以后，肯尼突然去世了。他死后，一起重大的舞弊事件浮出了水面，由肯尼挑选和培养的团队，包括萨利、苏茜和杰瑞，还有其他很多“考克斯的女精灵们”，被证明是舞弊事件的主角。这又是一个成功的故事，一个完美得令人难以置信的故事。

§假的就是假的§

塞克泰瑞银行以高于市场利率的定期存款吸引储户，以此来满足其超常的增长速度的资金需求。塞克泰瑞银行距倒闭不足七年的时候，仅有资产 9 000 万美元，但倒闭时报告的总资产超过 10 亿美元。肯尼依靠定期存款令人难以置信的增长，为高风险的证券业务提供资金来源。银行将贷款吸收的资金集中起来,由证券经纪人将其打包并作为证券出售。肯尼对风险的偏好和他追求超常的盈利和资产增长(高估并虚构)水平的欲望都达到了前所未有的程度。

从表面上看,塞克泰瑞银行具有无与伦比的经营能力,可以通过有效管理极高的贷款组合风险来负担其费用开支。他们指望以证券投资业务来增加银行的证券持有收益和处置收益。

当塞克泰瑞银行及其抵押机构的业务范围扩展到全国的时候,这种高价买进更高价卖出的经营计划开始以超常的速度发展。银行积极地发放这种高风险的债务组合贷款,同时在全美国范围内向贷款发放人买进更大数额的贷款。

塞克泰瑞银行获得了巨额的增长和收益。三年期资产的回报率从2.61%猛增至8.45%,而在业内来看,超过2%已经属于超常增长了。惊人的业绩使这家西弗吉尼亚圭亚迪特地区的小银行成为同类银行中的佼佼者。

在塞克泰瑞银行陷入5亿美元的贷款舞弊事件之前的二年半,肯尼曾对《美国银行家》杂志说:"我们将继续保持这种发展态势,我认为在可预见的未来我们会取得更多的利润,我肯定今年我们会做得更好。"

尽管塞克泰瑞银行的成绩显著,但银行的员工在与货币监理署的检查员打交道的时候却很不友好。面对来自货币监理署的不断的指责,无法缓和矛盾的银行管理层采取了强硬的态度。这家圭亚迪特地区的小银行聘请了两家收费颇高的知名律师事务所,一家来自华盛顿,另一家来自科罗拉多州的丹佛。

塞克泰瑞银行曾多次因内部控制薄弱而受到批评,资产曾多次出现巨额的账实不平衡,金额达数百万美元。银行不断地以高利率吸引存款,以此为高风险的贷款提供资金支持。就是这样的员工素质和明显的管理缺陷,塞克泰瑞银行何以取得如此巨大的成功,似乎还没有引起监管部门和外部审计师的怀疑。

后来,货币监理署对塞克泰瑞银行施加压力,坚持要求其解聘当地的会计公司而聘请一家全国性的会计公司来执行年度审计。货币监理署希望接任的审计师能以新的工作思路执行审计,以期发现塞克泰瑞成功的真正原因。

可惜,新任审计师并不比前任审计师更擅长查找舞弊,他们在完成年度审计之后出具了无保留意见的审计报告。他们没有对银行所报告的持有贷款和由底特律及圣迭戈的贷款管理人持有的贷款执行常规的函证程序。银行报告的贷款资产为5.53亿美元,其中只有0.38亿美元才是银行真实的资产。由货币监理署和联邦储蓄保险公司组成的联合行动小组终于发现了5.15亿美元的差额。

在该银行倒闭前三个月,货币监理署开始对它进行审查,检查人员与银行员工之间的紧张关系随之达到了顶点。闻听"政府"要实施镇压的风声的圭亚迪特地区居民以暴力相威胁,迫使检查人员要求美国法警提供现场保护——这种情况前所未闻。

一般情况下,检查人员对资产不实实施函证程序,他们主要依靠审计师在财务报表审计中的函证结果。可是,银行审计师的函证程序存在重大缺陷,没有发现5.15亿美元的虚构资产是让人费解的严重错误。显然,审计师没有严格区分实际归银行"所有"的贷款、由服务机构持有的贷款以及以前归银行"所有"但已经作为证券产品卖掉的贷款。检查人员开始对塞克泰瑞银行的管理者施加压力,要求他们提供证据证明银行令人难以置信的业绩是如何实现的。换言之,货币监理署和联邦储蓄保险公司想知道真相。银行的高层管理者知道,舞弊被揭穿之日显然就在眼前了。

§不择手段的掩盖§

塞克泰瑞银行的管理层和员工很擅长在记录上做文章,在随后对苏茜和杰瑞进行审判时所得到的证词中,我们可以得到一些有说服力的信息。在调查期间,苏茜曾给银行的一名出纳员打电话,要求他为证明某项历史记录而伪造一份凭证,该出纳员毫不犹豫地照办了。他们当场伪造证据,出纳员和一些工作人员还费尽心机地让这些资料看起来是几十年前的东西。他们把资料扔在地上,用脚踩、在上面泼洒咖啡、用香烟烧,多年的造假经历已经使他们技术炉火纯青。但是且慢,随着货币监理署和联邦储蓄保险公司的深入调查,他们将受到销毁会计记录的指控。

苏茜·斯库克拉夫特和她的丈夫是斯库克拉夫特农场的主人。这座农场地处偏远的山顶,很少有人去,似乎是销毁文件的好地方。银行的员工把大量的文件拿到农场试图烧毁。他们很快发现,将一大堆文件放在一起是很难点燃的,需要将文件不断地添加到火堆上才能继续燃烧。这些造假技术娴熟的人还发现可以用厨房里的微波炉来销毁微缩胶片,但速度也很慢。

与此同时,一个更大的新计划在农场被策划出来了——他们要把文件埋掉。他们不是要把文件埋在一个坑里,而是要埋在一条宽 10 英尺、深 10 英尺、长 100 英尺的壕沟里,壕沟大得足以开进一台三轴自卸载重卡车来倾倒文件。

银行前些年就买下了古老的圭亚迪特高中,他们在这里存放了几百箱,也可能是几千箱的银行记录。令人惊讶的是,就在调查期间,杰瑞和五名男子和一些积极的银行女职员一起,竟然在光天化日之下将那些箱子从三楼扔到了等在楼下的卡车上。这些男子不是银行的工作人员,有的是女职员的丈夫或亲属。

他们把车开到农场,把箱子倾倒在大壕沟里,往返了多次才把箱子全部倒进了沟里,然后把壕沟填平。他们的胆大妄为证实了他们的绝望,也说明了这起难以置信的舞弊事件的牵涉范围之广——不仅包括银行职员,还包括他们的丈夫和亲戚。

§ 阴谋结束了 §

货币监理署和联邦储蓄保险公司的检查人员终于查实了这起令人震惊的财务报告舞弊。一周之后,银行被宣布破产倒闭。审查结果证明,流入银行的资金并不是银行贷款的偿付,因为这些贷款本来就不存在,它们不过是投资者新投入的存款而已,就是这些存款支撑了这个巨大的骗局。

该银行破产倒闭几周之后,联邦调查局介入了调查。他们对位于山顶的斯库克拉夫特农场进行了航拍,利用红外技术对最近翻动过的地面进行了检查。因为他们已经听到销毁记录的消息,便对农场进行了搜查,结果找到了一些记录,包括苏茜藏在野餐冰箱里的一些计算机光盘。

现在,检查人员坚持要对由第三方提供的资金数额进行询证,他们很快就证实,塞克泰瑞银行并没有 5.53 亿美元的贷款资产,其贷款资产不过 3 800 万美元，仅由两家客户持有，一家在圣迭戈，一家在底特律。检查组派人在加利福尼亚州和密歇根州核实函证结果是否有误，结果证明函证结果正确无误。

银行的破产计划很快就出台了。联邦储蓄保险公司的清算组进驻银行，货币监理署的检查人员也在现场，西弗吉尼亚州警察局被邀请为这些“不受欢迎”的政府工作人员提供安全保护。这一坏消息很快在圭亚迪特传开了。人们为了取出自己的存款包围了银行，但为时已晚，现场一片混乱。没过几天，不仅当地媒体如人们所料铺天盖地报道了这一事件，而且具有一定规模的美国电视新闻网和许多主要的全国性报纸和杂志以及至少两家日本报纸的记者也加入了报道的队伍。由众多媒体和政府工作人员给圭亚迪特小城带来的这最后一次的曝光不会长久地留在人们的记忆里，况且那也不是一次令人愉快的经历。

§调查还需深入§

我自 1972 年开始从事金融工作，三年之后被指派为国家银行检查员。那个时候，我们通常要对银行在其他银行的现金、存款和投资组合进行百分之百的函证，对贷款偿还情况的审查几乎都是由内部设置的检查人员完成的。我受苏茜·斯库克拉夫特的律师的邀请参与了此案，他们打算对所受到的销毁和焚烧记录从而妨碍调查的指控提出辩护。

为了证实银行是否采取了应有的措施以确认银行的贷款的真实性，我们对内部审计和外部审计的工作计划进行了复核，银行和其他机构持有的银行流动资产都由检查员进行了核实。但随着检查工作的进行，货币监理署认为这项工作属于审计师的职责，银行检查员应当把注意力放在资产的质量、管理以及相关方面。因为外部审计师有责任证实银行的财务报表中不存在重大错报，人们就以为银行检查员没有必要花费太多精力对已被证实存在的重要资产再进行函证。但这样做的风险就在于，如果注册会计师没有对银行的资产实施适当的核实，那就意味着检查员是在对实际上并不存在的资产进行评估。

在圭亚迪特发生的这一严重事件中，正是审计师的失察给塞克泰瑞银行的高管们实施令人难以置信的、涉及 5 亿多美元的欺诈图谋提供了机会,他们给人们造成了一种假象,塞克泰瑞银行依靠第三方来偿付高额的贷款是正当的,没有什么可怀疑的。

在早年间,银行通常都是由自己持有和偿付贷款,审计师必须对这些贷款进行适当的抽查。对于塞克泰瑞银行来说,贷款由第三方持有,对贷款的审查应当构成一个基本的审计程序。按照对证券投资的标准验证程序,由第三方持有和偿还的贷款必须直接与这些第三方核实,但审计师对塞克泰瑞银行的审查却没有做到这一点,这颇具讽刺意味。

在我与苏茜·斯库克拉夫特的律师一起为她受到的妨碍银行检查的指控准备辩护材料的时候,她向我透露了一些令人难以置信的情况。她说,在审计师要证实银行由第三方持有的贷款时,她或杰瑞就和对方取得"链接",他们(所谓的贷款偿付人)便会"在银行用网络将数据传给我们。"

尽管苏茜的描述并不是那么确凿,但审计师没有对第三方代塞克泰瑞银行持有和偿付的贷款的真实性进行有效、独立的核实。大家还记得电影《骗中骗》中对已完成的比赛下赌注的情节,就像这部有纪念意义的电影中出现的"电信欺诈"一样,审计师竟允许银行的管理人员掌控"电线"(这里是指电话和网络),询证的结果便可想而知,完全在舞弊者控制之下。他们自然找不到任何表明第三方有任何不当行为或者以任何方式暗中帮助塞克泰瑞银行的证据,事实上,审计师根本就没有证实第三方持有的贷款是否真的是塞克泰瑞银行的资产。

塞克泰瑞银行实施的是大规模的舞弊,这种重大舞弊事件的暴露绝非发生在闪电之间,它一定是有警示信号的。警示信号有很多种,只要给予关注,舞弊就可以被阻止,至少可以减轻舞弊的后果。塞克泰瑞银行舞弊案也不例外,它最终致使联邦储蓄保险公司支付了近10亿美元的保险基金。对那些被失察的、忽视的或者故意放纵了的一些警示信号进行总结,有助于我们更深刻地理解"庞奇骗局①"为什么没有被识破。

(1)尽管知道舞弊内幕的决不仅限于高管人员,但此案的大量的证据表明,塞克泰瑞银行几乎每个员工都愿意按照上司的要求篡改记录,给检查员和审计师设置障碍。在这种无视法律的企业文化盛行的地方,要

---

① 是指以高额回报为诱饵吸收投资,然后用后续骗来的资金去支付承诺的到期利息的欺诈行为,因20世纪20年代初实施该种舞弊计划的人名为查尔斯·庞奇而得名。

想查清事情的真相的确很难。

(2)塞克泰瑞银行职员的薪水之高值得怀疑。出纳员、簿记员和校验人员的年薪一般都超过了5万美元,而绝大多数地区性银行的薪酬水平还不足塞克泰瑞银行的一半。当地的就业市场长期萧条,有这么多员工愿意做触犯法律的事情也就不足为奇了。

(3)那些本应持客观立场的监督人员怎么会相信这样一群银行员工能够取得这么大的业绩?塞克泰瑞银行的主要工作人员在这家不大的地区银行之外的工作经历是很有限的,他们却使这家小银行迅速成长为资产达到十亿美元的大银行。

(4)与其他银行比起来,塞克泰瑞银行的职员并非举止老练世故,但该银行对外公布的财务数据却有力地向大家证明——它的职员都是金融天才,当然这是经不起推敲的,如果这一群人真的那么聪明,那么其他人为什么不能尝试去复制他们的成功之路呢?

(5)被取消注册会计师职业资格的杰瑞·古德曼在银行所谓的惊人发展并走向成功的过程中扮演了主要角色,这难道不值得怀疑吗?

(6)相信由一群乌合之众经营的这家小银行能够经营高风险的贷款业务,业绩还超过了任何同行或标准,人们竟然如此没有头脑。

§损失惨重§

这场舞弊和银行倒闭悲剧中的主要人物都被判了重刑。苏茜因妨碍检查被判13年徒刑,因银行舞弊被判27年徒刑;杰瑞因妨碍检查被判4年徒刑,因银行舞弊被判13年徒刑;萨利被判16年徒刑,她还是圭亚迪特的市长。

受此案牵连而遭到损失的人数众多。最新记录显示,联邦储蓄保险公司在资产清算和保险索赔支付中损失了8.7亿美元,大约有500名储户的存款超过了联邦储蓄保险的上限10万美元,他们损失了大约1 500万美元。

银行的董事们遭到了多方的起诉,他们庭外和解的金额没有对外披露。为该银行提供审计服务的当地几家会计师事务所也遭到起诉,协商解决的金额也没有披露。

对银行作最后一次审计的会计师事务所被货币监理署核定了30万美元的罚金，并要对其以后从事银行审计业务加以限制。这家事务所的官司还在审理之中。

塞克泰瑞银行倒闭前的“市值”达到了1.32亿美元，破产之后跌至零，这毫不奇怪。当然，所谓的“市值”不过是不着边际的记录和持续舞弊的结果。银行的股东们血本无归。

圭亚迪特市每年可以从该银行获得大约40万美元的税金，占该市预算的三分之二。银行的破产马上导致了裁员和服务机构锐减。除了斯库克拉夫特家族所有的一家商号（当地的一家五金商店）倒闭外，其他小公司也都因为对这家金融机构的依赖而倒闭了。

§经验与教训§

我们都知道这样一句格言：如果一件事听起来好得让人无法相信，那就不要相信。塞克泰瑞银行对定期存款设定高利率，这是值得怀疑的，可人们失去了起码的怀疑精神。这一骗局维持了这么长时间，在很大程度上是因为没有人追根问底。客观性的丧失不仅表现在证实贷款的过程中，而且表现在对银行及其员工表现的总体评估中。就连外部审计师和检查员也没有仔细检查那些所谓骄人业绩的支持性文件。

公司以超常的速度发展并获得成功不是不可能，但如果它不断加速而且总是领先于同行，那就值得仔细研究了，突出的业绩表现应当有一些量化的和重要的原因来加以解释。

外部董事应当密切关注公司的情况。在没有反证的情况下，当然可以假设管理层是值得信赖的，但是凡事都必须加以证实。

我们要清醒地认识到，不存在的或伪造的贷款是不会发生偿还业务的，凭证、记录和报告都可以伪造，只有现金无法伪造。如果银行的贷款真的是5.53亿美元，而不是3 800万美元，银行就会收到很多还款，仅每月的利息收入就应该给银行带来几百万美元的现金收入。

在对苏茜·斯库克拉夫特和杰瑞·古德曼进行审判时，银行的中层管理人员证实，在银行舞弊被发现前的一段时间，塞克泰瑞银行几乎一直苦于没有现金，它不得不保留一定数量的现金用于日常周转，包括硬币和纸币,还要在其他银行存放一定数额的现金以结算支票。因为存款的利率高,银行不得不向定期存款的储户支付高额的利息。银行的巨额工资单加剧了它对现金的需求,这家小银行就像患了内出血症一样在大量地流出现金。

§防患于未来之建议§

首先是要密切关注现金流。如果说反舞弊有什么永恒的主题的话,这一点就是。永远不要忘记,现金是最重要的。此外,还有下列方面需要注意:

1. 不要担心你所提的问题是否愚蠢,记住,对显而易见的问题也有必要询问。

2. 要由胜任的、不带偏见的人员对所有重要的领域进行审查。

(1)以假设的方式提出主要问题。

(2)审计师和/或检查人员必须以客观和独立的立场来调查事实真相。

(3)对高速增长和有高额利润的公司,应当带着质疑的态度进行分析,要使用客观的指标对风险进行合理的评估,以充足的资金储备、可持续的资本和盈利来应对风险。

3. 要确信公司业绩与业务处理程序和员工的素质是匹配的,或者至少是协调的。在塞克泰瑞银行舞弊事件中,全部的会计记录都说明,就算不存在舞弊,其账务也是一片混乱,账目中存在数百万美元的不实记录,违反法律法规的情况随处可见。

4. 确认内部和外部审计师已按行业标准对主要的资产执行了函证程序。

(1)在风险较高时,检查人员应考虑对审计师的工作进行"测试",以确信审计师确实执行了充分的审计程序。

(2)对所有重大的资产项目执行函证程序。在塞克泰瑞事件中,检查员所做的分析毫无价值,因为资产实际上根本就不存在。

5. 当发生违规情况时,要及时采取慎重、严格的措施以减轻或消除存在的问题。

6. 还有一项保护银行的措施,那就是要核实为外部审计师和银行董事所做的职业责任保险是否足以弥补可能发生的风险。

13

玛莫斯公司的牺牲品

The Woolly Mammoth Eats Its Prey

保罗·博卡莱克　查尔斯·N.博萨

玛莫斯服务公司是斯帕克泰克技术公司的一个分店,随着科技的快速发展而获得了成功。该公司以研发为基础,利用其在移动技术、可视技术、软件、数据和声音联网上的优势来招徕顾客,帮助他们快速地部署和更好地管理自己的网站以寻找新的创收机会。玛莫斯的客户包括通信服务商、政府和世界各地的企业。

玛莫斯服务公司在成立后不久就成为业内的一家主要企业,服务范围涉及联网、为网络公司连接公众和私人网络提供方案、通信软件、专业网站设计、半导体、光电子学等领域。在4年的时间里,公司完成了38宗并购交易,总价值超过460亿美元,其中包括以240亿美元收购了罗尔弗通信公司,使玛莫斯成为向通信服务商提供数据网络设备的主要厂商。

在股东、债权人和社会公众看来,玛莫斯公司脱离斯帕克泰克公司以后一切正常,经营活动按部就班地进行,并购的公司得到了整合,它甚至顺利度过了电信行业衰退的初期。其实大家并不知道公司内部的压力有多大,在市场衰退的情况下,要保持连续的收入增长谈何容易。

普雷顿通信公司是一家上市的电信公司,总部位于马萨诸塞州的波士顿,向政府和中小型企业提供各种高速的声音、数据和互联网服务。普雷顿公司利用无线技术,成功地开发了与客户连接的独特的“最后一英里解决方案”,获得了业内和投资机构的称赞,使竞争性本地交换运营商在与传统的本地交换运营商的竞争中取得了突破性成果。普雷顿公司的经营模式是基于这样一种目标取向:成为竞争性本地交换运营商业内认可的供应商、提供低成本的服务、为终端客户提供稀缺的和难以获得的宽带服务,以便终端客户不再需要依赖传统本地交换运营商提供的昂贵服务。

普雷顿公司在开始建设其全国性网络的时候,需要向许多供应商购买电信设备,玛莫斯公司就是普雷顿公司的主要供应商之一,两家公司从玛莫斯服务公司成立伊始就建立了业务往来。

一年以后,参与全国范围内通信网站的开发、设计、建设和运营的公司签署了一个供应协议,供应商联盟因此形成。普雷顿公司同意向玛莫斯公司购买产品和服务,玛莫斯则向规模小一些的普雷顿公司提供购买这些商品和服务的资金支持。普雷顿公司的董事长和首席执行官相信,双方的合作将为普雷顿公司的发展开启新的一页。

普雷顿公司的董事长郑重地说:"玛莫斯公司在专业技术和资金上给予的重大支持,加上市场的快速发展与普雷顿公司的经营模式在成本方面的优势,将有力地推动我们成为竞争性本地交换运营商行业的一流企业,有玛莫斯公司做我们的后盾,我们定能成为在全世界 100 个顶级市场中提供几乎无所不在的端对端宽带网络服务的首席运营商。"

§玛莫斯公司力不从心§

在普雷顿公司看来,建立这种战略伙伴关系是一个重要的里程碑。玛莫斯公司已经承诺为公司设计、提供和建设网络。在整个谈判的过程中,这种战略伙伴关系显然被赋予了太重要的意义,普雷顿公司甚至为这个项目取了一个代号:"猛犸象"。

玛莫斯公司期待着普雷顿公司的采购能为公司带来 20 亿美元的收入,同时为它控制供应商市场提供稳固的基础。但是,在两家公司建立起战略伙伴关系伊始,玛莫斯公司就没有能够如约为普雷顿公司建设网站提供必要的服务。为了解决眼前的问题,玛莫斯同意与普雷顿的子公司订立并实施一个子合同,直到玛莫斯公司能够提供规定的服务为止。随着普雷顿公司扩张计划的进行,扩建网站所需要的人员也迅速增加,但玛莫斯公司还是不能满足要求。

普雷顿公司的经营活动几乎全部依赖于融资,如果借入的资金稍有中断,就可能使网站扩建出现问题。在两年的时间里,玛莫斯公司允许普雷顿公司在信用额度内借入资金,用部分借来的钱支付给玛莫斯,玛莫斯再付给那家提供服务的子公司。玛莫斯公司本来是要向普雷顿公司出售设备的，但现在却变成了它的债权人，这种状况无法为玛莫斯公司带来预期的收入和利润，公司账面上有的应收贷款甚至还发生了减值。

可以想象，普雷顿公司的网站建设需要巨额的资金投入，而且需要很长时间才能获得预期的收益。在将近两年的时间里，玛莫斯公司向其提供了大约12亿美元的贷款。尽管协议规定在两年之内不要求偿还，但玛莫斯公司给普雷顿公司施加了压力，以期尽早收回贷款。于是，普雷顿公司通过新的融资来偿还对玛莫斯的债务。同月，玛莫斯公司开始执行与普雷顿公司之间的第二个20亿美元的信贷协议，该协议包括一项条款，即一旦债务超过5亿美元，普雷顿公司就要举新债以还旧债，这样玛莫斯就可以出售债权，或者是提高贷款的利息。在第二个信贷协议下，普雷顿的借款达到了大约9.3亿美元。玛莫斯公司据此立即再度向普雷顿公司施加压力，要求普雷顿公司缩减借款或者提出一个尽早还款的计划。

两家公司又签订了一系列的交易协议，按照协议要求，普雷顿公司要从玛莫斯公司采购越来越多的电信设备，采购均被安排在每个季末，即玛莫斯公司的财务报告期末。

普雷顿公司在11月份，即双方建立业务关系两年之后，融入大约10亿美元的资金，包括供应商信用、借款和权益融资，其中从一家计算机软件公司和一家私人权益基金融资达2.7亿美元。此外，一家设备供应商通过修改普雷顿与外部银行的信贷协议为普雷顿公司提供了2亿美元的优先债务。新的借款资金在12月份到位，普雷顿公司将其全部用于偿还玛莫斯公司的贷款。

§虚假的信息披露§

在新任执行副总裁和首席财务官上任之后不久，玛莫斯公司就收到了一封匿名信，指出公司在收入确认等方面存在问题。公司决定通过外部法律顾问和外部审计师对此展开调查，但不需要提供书面报告。因为调查是通过外部法律顾问进行的，他们要求在随后进行的各项法律程序中享有律师与当事人的保密特权。

玛莫斯公司的新任董事长兼首席执行官发布了11月份的新闻公告，

指出：

在9月30日结束的第四个财务季报中，我们认定，收入确认政策对报表的影响大约是1.25亿美元。公司估计收入下降对每股收益产生的影响大约是2美分。公司此前报告的第四季度收入为94亿美元，持续经营业务的每股收益为18美分。待收入确认的影响结果确定之后我们将在第一时间向公众通报，我已经要求我们的外部审计师和外部律师帮助我们对此以及相关的事项做一个全面的审查，我们也向SEC报告了我们的工作安排。

在随后12月份发布的新闻公告中，玛莫斯公司宣称：

公司已经完成了对上个月公布的收入的审查，结果是，公司第四财务季度的收入为87亿美元，预计持续经营业务的每股收益为10美分，低于此前公布的第四季度收入94亿美元和持续经营业务预计每股收益18美分的数字。本财务年度，调整后的收入为336亿美元，持续经营业务的预计每股收益为90美分。

在12月份的新闻公告中，玛莫斯公司还宣布其正在采取一些行动。例如，公司发现在向一家客户提供与软件许可证相关的信用时，销售部门和财务机构之间存在着书面资料表达错误和沟通不充分的问题，导致公司规定的收入确认程序没有得到有效的执行，公司为此采取了一些惩戒措施，包括解雇了一名员工。上述问题使公司需要调减第四财务季度收入1.25亿美元。

在审查的过程中，玛莫斯公司还发现销售部门两次向客户口头答应了以后可以使用的信用，将影响第四季度的交易，我们决定将这一情况在报表中予以反映，将第四财务季度的收入调低0.74亿美元。

我们还发现有一笔已确认的销售收入实际上商品还没有完全交运，因此，玛莫斯公司应当将第四财务季度的收入再调低0.28亿美元。

此前已销售给一些系统集成商和经销商的设备，由于经营策略的变化以及新兴的服务提供商市场的走弱，造成设备还没有使用或者还未移交给客户，因此决定调低设备销售收入4.52亿美元。为了维持与客户和分销商的关系，加上此前玛莫斯可能曾有过口头承诺，我们决定收回这些设备再行销售，第四财务季度的收入将因此再调低4.52亿美元，待这些设备销售出去的时候再确认收入。

调查结果表明,此前的新闻公告中披露的数字明显被低估了,对每股盈余的实际影响是虚增了300%,这种收入虚增的情况还不仅限于与普雷顿公司之间的业务,与其他公司的业务中也普遍存在类似问题。

SEC遂指控玛莫斯公司和10名个人有证券欺诈行为。玛莫斯的一名代表曾发表言论,说公司财务报表中存在的差异是因为沟通不畅造成的,这一言论被一家全国性的杂志引用。此后,SEC要求公司为自己的不合作行为支付2 500万美元的罚金,还要公开承认公司存在财务舞弊行为。

玛莫斯公司和三位前雇员就11亿美元的会计舞弊事件与SEC达成了解决的协议,而对舞弊指控则不置可否。

§重压之下§

普雷顿公司在破产前的27个月里,负责与玛莫斯公司的业务往来的主管人员和员工承受着非常大的压力,因为公司要以"战略伙伴关系"的名义购买不需要的设备和劳务,以便让玛莫斯确认收入。破产法官的决定也提到,普雷顿公司实际上不需要这些设备和服务,若非在重压之下,绝大部分的采购业务都不会发生。实际上,这些名不副实的设备和服务销售业务要比普雷顿公司通常的采购频率还高。提供证词的各方都在宣誓证词中证明,普雷顿员工是在压力之下才在他们明知道是虚假的材料上签字的,在注册会计师进行审计的时候,这些材料都被玛莫斯公司拿来作为他们确认那些销售业务的依据。

资料表明,玛莫斯公司每个季度都会以毁弃以往关于对网站建设提供资金的协议相威胁,迫使普雷顿公司妥协,虚构更大金额的采购。从10月至12月份的还贷付款之前,普雷顿公司的借款余额已经超过了再融资的警戒线。这时,一位新的财务主管在玛莫斯公司走马上任。

玛莫斯还在就修改贷款协议与普雷顿公司继续进行谈判。时断时续的谈判看来是玛莫斯公司的新任首席财务官和管理层的战术,为的是赢得时间从普雷顿公司的债务中摆脱出来。很明显,普雷顿公司的财务状况非常糟糕,正是玛莫斯的一直干预导致了这个结果。在普雷顿公司于12月份偿还了1.88亿美元的部分贷款之后,玛莫斯立即向普雷顿公司发出了再融资提示。显而易见，玛莫斯公司想结束与普雷顿公司的合作关系，因为普雷顿不能再接受玛莫斯安排的季末交易，不能为玛莫斯提供预期的收入和利润。在第二年1月份发出的一份备忘录中，普雷顿公司的高管层对与玛莫斯公司之间的季末采购交易所需要的开支进行了分析，确认其中有1.67亿美元的付款是为不需要的设备采购以及从未获得的服务而支付的预付款，这是导致普雷顿公司超过5亿美元的再融资界限的直接原因。在本年第一季度的晚些时候，玛莫斯公司宣布，因为普雷顿公司违反了采购协议，玛莫斯不再为其提供资金来源。

没有了后续的资金支持，普雷顿公司只好提出破产。公司在4月份依据破产法第11章提出了自愿破产申请，公司可被允许继续经营。同时，普雷顿公司对玛莫斯公司提起了诉讼。但是，普雷顿公司后来没有能够依据破产法第11章继续经营，而是按照破产法第7章进入了清算程序。

§明确是非§

破产受托管理人宣称，普雷顿公司在上一年的12月份优先向玛莫斯公司支付了1.94亿美元，因为付款是在普雷顿公司提出破产保护之前90多天发生的，受托管理人相信玛莫斯在当时是知情的。我们事务所受聘对普雷顿与玛莫斯之间的交易进行分析，以确定这些交易是否是公平自愿的，玛莫斯公司是否对普雷顿公司施加了不恰当的影响和控制。我们还要查明一些相关事实，以供破产受托管理人确定玛莫斯是否知情。

"正常交易"是指在商业活动中发生在具有平等交易能力的独立双方之间的交易。"不当影响"通常是指在某种程度上不恰当地利用自己的力量或信任，通过剥夺一方的自由意愿来达到另一方的目的。

我们在调查中对详细的财务记录及双方签署的书面协议进行了评价，集中考虑了三方面的问题：(1)交易对普雷顿公司来说是否具有合理的商业意义；(2)普雷顿公司通过交易是否达到了合理的商业目的；(3)这些交易是否对玛莫斯公司有利而有损于普雷顿公司的利益。

然后，我们对双方之间的函件往来及证词进行了考察，我们的目的是想通过这些在同一时期由直接了解这些交易的个人留下的书面材料来证实或推翻我们的财务分析结论。

§不良的交易伙伴§

我们通过审查发现,两家公司之间的一些交易看起来是以公平交易的方式进行的,但大部分的交易则反映了玛莫斯公司通过掩盖、操纵、欺骗等手段对普雷顿公司造成了不良影响。概括起来如下:

1. 双方在季末发生了一系列的交易,在交易中普雷顿公司不断地购入产品和劳务,从而使玛莫斯公司能够完成其收入目标。这些交易的金额比平时的交易大得多,季末月份的交易金额大约是非季末月份交易的10倍。这些交易对普雷顿公司来说没有任何经济效益。

2. 普雷顿公司的员工在玛莫斯公司的要求下签发并执行了大量的"开票但不发货"证明信,以表明公司紧急调度这些商品和服务。这种做法根本没有考虑普雷顿公司的实际需要,在普雷顿公司提出破产保护的时候,大量的设备仍然堆放在两家公司的仓库里。

3. 产品供销计划一直没有得到实施,玛莫斯公司一直在利用这些交易以虚假方式确认收入。

4. 玛莫斯公司把设备、工程和网络服务捆绑在一起销售,并向普雷顿公司提前开出发票,这样就可以在提供服务之前(如果提供过服务的话)记录收入,还有很多情况是在网络设备移交给普雷顿公司之前就将收入入账。

5. 玛莫斯公司在一份协议中声称要向普雷顿公司销售总计1.35亿美元的软件,而其实际打算提供的软件的潜在价值只有2 000万美元。

6. 玛莫斯公司利用跨期确认收入和开出贷项通知单的手段来增加本年度末的收入,在不违反借贷协议的情况下最大限度地增加了普雷顿公司的购货量。

7. 信息不清的发票金额巨大。我们确认,在开给普雷顿公司的设备采购发票中,有超过1.35亿美元的发票没有详细填写产品的型号、品名和数量,大约占两年多来普雷顿公司对玛莫斯公司的全部设备采购交易的27%。

我们对双方来往信函的检查支持了我们的结论,即上述交易是不当的。普雷顿公司一要减少或停止设备采购,玛莫斯公司就向其施加强大的压力,迫使它继续采购。当玛莫斯公司新任首席财务官禁止利用季末只开单、不发货的交易来确认收入时,销售部就创造性地设计了一种软件,在无需在季末交易上做文章的情况下虚增销售收入约1.15亿美元。

最后,初审法庭判普雷顿公司胜诉。玛莫斯公司已经对审判结果提出上诉,案件仍在审理中,但玛莫斯无论如何也不能否认自己的舞弊行为。

§经验与教训§

销售收入巨额错报的发生,源于一些人能够规避会计控制和政策。毫无疑问,再有力的内部控制也会在合谋的舞弊面前失效。玛莫斯公司的控制环境是造成如此巨额的收益虚报的根本原因。

虽然有的内部控制措施可能被规避,建立适当的内部控制来发现下列事项还是十分必要的:

1. 由季末交易产生的销售额显著增加;
2. 已售给普雷顿公司的商品却大量地存放在玛莫斯公司的仓库中;
3. 贷项通知单的签发和对销售收入的其他抵减;
4. 普雷顿公司的供应商贷款余额大量增加;
5. 玛莫斯公司与普雷顿公司之间的不正常的交易。

破产审判法官为我们提供了一个独特的视角。他在审判决议中指出:

实际上,这是发生在一大一小两家公司之间的故事,双方期望在建立无线通信网站并通过网站向客户提供服务的合作中互惠互利。但证据却清楚地告诉我们,原本希望双方受益的战略伙伴关系很快就演变为一种以大欺小的关系,大公司胁迫小公司采取了一些以牺牲小公司利益来换取大公司利益的行动。在这一过程中,两个公司都暴露出一些高管人员的不胜任和自以为是,他们已经由于某些问题使自己成了犯罪调查的对象。

本案给我们提供的一个重要经验是,发现和理解虚假的文件并非易事,但只要采取系统的方法进行审查,阴谋就能够被揭穿。这样的调查非常耗时,而且需要团队成员极度的专心和彼此间的合作。

§防患于未来之建议§

1. 管理层要营造良好的公司氛围,建立职业道德规范

公司要制订书面的职业道德守则,自上而下地奉行道德守则的规定,并由不受财务业绩影响的人员来监督执行的情况。这些监督人员应当直接向董事会下设的审计委员会报告工作。要采取适当的控制措施,防止和监督公司与客户和供应商的关系中存在明显的利益冲突。

2. 鼓励匿名举报

很多舞弊事件都是由匿名举报揭开了冰山的一角。虽然有一些举报的信息是没有价值的,但本案的线索就是来自于一位匿名员工的举报却是一个事实。举报是公认的发现舞弊的一个重要的信息来源,因此,举报应当受到管理层的鼓励和重视,这样才有助于良好的公司文化的形成,久而久之,这种威慑效果就可以起到防止舞弊的作用。

14

两败俱伤

Double Damage

马赛厄斯·K. 卡波茨基

赫伯特·卡恩斯天生就是一个商人，他在五岁的时候就曾经向邻居出售果汁和蜗牛壳，早早地就显示出了经商的天赋。他在自己职业发展的每一个阶段都做得很好。然而，他总是入不敷出，这个习惯使他对金钱的需求不断增加，而且似乎永远外债缠身。

即将成为他的合作伙伴的西蒙·利里则与他完全不同。西蒙比较内向，而且有点害羞。赫伯特和西蒙是在奥地利维也纳的 CCC 计算机公司工作的时候相识的。西蒙是组装和技术支持部门的主管，而赫伯特的市场销售则做得非常成功。与赫伯特完全不同的是，西蒙很重视家庭，喜欢花钱享受舒适但不奢侈的生活。他不喜欢加班，五点钟以后人们很少能在公司的露天停车场看到他的车。

西蒙非常擅长团队建设，他管理的近 50 人的团队很富有进取精神。他的风格平和而又严厉，下属们非常佩服他在计算机方面的渊博学识以及解决复杂问题的能力。即使部门面临极大的工作压力，西蒙仍然能够忙而不乱，调动大家齐心协力完成任务。

西蒙的作风使他成为像赫伯特这样急躁的销售人员不可或缺的坚强后盾。赫伯特所承诺的销量总是大于实际的销量，他为了发展新客户可以不惜一切代价。他很快就认识到像西蒙这样的人才对于迅速发展的计算机硬件经销商的管理团队有多重要。

赫伯特在 CCC 工作了几年以后，因为没有被提薪而感到非常失意，于是他决定自己创业。他相信他找到了最理想的合作伙伴——西蒙，西蒙是理想的团队建设者和管理组织者。两个人在邻近维也纳闹市区的地方开了一家小店铺，聘用了四名员工，开始了他们的创业生涯。他们给新公司取名为盖玛计算机公司。赫伯特打算把CCC公司的客户吸引过来，他要赚更多的钱。

赫伯特在CCC公司工作的时候就已经学会了如何与政府部门和机构打交道。一般来说，政府部门和机构的需求与私营公司有很大的不同。与政府部门和机构的合同通常意味着会有大量的计算机硬件售出，而数量通常是计算机组装业务的关键。安装的机器数量越多，订购的部件越多，赚取的利润就越高。

赫伯特知道他对时机的把握是对的。现在，像盖玛这样名不见经传的公司也可以参加大型政府采购合同的投标。预算紧张使公共部门不再把目标局限在IBM和西门子这样的大公司身上，他们想尝试从新的客户那里以较低的成本买到他们所需要的东西。

盖玛在创建之初就雄心勃勃，而且发展迅速，成为对第二储蓄银行——本国最大的金融机构之一——颇具吸引力的客户。第二储蓄银行通过对盖玛迅速增长的应收账款进行再融资来支持盖玛，而银行承担的风险并不高，因为盖玛超过95%的计算机客户都是国家和地方政府部门，包括国防部、农业部、科教部，甚至还包括首相办公室。对第二储蓄银行来说，这意味着应收账款的坏账风险几乎为零，银行把这些应收账款作为公司不断增长的资本需求的抵押品。公共部门付款既不快也不准时，但每一笔未付款项都是迟早要支付的，因此，盖玛计算机公司这些年的坏账率非常低。

在盖玛发展的过程中恰逢股票市场火爆，这是股票市场经历过的持续时间最长的牛市之一。20世纪90年代对于全世界的投资者来说都是一个黄金时期，股指的增长似乎是无止境的。这个时期是因特网时代的开端，几乎每一家与计算机和软件有关的公司都有钱可赚，这也是一个如“增长”或“现金燃烧率”这类令普通人费解的词汇满天飞的时期，给市场价值蒙上了一层神秘的面纱。为了实现增长的目的，越来越多的公司开始玩起了购并的游戏，销售额已经达到1亿美元的盖玛计算机公司很快成为被收购的目标。对赫伯特来说，这是他最终的梦想——通过购并交易卖掉他的公司，在45岁的时候停止工作，开始他作为财富人士的新生活。

很快就有公司与赫伯特取得了联系。赫伯特与阿姆斯特丹的一家很大的投资公司约谈了几次。此时盖玛的销售额达到了创纪录的水平，在短短的几个月内，公司的股票全部被荷兰控股公司买走，这家公司在繁荣的阿姆斯特丹正日渐崛起。

为了保证公司继续发展，盖玛公司原来的所有者赫伯特和西蒙被要求继续工作三年。卖给荷兰控股公司的股份的价格与一定的标准联系在一起，比如销售额和应收账款回收率。因此，赫伯特和西蒙只能兑现全部售价中的三分之一，其余三分之二则要通过另外三年的成功经营来换取。

§咄咄怪事§

在公司售出几个星期后，西蒙递交了辞呈，说是因为"家庭的原因"。这一举动令人惊诧不已——这样以来西蒙将不能获得公司售价另外三分之二的部分，因为他不能按要求继续工作三年。在第二储蓄银行，盖玛的未偿还贷款已经超过了它的信贷额度，这将给负责管理盖玛账户的银行工作人员带来一些麻烦。盖玛在这种情况下应该被转移至银行的大商务客户部门，这是银行内部的一个特殊部门，所有的大客户都集中在这里。但这对盖玛和它的账户管理员吉姆·马勒来说将是一个重大的变动，因为吉姆负责盖玛的账户已经很长时间了，而现在要转给其他人来管理。盖玛和吉姆都不希望这样，因此吉姆就不顾银行的规定而将盖玛继续留在按地区划分的部门里管理。

在盖玛把股份卖给荷兰控股公司仅仅几个星期之后，吉姆接到了一个特别的电话。一家知名银行的租赁部负责人在电话中说，该银行正在买入盖玛公司全部的应收账款，并为盖玛公司支付所有的未偿还贷款，因为第二储蓄银行将不再持有应收账款作为抵押品。但是这家银行也要求得到一个保证，即它可以随时把应收账款再卖给盖玛公司，第二储蓄银行要为其提供资金来源。这样做并没有增加第二储蓄银行的风险，因此吉姆觉得可以接受，但又感到这笔交易非常奇怪。吉姆向赫伯特询问原因，赫伯特说是控股公司要求这样做的。赫伯特还说他也不理解其中的缘由，但是荷兰控股公司刚刚成为自己的老板，他不便多问。

盖玛公司的财务年度截止日是 3 月 31 日，应收账款的销售在此前两周即3月15日之前完成。八个星期之后,盖玛公司买回了全部的应收账款,又抵押给了第二储蓄银行,银行的保证也就此废除了。在三个月内,情况看起来又像原来一样了:盖玛公司在第二储蓄银行的未偿还贷款以公司的应收账款作抵押。我们随后就会明白这宗让人费解的交易发生的原因。

§世事难料§

同年10月,盖玛计算机公司宣布破产,因为它无力及时偿付贷款,在奥地利,这是导致公司破产的原因之一。荷兰控股公司收购盖玛公司的主要原因之一是控股公司追求销售的持续增长,在它的合并会计报表上列示更高的利润。赫伯特信心满满地认为,盖玛公司只有更多地融资才能迅速发展。但是公司并没有实现销售的持续增长,反而陷入了债务的深渊。

盖玛公司的突然破产使第二储蓄银行非常震惊,它完全没有意识到它的客户会深陷财务困境之中——银行是这么说的。因为银行信贷额度内的所有贷款都有应收账款作抵押,所以它对自己的处境并不担忧。那些应收账款几乎像货币资金一样安全,因为这些应收账款的债务人都是政府机构和部门,它们一定会缓慢地分期还清这些款项。第二储蓄银行以为贷出的款项迟早会收回,但是它错了。

第二储蓄银行很快就开始为它的贷款感到担忧了。它决定与盖玛公司的每一个债务人联系,直接向债务人查询尚未偿还的欠款余额。债务人的回答令银行非常震惊,银行到这时才知道盖玛公司的那些应收款或者根本就不存在,或者债务人早在几个月前甚至几年前就还清了。而按照第二储蓄银行的政策,只有账龄不超过180天的应收账款才能作为抵押品。在这种情况下,银行决定把问题移交给公诉部门。公诉部门聘请我们的法务会计公司来调查对盖玛公司及其管理层——主要是针对赫伯特——的指控。

联邦警察局扣押了大量的公司记录和文件,大约有5 000个三环活页簿,还有计算机、硬盘和其他资料。这些资料主要涉及第二储蓄银行关于应收账款的指控,银行有理由相信大约有1 500万美元的应收账款是虚假的。所以我和我的团队首先从应收账款入手,分析这些数据在盖玛公司的会计系统中是如何生成的。奇怪的是,我们发现了一个复制的数据库,两个数据库中的数据完全不同。赫伯特非常合作地向我们解释说,公司对它经营的两类业务——组装服务和直接销售——设置了两个会计系统。虽然听起来觉得有点奇怪,但是如果两个系统显示的合并数据是正确的,那也没有问题,可我们在两个系统中却发现了同一笔应收账款。我们还发现了更多的数据库,看起来像是备份或者是测试版本。赫伯特解释说,这是在把盖玛公司会计系统并入荷兰控股公司会计系统的过程中由于技术的原因造成的。

接着,我们又发现了两份应收账款清单,日期相同金额却相去甚远。赫伯特告诉调查人员说,公司想在会计系统内反映卖给租赁公司的应收账款,但确实存在一些问题。他说这也是为什么在盖玛公司的计算机中会发现不同版本的会计数据的原因,更困难的是,租赁公司在几个月后把应收账款回售给盖玛公司时如何再将其记入会计系统中。

我们把获取的信息输入到数据分析软件中,发现同一笔应收账款以不同的日期和金额出现在不同版本的会计记录中,可以看出至少有一部分应收账款的账龄通过修改日期而被缩短了。很显然,如果盖玛公司把应收账款都记录为本期发生的,那么银行关于账龄不超过 180 天的要求是很容易达到的。公司每个月都向银行提供一份应收账款清单,以此证明公司未偿还的欠款有足够的新增应收账款作抵押。

上述信息足以证明盖玛公司通过提供虚假数据欺骗银行。在与赫伯特当面对证的时候,赫伯特坚持认为银行是完全了解这些情况的,因为银行知道政府部门的付款时间有时会超过 180 天,而且银行告诉盖玛公司说通过修改应收账款的日期来满足银行关于 180 天的要求是可以的。

我们觉得确认应收账款清单真实性的唯一办法就是向公司的客户核实每一笔款项。我们从单笔金额最大的客户开始核查。我们事先准备了许多种解释,因为对绝大多数的政府机构和部门来说,被询问应收账款是否真实和是否尚未偿还是一件很奇怪的事情。一些客户并不配合,需要司法部门给他们施加一定的压力才肯提供相关的信息。他们这种不情愿的态度对我们来说有点不可思议,但由于盖玛公司与这些客户建立了非常密切的关系,所以他们对盖玛公司及其员工抱有同情。我们还发现了一些腐败的迹象,因为在过去的几年里,这些政府机构和部门的招标项目绝大多数都由盖玛公司中标。但公诉部门担心将事件转变为一宗彻头彻尾的腐败案件更难以处理,所以希望我们专注于对可能存在的银行舞弊的调查。

§事与愿违§

我们的调查人员对75%的应收账款实施了审查,即全部1 500万美元中的1 100万美元,发现只有两笔总额为2 000美元的应收账款没有被篡改过。我们不禁要问,这种拙劣的手法怎么能骗过第二储蓄银行呢?银行每个月都得到一份新的应收账款清单,从来没有人对此产生过怀疑,真是不可思议。检控官指控赫伯特及其管理层通过向银行提供虚假证据来证明应收账款的真实性,使银行不断给盖玛公司提供贷款,信贷额度形同虚设,这是欺诈银行的行为。

一般的舞弊事件通常到此就结束了,但第二储蓄银行却要为此吞下另一颗苦果。我被首席法官指定为专家证人,并在由四人组成的特别法庭的庭审中提供证词。(注:在奥地利,专家证人是指派的,而在很多国家的司法审判中,专家是原被告双方自己选择的。另外,在奥地利,专家可以向证人提问。)

审判从主要被告赫伯特·卡恩斯提供的证词开始。赫伯特辩解说盖玛公司没有欺骗银行,因为第二储蓄银行早就对盖玛的情况了如指掌。

赫伯特·卡恩斯在法庭上说:"我们公司存在资金不足的问题,银行对此非常清楚。我认为银行内部在反映未偿还贷款风险的问题上存在缺陷,所以它们不断地要求我们提供应收账款清单,以满足贷款担保的要求。我们已经把所有的应收账款转让给了另一家机构,以便将应收账款变现,那家机构正在准备偿付盖玛公司,但这需要一些时间,那家机构目前的状况不好。"

第二储蓄银行由当地较大的一家法律事务所代理,他们否认了赫伯特对银行的指责,但赫伯特又提出了一份证据。

"银行知道我们不得不调整应收账款,真实的现金流量早就处于很低的水平,银行对此早已见怪不怪了。实际上,第二储蓄银行促成了我们与那家应收账款管理公司的交易,以便掩盖我们公司的问题。如果在财务年度末这些应收账款还出现在我们的账面上的话,公司是不可能通过审计的,哪怕是最简单的审计。但因为我们设法在财务年度末之前把这些应收款卖给了租赁公司,我们的账面上已经没有了这些应收账款,所以审计师也就不可能对它们进行审查了。”

欺骗是舞弊不可缺少的因素之一。随着法庭审判的不断深入,银行在这一事件中所扮演的角色也越来越受到质疑。法庭要求第二储蓄银行让吉姆·马勒和其他员工出庭作证。

来自信贷部门的员工解释说,他们每年对债务人至少审查一次,这是银行内部的制度所要求的。但是通过询问,我们意识到银行内部人员缺乏专业胜任能力和有效的沟通。我问他们是否在电脑里保留了盖玛公司对外公布的全部会计报表,结果他们说只有其中部分报表,他们甚至以中期报表代替期末报表,也从不查看经过审计的财务报表。

信贷部门的人员还能对他们的工作做一些解释,但是证券部门的人员几乎什么也说不清。我要求其中一位证人说明他们对应收账款清单的日常审计程序,以下是我们的对话。

证人说:“起初我们从盖玛公司收到的是书面的应收账款清单。我检查一下最后一页中的总计金额,然后将这个数字转给信贷部。”

询　　问:“那么你的意思是……你检查了最后一页中的总计金额?”

证人回答:“我只是在清单上找到了这个总计金额。”

询　　问:“但那不是一个审核程序。”

证人回答:“但是我需要这个数字,我需要把这个数字转给信贷部。”

询　　问:“你怎么知道这个总计金额是正确的呢?”

证人回答:“我不知道。但我确信没有问题,因为这个数字是由计算机生成的。”

询　　问:“你是否对清单上的应收账款账龄都小于180天进行了检查?”

证人回答:“是的,我进行了抽查。”

询　　问:“你还做了什么?”

证人回答:“我把清单放在了三环的活页簿中。”

询　　问:"还有呢?"

证人回答:"还有什么? 就这些。"

询　　问:"你是怎么通过电子邮件得到清单的呢?"

证人回答:"我不知道这是谁的主意,但是我们希望取消讨厌的书面清单,所以我们要求盖玛公司将清单以电子邮件的方式发给我们。"

询　　问:"这样会更容易执行有效的审核程序吗?"

证人回答:"你说的是哪种审核程序? 从那时候开始我们就将清单以电子文档的形式保存。"

询　　问:"那么你们一直将这些清单保存在电脑中吗? 我们能看到这些清单吗?"

证人回答:"不是这样的,我们每收到一个新的清单,就把原来的清单删掉,这样我们的电脑中就只有最新的清单。"

负责管理盖玛公司银行账户的职员吉姆·马勒承认他每天都要与赫伯特通电话,了解公司的实际情况,以及哪一笔款项银行同意支付。

后来,法庭要求查看银行的内部审计报告,要求银行的律师在第二天早上将报告带到法庭来。结果,律师带来的不是内部审计报告,而是银行的内部审计负责人,他来解释银行为何没有书面的内部审计报告。

这最后一名证人最终促使法庭作出了非同寻常和令人惊讶的裁决。情况已经非常明朗,盖玛公司确实提供了虚假的报表,银行也因此遭受了损失,但法庭确信盖玛公司没有欺骗银行,起码它在前些年是了解盖玛公司的实际情况的,但它没有采取任何措施来保护自己。

法庭认为被告并没有实施舞弊犯罪。

因为银行的管理存在明显的缺陷,所以破产受托人提起诉讼指控银行疏忽大意,致使盖玛公司能够维持到现在。如果银行能够尽职尽责地对贷款进行监督,盖玛早就破产了。这一案件是以庭外和解的方式解决的。

§ 经验与教训 §

显而易见,第二储蓄银行的内部控制是非常薄弱的。就算它没有与赫伯特合谋,它也因为没有对盖玛公司的抵押品加以核实而遭受了损失。银行持有对联邦和州政府及其他公共部门的应收账款,这是导致它忽略对应收账款进行控制的一个原因,因为它相信政府部门一定能够偿还欠款。

本案给我们提供的第二个教训早已为人熟知,即如果一项交易非常复杂以至于难以理解,那么这项交易很可能是有问题的。盖玛公司在财务年度结束前的几个星期将全部应收账款卖给了第二储蓄银行的竞争对手,收购应收账款的银行还告诉第二储蓄银行它要在两三个月内将应收账款再全部"回售"给盖玛,银行这个时候就应当察觉到事情的不妙,这笔交易的数额不小,那家银行从这一笔毫无风险的应收账款短期的买进和卖出就赚了一大笔。

第二储蓄银行应当询问盖玛公司和它在阿姆斯特丹的母公司为什么要做这样一笔交易。如果一笔交易没有合理的商业理由,那就是一个警示信号。盖玛公司出售应收账款的目的是让所有的应收账款在年末之前从账面上消失,以避免审计师对它们进行测试,因为他们知道即使是执行最简单的审计程序也能发现这些账户存在的问题。

本案的另一个警示信号就是公司的创始人之一西蒙·利里的离职。他在把公司卖给荷兰控股公司之后的几个星期内就辞职了,这是很奇怪的事情,因为他只有在公司继续工作三年,才能够得到公司售价的另三分之二,他离开公司就意味着他失去了本该得到的那三分之二。他以"家庭原因"为由离开了公司,但是只要稍加调查就可以发现,他又开办了一家类似的企业,合作者居然还是赫伯特·卡恩斯。

§防患于未来之建议§

1. 建立有效的审计程序

第二储蓄银行最薄弱的一个部门就是抵押审计部门。审计师应当始终保持职业怀疑态度,审查客户所提供的每项信息是否可靠,查找违反法规的行为。

以银行的抵押审计部门为例,银行应当要求它的员工执行下面这些简单的程序来检查应收账款清单:

(1)检查清单金额是否有变化(特别要与近期的清单比较);
(2)核实清单是完整的,没有遗漏或缺页;
(3)重新计算总计金额和小计金额;
(4)寻找重记或漏记的项目;
(5)对最近和以前的清单进行逐行比较,查找下列情况:
①清单中的项目相同、日期不同;
②金额和日期相同、交易内容不同;
③金额和交易内容相同、客户不同。
(6)向贷款客户的顾客进行随机函证;
(7)与其他会计报表和公司提供的其他信息进行交叉核对;
(8)将清单项目与发票核对。

2. 测试和复核内部控制的作用

应当对内部控制进行测试以确认其有效性。在本案中,第二储蓄银行对许多清单和报告不做审查就归档了。如果报告是无用的,那就不应该再提供,管理层必须弄清其中的原因。作为一家公司也是一样,对获取信息不做进一步的复核,它就可能需要为此而承担责任。

3. 通过常规程序查找异常和差异

明确的规则对于公司之间以及个人之间的有效合作都是必要的,但也常常有人觉得规则过于苛刻而对其进行或明或暗的指责。

人们常常会受到诱惑去违反规则,但偏离规则就意味着将发生损失和风险。银行的销售人员和客户代表常常会遇到干扰,迫使他们为了取悦于客户而违背规则。在本案中,第二储蓄银行不想失去盖玛这个客户,它为此付出了代价。盖玛公司本应被转到银行的大客户部进行管理,大客户部也许会对应收账款清单实施更严格的复核和审计。

对规则的执行情况进行审查也很重要。银行的公司客户所存在的问题绝大多数都是在客户代表变动的时候浮出水面的。规则只有在被遵守的时候才是有效的,无人执行的规则毫无用处。规则遭到了破坏本身就应被视为一个警示信号,并进行调查。

15

与贪污现金无关的百万损失

How to Steal a Million Dollars Without Taking the Cash

理查德·A.瑞来

走进卡尔顿化学制品公司的会计办公室，呈现在你眼前的是单调的荧光灯、分割而成的一个个小工作间以及消沉的工作气氛。在这里，你不会再看到塞纳卡·斯丹顿先生了。他是公司的前任应收账款管理员，因受到指责而离开了公司，他受到指责是因为他没有按照发票金额将客户的付款过记到相应的应收账款账户。

塞纳卡·斯丹顿的出身卑微，在他做到卡尔顿化学制品公司的应收账款管理员职位的时候，可以说他已经取得了一定的成功，并为今后的职业生涯开启了希望之门。他没有在大学里正式学习过会计课程，但在来卡尔顿化学制品公司工作之前，曾在当地的一家小公司里做簿记工作，而且做得相当好。带着对已有成就的满足和对新机会的期盼，塞纳卡·斯丹顿怀着巨大的热情和责任心开始了他的新工作。他还高高兴兴地结了第二次婚，把来自两个家庭的七个孩子组成了一个欢乐的家庭。一到傍晚和周末，一家人就去当地乡间的一个小农场里一起劳作。

在卡尔顿化学制品公司，塞纳卡的工作包括应收账款的催收、客户付款的过账、解答客户的询问、记录应收账款明细账以及向管理层报告应收账款的回收情况。他的前任是阿尔弗雷德·罗林斯，最近被提升为助理主计长，他负责指导塞纳卡·斯丹顿的工作，希望能将其培养成为一名业务主管。这个安排使塞纳卡·斯丹顿信心倍增，他的前任得到重用对他来说也是绝好的消息，他的发展空间是巨大的。

卡尔顿化学制品公司成立于30年前，帕特里克·道利是公司的创始人之一。公司最初的目标是为当地的生产商和一些小规模的客户提供用作原材料的化学制品，走过了一条缓慢而稳健的发展道路。经过17年的经营，公司的所有者多已对公司的发展心生倦意，只有帕特里克还在继续寻找发展的机会。现在只有他一个所有者在为公司的发展而操劳，他觉得自己独立拥有公司的时候到了。

经营化学制品的利润通常是很小的，只有特殊的产品类型和高效率的经营才能带来更大的利润空间，比如准确无误地接受订单、开出账单并收款，以及提供包括快捷可靠的运输在内的贴心的客户服务。

帕特里克对公司怀有一腔热情，是大家公认的问题克星。他很少亲自处理一些文书事务、存货采购、为客户送货之类的日常工作，但当问题出现的时候，帕特里克便成为解决问题的核心人物。他还监督决策的制定（包括定价、信贷、对客户的责任等），在必要的时候还会参与决策制定。在帕特里克的领导下，在公司舞弊被揭露的前两年，销售收入已经接近1.25亿美元，达到了前所未有的水平。净利润的变化相对平缓，最好的情况是在45万美元到95万美元之间变化。

§推诿和抱怨§

和许多公司一样，年度财务报表审计也给卡尔顿化学制品公司带来了压力，这种压力还似乎不合情理地落在了塞纳卡的身上。审计师按常规要求对塞纳卡的日常工作进行了观察，发现他对协助审计师工作牢骚满腹，抱怨他没有时间完成审计师要求提供的明细表和支持性数据。

审计主管辗转拿到明细表和相关数据之后，发现应收账款余额的明细记录与总账之间存在着异常的调整，而且缺少原始依据。审计主管向卡尔顿公司主计长马克斯·费尔柴尔德通报了这一情况。马克斯连夜对应收账款记录进行了审查，发现近期应收账款的过账工作不符合程序，塞纳卡在应收账款的调节上做了手脚。审查结束后，马克斯写了一份书面的批评意见，指出塞纳卡“没有遵守公司的政策和程序”，没有按照客户的汇款清理相关发票，过账存在错误。

出于对问题严重性的担忧，马克斯直到第二天下午晚些时候才就上述问题和塞纳卡进行了面谈。塞纳卡承认他违反了公司的政策，并对自己的行为懊悔不已，请求再给他一次机会。按照公司对员工进行批评的惯例，塞纳卡与马克斯一起制定了一份正式的“问题解决方案”，内容包括：

1. 立即按客户调整应收账款余额；

2. 为塞纳卡提供临时的帮助；

3. 保证今后对所有的客户付款都要将汇款单与相关发票对应；

4. 会计部门主管应当按月对客户付款与相关发票的对应情况进行审查。

第二天早上，塞纳卡的时间卡显示他在 7 点 02 分来到公司，在 7 点 40 分离开公司，其间有人看见他在清理他的办公桌并拿走了一些个人物品。后来塞纳卡就不见了，大家都感到很惊讶。马克斯和阿尔弗雷德对应收账款作了更详细的复核，并向客户查询了款项的支付情况。与客户的初次沟通说明，公司许多账龄为 30 天或更长一些的应收账款实际上早就付清了。

那么收回的款项到哪里去了呢？为什么已付款的发票还列在应收账款明细账上呢？

§步入歧途§

嫌疑人不见了，这对马克斯来说可不是一个好消息。他早上开车进入公司的露天停车场的时候，看见塞纳卡正朝另一个方向走去，他还向塞纳卡招了招手，那时马克斯就隐约有了一种不好的预感。他来到会计部询问塞纳卡的情况，大家说塞纳卡早上没有向任何人打招呼，看来他不会回来了。

马克斯对公司非常忠诚，也非常精明能干，对工作不辞辛苦、全心投入。他知道自己必须马上将这一情况向老板帕特里克汇报。虽然大家公认老板是一个和蔼可亲的人，遇事都能平心静气地处理，但对他开口谈这种事情还是有点难。后来发现的情况说明，此时马克斯所发现的不过是冰山一角。

应收账款的回收是卡尔顿公司的生命线，因此，帕特里克马上从三方面入手展开调查：

1. 帕特里克请来管理信息系统专家阿莱克斯·霍夫代尔,领导和协调这次内部调查。帕特里克需要确认马克斯是否与此事有关,所以必须请会计部以外的人来做这件事。阿莱克斯检查了应收账款余额和原始凭证,通过电子系统分析了明细账数据存在的问题。

2. 帕特里克要求马克斯制定针对原始单据的审查计划。他还聘请了当地的一家会计师事务所来复核该调查计划,以确保阿莱克斯和马克斯的调查工作能够查明应收账款余额的详细情况,包括查明这些款项的可回收性以及是否与原始凭证相符。

3. 帕特里克雇用了一名私人侦探,负责与塞纳卡取得联系,通过面谈向塞纳卡了解情况。这位侦探以前在国内收入署从事犯罪调查工作。

阿莱克斯证实马克斯没有参与此事,这个结果也是意料之中的。阿莱克斯抽样调查了应收账款账户余额,结果表明 500 个应收账款账户中的绝大多数都可能存在问题。

这让帕特里克和马克斯着实吃了一惊。按照公司的业务处理程序,有销售订单和商品发运证明才可以开具发票并过入应收账款核算系统,这些数据都不在会计部生成,也不是由会计人员录入的,因此,塞纳卡不能接触应收账款明细账的过账工作。再说塞纳卡几乎不可能接触现金,公司 95% 的客户付款都是寄送到公司的保险箱,其余 5% 的客户的支票是由运输人员带回公司的,由帕特里克的助理经过处理和复印后送存银行。塞纳卡没有与行政助理或司机接触,也没有机会按月编制银行存款余额调节表。

根据化工原料行业的特点,卡尔顿公司必须按日控制存货数量以满足环境保护署的要求。因此,公司要对化学制品的损耗情况进行监督,以前没有出现过大的差异,存货日报中的数据已经在年度财务报表审计过程中通过存货盘点得到证实,审计过程中也没有发现存货盘盈或盘亏的情况。

马克斯的赊销批准权限是 25 000 美元,他与销售副经理的赊销权限合计为 75 000 美元,超过这个金额的赊销要由帕特里克本人来审批。应收账款余额在过去的几年中总体看来是波动的,但并非如想象的那样与销售的变动不成比例。

最重要的一点是,公司在每周一上午都要召开一个客户服务会议,其间要对每一个客户的所有未偿还款项进行复核。帕特里克只要在公司，就会与销售副经理、马克斯和塞纳卡一起参加会议。公司非常重视客户服务和款项回收工作。

大家还是百思不得其解，客户支付的款项到底到哪里去了呢？为什么已付发票还列示在应收账款明细账上？更重要的是，在重视客户服务和应收账款回收这样一个内部控制环境下，这种事情是怎样发生的呢？

§难以定性的调查结果§

私人侦探的调查结果让人喜忧参半。他径直来到了塞纳卡的家，当着他妻子的面与他进行了面对面的交谈。塞纳卡的家很简朴。私人侦探认为塞纳卡不像是窃取了什么钱财，他的生活方式没有什么变化，手头也不像有很多现金的样子，没有什么证据说明塞纳卡一家的生活状况超出了其支付能力。塞纳卡说他一到公司工作的时候就被大量的工作压垮了，犯了很多错误，他本打算纠正这些错误，但问题像滚雪球一样越来越大以致无法控制。虽然私人侦探提供了这样一些信息，阿莱克斯和马克斯还是决定继续追查下落不明的现金。

我以舞弊审核师的身份与公司有关人员进行了约谈，所了解的情况与私人侦探提供的信息是一致的。塞纳卡的生活方式并不奢侈，没有超出他的能力范围，也没有人认为塞纳卡在财务方面遇到了什么困难。

当调查范围扩大到大多数客户的时候，帕特里克从公司外部聘请了一些临时的会计人员。调查过程包括与每一个客户电话联系，要求他们提供在过去四年中应付卡尔顿化学公司账款的清单，即从塞纳卡担任应收账款管理员之前开始，要求客户以电子文件的形式提供数据。阿莱克斯编写了一系列的数据处理程序，将客户提供的电子数据与公司的应收账款记录的数据进行核对。

未收回的应收账款项目繁多，情况各不相同。最让人不安的是，分析结果显示有很多客户已经偿付的款项却没有反映在该客户的应收账款明细记录中，好在可以通过追查银行对账单来确认客户的付款已经存入公司的银行账户。阿莱克斯发现，这些客户的付款被错记到了其他客户的应收账款明细账，这是一种魔术师的小把戏而已。应收账款中还包括一些账龄超过 15 天的未付发票以及部分偿付发票，马克斯和临时会计人员对这些项目进行了人工调查。他们一旦确定了应收账款的余额，便将其他的发票注销，并将其登入 Excel 表中按客户进行人工核对。

下面是发现的一些异常情况：

1. 没有就未付发票与客户进行后续沟通。

一些客户在付款之前要求卡尔顿公司提供准确的发票和原始凭证。大多数客户都要求具备有效的订购单、运输凭证和准确的发票才可以付款，三者中缺少任何一项都会导致客户推迟付款。塞纳卡应当与客户就未付发票进行沟通，并在需要的时候将有关凭证传真给客户。他没有执行这一程序。

2. 一个客户支付的款项被错记到另一个客户的账户。

为了掩盖账龄较长的未收回款项，塞纳卡将最近收回的款项记作账龄较长项目的收款，而不管款项是哪个客户支付的，这给应收账款余额的调节带来了很大的麻烦，需要公司向客户作大量的调查才能核实。同时，有些客户不回答公司提出的询问。但是，从客户提供的已付款凭证来看，没有发现未入账的收回现金流失的现象。

3. 有些付款没有按相应发票入账，而是记入了逾期时间长的账户，而没有记入汇出支票的客户账户。

为了掩盖这些行为，塞纳卡自大约两年半前就不再按月向客户邮寄对账单。这一异常现象没有引起会计部门负责人的注意，但是客户在对账过程中注意到了这一情况。

4. 还存在将贷项通知单记入未付发票的账户的情况。

公司规定所有的应收账款注销都必须经过马克斯和帕特里克的批准。塞纳卡以贷项通知单注销了一些应收账款，但其行为和大额的注销却没有引起马克斯和帕特里克的注意。

5. 当客户提出无理的折扣要求时没有有效的复核程序。

因为利润很低，卡尔顿公司对及时付款的客户通常也不提供“10 天内付款给予 2% 的折扣”这样的优惠。但公司有时候会遇到一些特殊的客户，这些客户不管何时付款都要求享受折扣优惠，这就增加了卡尔顿公司跟踪收款的负担。应收账款系统的相关数据表明，塞纳卡对超过系统规定的付款期限的业务也给予了折扣，并据此冲减了发票金额。

我对大约45个客户的汇款单登记表做了认真的复核,平均每个客户的登记表上至少有40笔业务。在与应收账款的明细资料进行核对之后发现,每份汇款单登记表上都有一些付款没有按相应发票入账。另外还有一些不恰当提供折扣的情况,还至少有两笔付款根本没有记入客户的账户。

调查结果表明,塞纳卡没有就丢失的和未付发票向客户跟踪了解情况。客户要求公司提供发票以便与自己的订购单进行核对,还要求公司提供签字的运输凭证,之后他们才愿意付款。客户将提供准确的账单和必要原始凭证的负担完全交给了卡尔顿公司,还想获得不应得到的折扣,向客户提供原始凭证和对不合理的折扣进行跟踪复核是很耗时的工作。塞纳卡忽略了这两项工作,损害了公司的利益。面对未付款的发票,有的客户付了款,有的客户却对新发现的几年前的债务感到恼火。值得庆幸的是,卡尔顿公司在几个月的清理过程中只失去了一些小客户。

最麻烦的是塞纳卡把一个客户的付款记作了其他客户的付款,多数情况是把大客户的付款记到小客户的账上,这种情况给对账工作带来了极大的困难。

根据调查了解的情况,帕特里克、马克斯和我都认为公司没有丢失现金。最令人信服的证据包括:

1. 塞纳卡没有接触总账系统、银行对账单以及银行存款余额调节表等业务。

2. 塞纳卡一般也不接触现金。公司的内部审计人员认为塞纳卡只有通过与他人合谋才能盗取现金,但并没有串通舞弊的证据。

3. 因为监管不严,塞纳卡有可能以贷项通知单来注销应收账款余额,但没有证据支持这种观点。

4. 在调查期间,没有客户提出已付款项未被记入自己的银行账户。

塞纳卡在接任应收账款管理员职务之后几个月就已经开始作假账了,舞弊一旦开始就会像滚雪球一样越变越大,情况往往如此。

尽管调查揭示了一些问题,但有一个问题仍然没有答案:公司究竟丢失了多少钱? 塞纳卡又是怎么操作的呢?

§谁一直在关注应收账款?§

毫无疑问,监管不严给塞纳卡的所作所为开启了方便之门。然而,每个周一销售副经理都要对应收账款明细账进行详细的审查,帕特里克还经常亲自进行复核。在这种情况下,应收账款余额为什么没有激增,账龄分析为什么没有揭示那些长久逾期的未付发票呢?

问题的答案其实很简单。塞纳卡是一个喜欢安静而且比较害羞的人,他更喜欢与公司的账簿和记录打交道,而不喜欢把时间花在与客户的电话联络上。因此,他没有向客户跟踪了解未付发票的情况,而是以应收账款的借项和贷项通知单来调整应收账款余额。每个周五下午,为了准备周一的客户服务会议,塞纳卡要注销那些账龄长的未付发票,他提供给管理层进行复核的正是经过修改的应收账款明细账。

在周一下午,塞纳卡会利用借项通知单转回所有注销的贷项通知单金额。下面是卡尔顿公司提供的对借/贷项通知单的审核报告:

	第1年	第2年	第3年	第4年*
借/贷项通知单总数	285	600	1 000	150
与特定发票相关的借项通知单金额	$ 4 000	$ 50 000	$ 65 000	$ 4 000
与特定发票相关的贷项通知单注销金额	$ 9 000	$ 90 000	$ 75 000	$ 35 000
抵消的贷项和借项通知单的数量(对同一公司抵消的借贷项通知单数量相等)	100	250	330	20

*仅2个月

情况再明显不过了。塞纳卡在客户服务会议之后又把注销的金额转回到应收账款系统,而不是将贷项通知单过账以注销应收账款,这一点与没有找到证据证明资金流失的情况正好吻合,充分证明塞纳卡没有盗取资金。这些证据可以说明,塞纳卡的问题只是属于数据操纵,致使应收账款明细账系统记录的完整性遭到了破坏。

调查结果还表明，不存在销毁原始凭证的问题。一些丢失的凭证被找到了，从丢失的凭证中看不出什么迹象，数量也不多。

公司与客户的对账过程持续了几个月的时间，查明有高达200万美元的长期逾期的应收账款没有体现在账面上。马克斯花费了很大的精力为帕特里克解决这个问题，他搭上了所有的业余时间，包括晚上和周末，甚至夜里做梦都在思考这些问题。

卡尔顿公司非常重视对客户的服务质量，这使得公司在这一困难时期受益匪浅。首先，大多数的客户都很合作，向公司提供了重述应收账款账簿和记录所需要的电子数据，这些数据使初步的调查工作得以完成。其次，许多客户都偿付了自己那些未付的发票金额。

但是，又经过了两个月的辛苦工作之后，马克斯还有140万美元无法确认的未收回账款。没有发运记录，也没有真实可靠的发票和订购单，更重要是没有未付的证据，因此卡尔顿化学公司无法与客户沟通。实际上，在应收账款注销的Excel汇总表中，对有些客户作了调增处理，而对另一些客户则进行了调减，两项相抵，净的减少额为140万美元：

对大客户的注销金额	\$ 2 000 000
对小客户的增加金额	\$ (600 000)
应收账款注销净额	\$ 1 400 000

公司对所有已经给予的折扣进行了复核，估计对大客户的注销金额中有70万美元是因为客户获取不当折扣而产生的。但由于交易发生的时间已经很久了，为了防止客户流失，公司决定不再收回应付的折扣金额。经过六个月的夜以继日的工作，公司理顺了应收账款记录，确定了可以收回并有凭证支持的应收账款的详细资料，无法收回的140万美元确定为损失。

在与塞纳卡面谈的时候，我把这个金额告诉了他。他坚定地认为这个金额太大了，不可能是由他的过错导致的。他的初衷“只是努力保住自己的工作”。塞纳卡从年薪28 000美元的应收账款管理员做起，每年根据业绩会有大约5%的增加。他在卡尔顿公司工作的最后一年，获得的年薪超过了31 000美元。他保住工作的“努力”使公司遭受了140万美元的坏账损失，重新理顺账目的工作又花费了125 000美元。

§些许补偿§

损失看起来不小,但好在还能得到一些补偿。卡尔顿化学公司投保了综合财产险,包括应收账款的附加条款,可以向保险公司申请财产损失赔偿,但有几个难题需要解决。首先,保险条款要求公司发现财产损失后要立即告知保险公司,但公司没有详细阅读保险条款,所以在调查后没有立即向保险公司报告损失。其次,尽管公司投保了综合财产险,附加条款包括应收账款损失赔偿等一些特殊情况,但这些赔偿仅限于因簿记、会计核算、开发票、数据录入等方面的错误导致的损失。塞纳卡的问题不属于差错,而是故意行为,这一点对卡尔顿公司很不利。另外,保险附加条款并不对发票金额和应收账款余额之间的差异所导致的损失进行赔偿。Excel 电子表列示的差异实际上是没有凭据支持的,能否获得赔偿还不确定。总之,差异产生的原因可以为发生的损失提供一个合理的解释,但是注销的金额却没有凭证支持。还有,保险附加条款不涉及正常经营过程中的应收账款注销,注销金额按惯例要确认为坏账。因为卡尔顿公司不能确认注销项目是对哪一家客户的应收账款,因此很难证明注销不是正常经营过程的原因所导致。实际上,有证据表明塞纳卡所作的一些注销是针对那些以往回款困难的客户。

这些问题搅乱了帕特里克和马克斯的索赔计划。最终,卡尔顿公司和保险公司达成了协议,保险公司对重述会计记录花费的 125 000 美元予以赔偿,再赔偿大约 40 万美元的应收账款损失,余下的 100 万美元损失由卡尔顿公司自己承担,这个金额比公司最好年景的利润还要高。

§经验与教训§

本案给我们提供的最重要的一个教训就是“细节决定成败”。帕特里克和卡尔顿化学公司对自己的以客户为本的经营理念和强硬的应收账款催收政策引以为自豪,公司主管每个星期都要审核塞纳卡的工作,但这是不够的。对内部控制进行内部审计测试、每个月都将客户对账单打印出来并邮寄给客户、定期检查应收账款明细账的过账情况,这样一些细节都可以防止这类舞弊的发生。

本案还告诉我们,舞弊者一旦迈出了第一步就很难回头。塞纳卡对事情的发展完全失去了控制,混乱的局面需要一组人经过六个月的潜心努力才得以扭转,塞纳卡甚至还不知道自己给公司造成的损失有多大。他本以为自己可以把问题解决,不肯向主管人员和公司的管理层汇报。

美国是一个充满机会的社会,成功永远是机会与能力相结合的结果,塞纳卡渴望成功,但不具备胜任工作所必备的能力。从塞纳卡的职业历程来看,他有潜力成为一个对公司有用的雇员,但还不具备独当一面的能力。如果他不接受足够的职业培训和指导的话他便会失去发展的潜力。

卡尔顿公司是让所有者引以自豪的公司,它不仅因为良好的客户服务而赢得了极佳的口碑,其所有者兼掌舵人还是一位出色的企业家和公民。公司的管理层中的大多数人都在公司服务多年,为自己的工作感到骄傲。人事部对员工采取了一切为员工着想的政策,即使这样还有塞纳卡这样的员工以为自己可以面对一切。塞纳卡·斯丹顿离开之后,马克斯·费尔柴尔德加强了对员工的监管。马克斯把自己的大半生都献给了卡尔顿公司,这一事件让他深刻领会了罗纳德·里根最喜欢的一句俄罗斯谚语:“信任需要与考察为伴。”

§防患于未来之建议§

1. 监督保险政策

公司应对自己的保险政策进行持续的考察以确保公司做了充分的保险。在保险协议中有关于应收账款的附加条款的情况下,卡尔顿公司仍认为自己的保险政策是非常安全的。实际上,公司的保险正是因为附加条款的限制,才导致实际损失远远大于管理层估计的损失。

2. 内部控制

内部控制必须是充分和适当的。塞纳卡并不想侵占公司的财产,也不想破坏公司的控制系统。他只是公司的一名员工,想保住自己的工作。他自以为发现了一个相对简单的办法,既可以应付上司,又可以处理自己所面临的巨大的工作压力。如果对他的监督再严格一些的话,他的舞弊行为就可能无法实施下去。

3. 内部审计测试

内部审计测试、按月打印并邮寄客户对账单、定期检查应收账款明细账的过账情况，这样一些具体措施都可以有效地防止这类舞弊的发生，值得一用。

4. 密切与利益相关者的联系

与利益相关者保持紧密的联系，包括客户和供应商，其重要性怎么强调也不过分。卡尔顿公司在过去的十几年里奉行的客户至上的政策获得了回报，没有客户的合作，重建应收账款记录几乎是不可能的，收回逾期已久的应收账款更是不可想象。

16

你的就是你的，我的就是我的

This Land Is Your Land, This Land Is My Land

安德鲁·帕伯诗

我们对有些人可以做如下的描述:他们动作敏捷、眼神犹疑、脸上带着毫无温暖和快乐之感的阴郁的笑容,他们身上穿着廉价而不合体、面料不知为何物的衣服——这些表象都在提醒人们:“小心你的钱包!”即使是对那些他们准备下手的毫无经验抑或老道的目标也不例外。这种扒手并不难被看穿,就如同马克·吐温笔下那个戴着假腿的人竟会爬到危险的屋顶上折腾一番一样拙劣。

如果丹尼斯·狄克逊看上去具有上述或类似的一点点特征,这篇故事就可能是另一种更愉快的结局。但是,丹尼斯并不是那种能被人一眼认出的盗贼,相反倒更像是一个非常乐于助人的人。

大家都说丹尼斯话语柔和,值得信赖。他慷慨大度的举止,能让与他共进午餐的生意伙伴很快就打消了催款的念头;他能说会道,深受每一个认识他的人的喜爱和信任。丹尼斯40岁出头,鬓角初现的白发刚好表现出他的智慧与成熟,却不会阻止去教堂的老夫妇情愿把女儿嫁给他而不是嫁给现在这个没用的女婿。每个周末,狄克逊一家去教堂的时候,看上去就像罗克韦尔的画作一样:丹尼斯与妻子黛比身着简朴而得体的礼拜日服装,与他们那对长着红褐色头发、脸上虽有雀斑但穿着得体的双胞胎女儿手挽手走过来。做完礼拜,狄克逊一家的那辆已用了5年多的小面包车通常都是最后一个离开停车场。

与丹尼斯偶有交往的人都不知道他究竟以何为生。大学同学知道他曾取得了管理学学位。他曾经做过计算机销售员,从他的日常穿着与开的汽车来看,人们至多认为他事业上还算成功,但肯定还没有达到备受关注或令人羡慕的程度。

与丹尼斯接触较多的人知道，他在结束计算机销售员的工作之前拿到了房地产经营的执照。他不满足于帮助别人买卖房屋，后来他做了一名经纪人，以有限合伙的方式将亲戚及一些好友的资金集中起来作投资业务。

丹尼斯周围的大多数人并不知道，与他低调的公开形象相反的是，狄克逊一家实际上过的是当地最上层人士的生活。他们的女儿们就读于私立学校，每年的学费比当地大多数人所支付的按揭贷款还要高。他妻子黛比的坐驾是一辆时尚的奔驰轿车，他们在欧洲旅游时买了这辆车，用船运回了美国。丹尼斯则故意开着那辆破旧的小面包车。

说到他们的房子，那可真叫房子。那是一幢浓荫掩映下的独门独院的豪宅，占地面积达6 400英尺，买价超过200万美元。购得房子之后不久，狄克逊一家又花费了至少200万美元将其装修一新。对丹尼斯的房地产投资者和朋友们来说，如果能在他家的多媒体影院里过上一晚，那真是一种难得的享受。

在大周末的时候，狄克逊一家常常会坐上他的一位投资者的私人飞机，经过2小时的飞行到达他们位于塔霍湖边的另一幢豪宅。正如他们的两个女儿所说的那样，这是一幢“树林中的房子”，是在山林间建起来的一幢三层房屋，占地4 000平方英尺。房子三面被15英亩浓密的美国黄松林包围着，站在房前，湖面与远处群山的景色尽收眼底。丹尼斯花了400万美元购买了这幢房产，这个价格在当时看来确实贵了点，但令他满意的是，通过合理的“杠杆操作”，他的投资已经增值了三倍多。

在过去的几年里，丹尼斯建立了许多个有限合伙制的房地产投资企业，并担任这些企业的普通合伙人。他的投资策略通常都是购买具有潜在价值的土地并长期持有，当地价的上涨达到了预定收益后再予以出售。通过这种方法，他为自己及投资者们赚取了不菲的利润，因此，当他邀请投资者们参与下一笔生意的时候，这些心存感激的投资者往往都会迫不及待地拿出钱来。

在前两届地方议会选举之前，县议员们就已经投票决定出资扩建当地的高速公路。在交通管理部门公布新线路之前，丹尼斯就已经预测到哪些地方会成为热门的地块，并早已与原业主建立了联系。他和一个外号叫“和尚”、名叫蒙克的朋友特别看中了其中的一个地块，那是一块毗邻规划中高速公路出口坡道的乡间土地，他以总价170万美元将这块地买了下来，以现金作了首付，剩余部分以有担保的期票来支付。

他俩成立了一家合伙企业，名为“41号出口有限合伙企业”，二人担任联席普通合伙人。50份合伙份额很快就销售一空，其中大多数都售给了他俩的朋友和亲属，获得的资金首先用来归还蒙克与丹尼斯以现金支付的首期付款，另外支付了他俩大约10万美元的交易劳务费，同时，两位普通合伙人也象征性地缴纳了自己的一次性现金出资。

根据合伙协议的约定，有限责任合伙人应当按年缴付投资的本金，普通合伙人则不用缴付。为了保持一定的现金结余，全体有限责任合伙人的缴付总额必须超过按年支付的土地费用和合伙企业的其他费用。由于合伙企业的经营策略不是自行开发地产，而是持有至其他开发商愿意以合适的价格购买该地块，他们便将该地块租给了当地的农场主使用，总租金大致与合伙企业支付给蒙克与丹尼斯担任联席普通合伙人的管理费相当。

§总额疑云§

我是一名在亚利桑那州执业的注册会计师，25年前创立了一家名叫帕伯诗的会计师事务所。在此之前，我曾任职于两家国际性的会计公司，在审计、发现欺诈性会计手段和评估复杂的商业交易方面有比较丰富的经验。

我的一位老客户哈蒙·希尔顿，是一家建筑公司的老板。有一天，他来到我的办公室，与我讨论其个人所得税的筹划问题，其中就包括一家合伙企业拟出售的房地产的税务处理问题。他和妻子海伦都是这家合伙企业的有限责任合伙人，该合伙企业有一个讨巧的名字——“41号出口有限合伙企业”。

哈蒙向我提供了一些资料，包括一名普通合伙人丹尼斯·狄克逊发出的电子邮件，邮件中说明了每位有限责任合伙人在土地出售后按有限合伙份额可分得的金额。

我审阅了哈蒙提供的资料，很快就发现了一些警示信号。将每一份额的金额乘以他们夫妻俩所拥有的合伙份额总数，所得到的数字远远低于我所估计的两人应得的金额。我打电话给哈蒙并把我的发现告诉了他,他似乎不愿意相信他的分配金额会被克扣,因为丹尼斯是海伦的兄弟,但他同意我作进一步的调查。

我收集了更多的资料,包括财务报告、现金流量表以及丹尼斯发给哈蒙夫妇的信件,还审核了合伙协议中关于房地产出售后的分配办法。在丹尼斯以出售工作还没有结束为由拒绝向哈蒙提供土地出售合同的复印件的时候,我的调查也就遇到了一点阻碍,好在丹尼斯还是提供了每英亩土地售价以及正在出售的土地亩数,这样我也就可以计算土地销售的总收入了。

我向多位地产专业人士进行了咨询,他们比较熟悉所售地块附近的未开发土地的市场交易情况,这样我就能判断出此次土地交易的佣金应当是多少。同时,我还向几家产权公司咨询了房地产过户成本的大致情况。最后,我又请哈蒙向丹尼斯索要全体合伙人自合伙企业成立开始累计缴付的资本金数额。根据从哈蒙及其他渠道所得到的信息,我计算出了每个有限责任合伙人应当得到的分配金额。

根据我的计算结果,哈蒙夫妇应当分得的金额比丹尼斯所告知的金额高50%还多,全部有限责任合伙人的预计分配总额比他们应分得的金额低了150多万美元。我当初就怀疑哈蒙的分配额被少计了,现在看来确实如此。为能最终找出产生巨额差异的原因,我还需作进一步的调查。

§蒙人的交易§

调查工作开始了,我和同事丹妮斯·弗瑞兹力图收集更多的资料,以便了解事情的全貌。我们先是帮助哈蒙夫妇从国内税务署要来了"41号出口有限合伙企业"经审核的纳税申报表复印件,还审核并分析了合伙企业的现金流量表和财务报告,阅读了蒙克与丹尼斯寄给海伦与哈蒙的所有函件。

详细的审核证实了我们最初的判断,哈蒙夫妇的分配额被严重低估。我们不难获取财务方面的资料,但我们需要扩大调查的范围。当哈蒙向丹尼斯索要交易中的土地销售合同的复印件的时候,我们的努力再一次遇到了阻力。丹尼斯仍然声称在土地出售交易没有最终完成前不能提供合同复印件。为了避免在调查初期就发生对抗，我们没有坚持要求丹尼斯提供复印件，而是让哈蒙给他发了一封电子邮件，要求得到一些有关出售交易的基本信息，包括：销售总收入、拟支付的交易佣金、交易手续费、预计归还投资者的本金金额、预计最后的利润分配金额。丹尼斯在邮件中回复说销售总收入为470万美元，比我们预计的500万美元少30万美元。

还有，丹尼斯提出的普通合伙人与有限责任合伙人的分配预案没有遵守合伙协议的利润分配条款。根据合伙协议的利润分配条款，投资者的本金要从销售净收入中先行扣除，剩余部分按二八原则进行分配，即80%分配给有限责任合伙人，20%分配给普通合伙人。但是，丹尼斯直接将销售净收入（扣除了预计的交易总费用）按二八原则进行分配，没有预先扣除投资者的本金。按照丹尼斯的这种分配方法，他和蒙克将多得50万美元。

根据所掌握的信息，我们重新计算了哈蒙夫妇应得的分配额。我们帮助哈蒙夫妇起草了一封给丹尼斯的电子邮件，表达了我们对他的分配原则和计算方法的看法.丹尼斯回信说：“你们说对了。”

哈蒙再次索要到土地出售协议的复印件，丹尼斯还是拒绝提供，说土地出售交易还没有最终完成。考虑上述情况以及丹尼斯坚持不提供协议复印件的态度，我们建议哈蒙夫妇请律师介入此事。

哈蒙夫妇的律师戈登·古迪在给丹尼斯的信中要求其提供下列文件：土地出售合同的复印件、缴付过资本金的有限责任合伙人名册以及其各自缴付的资本金数额、将要支付的交易佣金总额及佣金收取单位、将返还投资者本金与对合伙人的利润分配混在一起的书面解释。戈登在信中还说明，丹尼斯的分配预案不仅计算方法是错误的，而且也不符合合伙协议条款的约定。他还建议丹尼斯聘请一名律师来处理此事。

§新情况§

戈登很快就收到了一封来自丹尼斯的律师赫伯·胡克的来信。信中说普通合伙人请他来处理土地出售的利润分配事宜，并随信寄来了一份千呼万唤才出来的土地出售合同的复印件。我们和戈登都审阅了这份合同。合同在开头部分列明出售总收入为470万美元（比我们所计算的

500 万美元低 6%)、将向普通合伙人蒙克与丹尼斯各支付 3% 的销售佣金。而根据 41 号出口有限合伙企业的合伙协议的规定,除非协议特别指明,普通合伙人将不得收取任何报酬,合伙协议也没有规定普通合伙人在销售房地产时可以收取佣金。

在出售合同的末尾还提到要向某商务不动产经纪人支付 6% 的佣金,这样,合计佣金的比例就达到了 12%,这不仅违反了合伙协议的规定,也大大超过了同类交易的正常佣金水平!

赫伯在这封信及与戈登的后续函件都说 12% 的佣金是合理的,而且将由买卖双方各负担一半。他还提供了已付款的合伙份数、有限责任合伙人名册以及每位合伙人的出资情况,还说分配预案已经修订,将在返还投资者本金后采用二八原则进行利润分配。最后,他还说他要提醒产权公司,在出售合同规定的交易截止日前不要结束交易。哈蒙说,他们夫妇二人的实缴资本金总额远远高于丹尼斯的律师所提供的有限责任合伙人名册上的金额。他解释说,在投资 41 号出口有限合伙企业之前,他还在蒙克与丹尼斯设立的另一家合伙企业投了资,该合伙企业同样拥有一块未开发的土地。由于经济衰退,许多投资人未能缴付已认缴的资本金,导致该合伙企业不能及时偿还负债,那块土地也保不住了。蒙克与丹尼斯找到了哈蒙及其他留下来的投资者,请他们对 41 号出口有限合伙企业进行投资,以便有机会收回对那家即将停业的合伙企业的投资。

蒙克与丹尼斯向哈蒙及其他投资者透露,虽然 41 号出口有限合伙企业的情形与另一个合伙企业类似,但他们的投资可以使 41 号出口有限合伙企业保住土地。为了吸引哈蒙及其他投资者进行投资,蒙克与丹尼斯向大家出具了一份书面承诺,即在 41 号出口有限合伙企业出售土地后,将向哈蒙及先前合伙企业的投资者归还他们对那家(现已停业)合伙企业缴付的资本金。

依据哈蒙所提供的情况,我们初步判断,哈蒙本人与丹尼斯的律师分别提供的缴付资本金的差额正是哈蒙对那个已停业的合伙企业缴付的资本金。我们与戈登见了面,对哈蒙提供的信息和我们了解的有关实缴资本金的情况进行了讨论,我们都认为蒙克与丹尼斯没打算向投资者返还对已停业合伙企业缴付的资本金。

戈登收到赫伯关于合伙企业的利润分配计划后,请我们来分析利润分配预案是否合理。经过分析，我们发现“销售总收入”一项列示的是实际总收入扣除将支付给房地产经纪人的6%佣金以后的金额。我们还发现，公司的活期存款账户里已经没有现金结余，利润分配计划中没有列示应当归还给哈蒙及其他投资者对已停业合伙企业的实缴资本金，在合伙企业的纳税准备金中，有一部分被包括在拟向普通合伙人分配的资金里。

我们对合伙企业的所得税申报表进行了分析，发现其中有一位名叫尼克·纳奥的有限责任合伙人，在合伙企业存续的五年中有四年没有缴付资本金。从他的 K－1 纳税表来看，他已被作为已退伙合伙人处理。合伙协议规定，已退伙的合伙人除了可收回其已缴付的资本金外，无权参与利润分配。我们进一步分析了利润分配计划中尼克的分配金额，发现他仍被作为现存的合伙人参与利润分配。

戈登与赫伯多次交涉后，丹尼斯自愿放弃了3%的房地产佣金（价值14.1万美元），使佣金总额比例从12%降至9%。丹尼斯承认，合伙企业活期存款账户余额之所以为零，是因为他提取了剩余的资金（约4.1万美元）。丹尼斯同意将其利润分配金额减少4.1万美元，以抵消从活期存款账户中提取的资金。那位没有缴足资本金的有限责任合伙人尼克，在土地出售交易完成及利润分配以前，向合伙企业补缴了12.5万美元资本金。丹尼斯说，他与尼克曾约定，他要代尼克缴付资本金，因为尼克曾经在合伙企业急需资金的时候借给了企业5.1万美元。丹尼斯承认他没有代尼克缴付资本金，因为当时他自己手头也缺钱，后来就“忘记”为其代缴了。然而，通过分析合伙企业的财务报表及纳税申报表，我们没有发现有关该项借款的任何记录。

经过哈蒙、戈登与我们事务所的共同努力，丹尼斯同意将利润分配计划进行多项修改，结果为有限责任合伙人增加了140万美元的利润分配金额，相应减少了蒙克与丹尼斯二人的分配额。当然，我们提出的修改要求没有全部实现，我们仍在关注是否还存在我们未能发现的其他不当行为。

丹尼斯的律师赫伯拒绝修改利润分配计划，即拒绝向投资者退还缴付给已停业合伙企业的大约110万美元资本金，这将使蒙克与丹尼斯依据二八原则多分得22万美元。据说丹尼斯曾告诉赫伯，他不知道有什么退还已停业合伙企业资本金的协议。戈登遂向赫伯提供了哈蒙与丹尼斯之间的协议复印件。当赫伯将这份复印件交给丹尼斯的时候，丹尼斯说他不记得自己曾经签署过这份协议，他认为这份协议肯定是伪造的，戈登建议给赫伯看协议书的原件。赫伯没有看协议原件，他说丹尼斯已经改了口，承认他和蒙克一起签署过这份协议。尽管如此，赫伯坚持认为，该协议与41号出口有限合伙企业无关，因为它不符合合伙协议的约定。

于是，哈蒙对蒙克、丹尼斯及41号出口有限合伙企业提起了诉讼，要求返还他的60万美元资本金。在调查取证期间，法院要求土地出售所涉及的各方提供相关文件。这些文件中有一封丹尼斯写给41号出口有限合伙企业的土地买家的信件，信中要求该买家直接向丹尼斯支付14.1万美元，即相当于买家按合同规定应支付给房地产经纪人的6%佣金中的一半。我们还发现他们在往来信函中约定双方各分得佣金收入的一半。

戈登做了哈蒙诉讼案的代理人。他要求被告方提交合伙企业的所有银行账户记录，其中包括丹尼斯以合伙企业名义开立但实际上自行使用的信用专户，以及丹尼斯以合伙企业名义所开立的投资账户。

我们对全部资料进行了整理分析，尽可能地恢复了银行账户的记录，发现自合伙企业设立开始，丹尼斯从合伙企业账户向自己的账户或他拥有的各个企业的账户转移了超过了100万美元的资金，偶有归还。

通过对他的投资账户进行分析，我们发现丹尼斯在高科技行业繁荣时期挪用合伙企业8 000美元用于购买科技公司的股票。在赚取了一倍的利润之后，他向合伙企业的活期存款账户归还了8 000美元，将赚得的钱继续以自己的名义对外投资。通过挪用合伙企业资金、借用合伙企业投资账户，他非法获利超过28 000美元。我们只在丹尼斯提交给税务部门的K-1税表中看到了这笔收入。

根据我们的计算，如果将利息包括在内，丹尼斯尚欠合伙企业大约10万美元。我们还发现，由尼克两个孩子名下的信托机构出具的总计13.7万美元的数张支票，被存入了合伙企业的活期存款账户。这些支票均由丹尼斯作为受托人签名，但合伙企业实际上与这些信托机构毫无关系。

§庭审日§

我们与哈蒙及戈登会了面，对我们的调查结果进行讨论。哈蒙明确表示，针对蒙克、丹尼斯二人的诉讼行动将继续下去，他必须追回二人多得利润中自己依法应得的部分。他还准备起诉尼克，要求尼克退还他从41号出口有限合伙企业所获得的全部利润，基于尼克实际上只缴纳了其应缴资本金的20%，且合伙企业出于税收考虑已经将其列为已退伙的合伙人的事实，他不应参与利润的分配。

戈登向哈蒙说明了他可以做出的全部选择，建议哈蒙以41号出口有限合伙企业的名义提起"派生诉讼"。所谓派生诉讼，即组织的合伙人、成员或股东（具体则因组织的类型而异）以本组织的名义、为了本组织（本案中即为41号出口有限合伙企业）的利益而采取的法律行动。此案所涉及的派生诉讼是指，有限责任合伙人（哈蒙）可以指控合伙企业的普通合伙人不愿意互相指控自找麻烦。此类诉讼案极为常见的情形是有限责任合伙人以合伙企业的名义指控普通合伙人违背了信托责任。

戈登建议，哈蒙在针对蒙克、丹尼斯的派生诉讼中，代表合伙企业要求返还：

1. 丹尼斯直接向土地买家收取的14.1万美元的交易佣金；

2. 蒙克和丹尼斯所得红利中应当作为合伙企业的纳税准备金的1 400美元；

3. 丹尼斯私自利用合伙企业资金买卖股票所得的利润28 000美元；

4. 丹尼斯在合伙企业存续期间挪用且尚未归还的10万美元。

哈蒙针对蒙克、丹尼斯提起的退还资本金诉讼与上述派生诉讼分别立案，因为退还资本金属于哈蒙的直接诉讼请求，没有必要放在派生诉讼当中。

对于尼克，戈登建议哈蒙扩大派生诉讼的范围，指控其试图掩盖合伙企业将其视为缴付全部资本金从而多分得15万美元的事实。对此尼克的观点是，他是事实上的合伙人，他应得的利润高于他实际收到的金额。

哈蒙果然很快就决定根据戈登的建议提起派生诉讼。

鉴于蒙克和丹尼斯之间可能在法律上存在着利益冲突，赫伯告诉二人他自己不能同时代表他们两个人应诉。于是，赫伯继续为蒙克作代理，丹尼斯则另外聘请了代理律师特德·芬克。

蒙克、赫伯、丹尼斯、特德、尼克及其律师坐到了一起，想就哈蒙所提起的派生诉讼达成和解协议。他们设计了如下不疼不痒的和解方案：丹尼斯退还合伙企业 3.5 万美元；尼克从合伙企业收回 1 万美元并放弃对合伙企业的全部未来的追索权。被告方向有限责任合伙人提交了和解方案以及 2.5 万美元的补偿净额，等待他们的答复。

可以想象，哈蒙认为被告方提出的和解方案简直是对他的侮辱，这一方案可以让丹尼斯从合伙企业成功地偷走大约 30 万美元，只退回区区的 3.5 万美元。他希望其他有限责任合伙人能赞同他的意见。但令人吃惊的是，大多数有限责任合伙人(60% 以上)居然投票表决同意了这一和解方案，投赞成票的合伙人多是蒙克、丹尼斯和尼克的朋友或亲属，他们有的赞同丹尼斯的观点，即这一诉讼请求根本没有事实依据，有的只想尽快地收到分得的资金。

因为参与投票的有限责任合伙人的人数未达到规定的比例，不能决定是否接受和解方案并否定哈蒙的派生诉求，被告只能按要求将解决方案提交法庭裁决。虽然被告方应付有限责任合伙人的数额与他们愿意偿付的数额相差悬殊，但主审法官还是批准了这一和解方案，有限责任合伙人多数表示同意。

法官判决派生诉讼的和解方案有效使哈蒙感到愤怒，因为他有充分而确凿的证据支持对丹尼斯的指控。哈蒙没有就此善罢甘休，他追讨对先前已停业合伙企业缴付的资本金的决心更坚定了。

对于哈蒙追讨投入已停业合伙企业的资本金一案，法官照例建议诉讼各方进行调解。调解是解决争端的一种替代方式，一般是由一位经验丰富的调解员采用非正式的方式，协助诉讼各方就其争端进行协商并达成和解方案。调解员不对谁是谁非做出判决，也无权迫使各方接受某项和解方案。哈蒙实际缴付的资本金为 60 万美元，但丹尼斯和蒙克只答应返还 7.5 万美元，拒绝提高返还额，调解工作宣告失败。

在法庭上，戈登详细分析了丹尼斯和蒙克所提供的证词前后不一致、互相矛盾的问题，揭露了普通合伙人的欺诈行为，获得了陪审团对哈蒙的同情，其中的一个场面最富有戏剧性。丹尼斯声称只和哈蒙达成过返还投资的协议，可一个又一个的证据都与他所说的相矛盾，最后只得承认他曾许诺向 41 号出口有限合伙企业的全体投资者返还之前的缴付资本，此时，陪审团成员开始大声议论起来，因为之前他是那么坚决地否认与哈蒙之外的任何合伙人达成过退还资本金的协议！

本次诉讼从财务和合同方面看都相当复杂，控辩双方均提交了大量的证据及证词，但陪审团只研究了一个小时就做出了裁决。丹尼斯和蒙克被责令退还哈蒙 60 万美元的实缴资本金，外加 9 万美元的利息，普通合伙人还要赔偿哈蒙在此次诉讼中花费的 15 万美元律师费。

普通合伙人企图神不知鬼不觉地侵吞超过 220 万美元的款项。经过哈蒙、戈登及我们会计师事务所的共同努力，总共为有限责任合伙人追回了大约 180 万美元，外加利息及律师费。

§ 经验与教训 §

更准确地说，我从哈蒙、丹尼斯等人的传奇故事中再次认识到如下几点：

1. 好人未必就有好报。哈蒙生来诚实可靠，但正是诚实的人所具有的共性让他饱受折磨，因为他们往往相信自己所交往的人和自己一样诚实。

2. 在金钱问题上，友谊（或者此案中的血缘关系）未必牢不可破。丹尼斯和蒙克在投资上获益颇丰，不是因为他们珍视与投资者的合作关系，而是他们料到了投资者会原谅他们的不当行为。

3. 除非获得了专业人士的合理建议，并且该专业人士与某项交易不存在利益关系，否则就不能假设某项交易肯定具有法律约束力。如果某项投资机会“不容”你进行审慎的考虑，这样的机会通常都应该放弃。

4. 知人知面难知心。那些自认为了解丹尼斯的投资者，无论是作为一般的熟人还是好朋友，可能并不了解丹尼斯的生意是建立在不切实际的计划之上的，或者不知道他到底是如何做生意的。

5. 即使你抓住了小偷，也不能保证你一定能讨回自己的钱。因此，避免上当受骗远比抓住骗子好得多。

§ 防患于未来之建议 §

有限合伙企业或其他类型企业的投资者，如果能在投资以前多做一些调查了解，并在投资的过程中持续加以监督，就可以避免本案中的那些懦弱的投资者们的遭遇。

1. 先是信任、然后核实

即使是把钱投资给好朋友、熟人或者亲属，投资者也必须亲自做好相应的功课。投资者不应被回报丰厚的假象与承诺所迷惑，必须从经商道德和个人品德两个方面对普通合伙人进行全面的调查。投资者还应当仔细审阅定期收到的财务资料，请独立人员进行复核与证实。在本案中，哈蒙应当早一点请注册会计师来复核他所收到的阶段性财务资料。

2. 了解你的合作伙伴

投资者必须真正了解被投资者的情况，包括他们的经营能力、团队内部关系及与其他投资者的关系、经济实力及风险承受能力，等等。

3. 切实履行合伙协议

投资者应当充分行使合伙协议中规定的权利。本案中，合伙协议规定普通合伙人提供经审计的年度财务报表，但他们只提供了代编的财务报表。投资者应当坚持要求普通合伙人提供经审计的财务报表，拒绝经审阅或代编的财务报表。在财务报表审计业务中，注册会计师要就财务报表整体是否公允发表自己的意见，在出具审计报告前，必须对会计记录进行充分的测试，包括向外部第三方函证、执行分析程序、询问客户内部员工、详细分析会计记录等。在财务报表审阅业务中，注册会计师是就财务报表符合公认会计准则而无须进行重大调整发表有限保证的意见，需要执行询问和分析程序来确认财务报表的合理性。在代编财务报表业务的报告中，注册会计师不对财务报表的正确性提供任何程度的保证。注册会计师只是以财务报表的形式，反映企业管理层所提供的信息，注册会计师只需从管理层获取信息并按报表的形式进行组织即可。只有在外部信息使用者所面临的潜在风险比较低的情况下，注册会计师才可以承接财务报表审阅或代编业务。

4. 聘请法律顾问

投资者应当请自己的法律顾问来复核交易并起草法律文件，而不能依赖于普通合伙人，特别是当普通合伙人可能成为导致问题的根源时更应如此。

17

失去的天堂

Paradise Lost

皮埃尔·E.劳特斯特

开曼群岛——加勒比地区名副其实的天堂，以棕榈、沙滩、海浪和零税负而闻名世界。的确，这里既没有所得税和公司税，也没有任何类型的不动产税。作为企业主，你挣来的每一美元都归你自己所有，还无需向政府部门提交财务报告。当然，企业主必须遵守两项法定的福利计划：缴纳养老保险和医疗保险。根据这两项计划，企业必须由员工薪金和企业成本向经过批准的福利项目计划支付一定数额的资金。

国家养老法案是大约10年前在刑事法律框架下制定的。依据养老法，所有养老基金均由私营的金融机构管理，企业要加入6种养老计划中的一种，从员工薪金中扣除的养老保险金连同企业的应缴额，必须于次月的15日以前缴纳。国家养老保险办公室属于一个政府机构，负责对养老金管理机构和私营业主进行监管，确保他们遵守相关的法律规定。

绝大多数企业主都能够遵守国家养老法案，因为这是一项法律规定，违反法律的惩罚是严厉的。但是，有一个企业的老板却不把这个法案当回事。

鲍勃·沃克精明能干。他出生于美国，年轻时移居开曼群岛。他有过多次婚姻，有一个儿子与一位前妻住在哥斯达黎加。鲍勃先后做过很多工作，还曾经当过几天警察局局长。他喜欢饮酒和参加聚会，偏爱快节奏的生活方式。

鲍勃是科卡印刷有限公司的主人和管理者，他把印刷公司经营得很成功，在本国印刷业中获得了相当大的市场份额。他的员工约有15人，包括销售人员、印刷工人、行政人员及维修人员。公司的利润颇为可观——直到六年前都是如此。

如果要说出鲍勃是从什么时候开始有麻烦的，那就是从他收购塞帝耐尔门业有限公司开始的。该公司销售普通门、升降门、车库门、重型商用门及各类配件，并提供相应的安装服务。鲍勃对门业生意一无所知，但他认为自己成为企业的所有者后会很快熟悉业务。他认为自己很聪明，还曾夸口说，“如果你告诉我怎么做门，我将告诉你怎么赚钱。”

鲍勃收购门业公司时年近40岁，随后便遭遇了严重的中年危机。舞弊者的生活水准大都超出了他们的财力，鲍勃也不例外——他拥有新的汽车、游艇和私人飞机，喜欢经常去旅行，他很喜欢给人一种非常富有的印象。可当时他的两个公司都遇到了资金紧张的问题，发放员工薪金的时间越来越迟，从按周支付逐渐变为双周支付、按月支付，最后只能按月并分期付款了。他一直从员工薪金中扣除养老保险金，但他的两个公司实际上已经好多年没有缴纳养老保险金了。

事实上，公司没有任何理由出现现金短缺问题。公司的生意异常兴隆，甚至有些难以招架，产品的定价包含了很高的利润加价。显然，鲍勃从两个公司提取了大量的现金来支付他奢侈的生活开销——估计每两周就从两个公司各提取6 000美元。这也就是说，是这两个公司的50多名员工为其贡献了游艇、私人飞机和高昂的生活费用。国家养老保险办公室的代表至少在4年前就了解到了这一情况。保险监理官与鲍勃面谈过多次，鲍勃答应要开始支付当期及以前欠缴的保险金，但是，实际上他直至4年后才开始支付保险金。曾有位员工取笑他被国家养老保险办公室盯上了，鲍勃却说，“我并不担心，他们是纸老虎而已。”

§直面违法者§

国家养老保险办公室意识到，他们必须采取措施来保证养老法案的执行，便聘请我担任首位养老保险监察员。我以前的工作领域主要是在法律实施及会计方面，在受聘出任监察员之前，我刚刚取得了注册舞弊审核师的资格，这是我获得此项聘任的主要因素。我的第一项工作是起草一份标准的调查及起诉违法企业主的工作方案。多数违法者只是迟交养老保险金，但也有一小部分是企图逃避缴付责任，鲍勃就属于后者，他和他的公司将成为本国依据养老保险法遭起诉的首例被告。

从接到养老保险办公室负责门业公司养老保险事务的专管员打来电话开始,我就正式介入了此案。他说鲍勃·沃克以科卡印刷公司名义开具的一张支票被银行拒付了,5 100 美元的支票款是保险监理官与鲍勃协商确定的鲍勃支付欠缴保险费的首笔款项——尽管已经延迟了4年。

我给鲍勃打了一个电话,约他一起与保险监理官见面。在电话交谈中他表现得很平静、很有礼貌,有解决问题的意愿。在约定会面的那一天,他在约定时间前45分钟打来电话说取消会面。我们又约定了另一个时间,我建议他最好在会面的时候带上钱。我警告他如果届时再不出面的话,我们就要采取法律行动了。

在约好第二次会面的当天,鲍勃给我们的办公室打来电话,但既没有找保险监理官也没有找我,只是让业务助理转告说他将在一小时内出国。他说他不是故意失约,而是因为家中有急事,并说回来后立即给我们打电话。鲍勃后来再也没有来电话,国家养老保险办公室开始启动了诉讼程序。我们开始的时候把重点放在了门业公司,因为该公司欠缴保险费时间较长、金额较大,涉及的员工也较多。

我的调查工作包括:搜集书面证据、走访证人、计算欠缴保险费金额、与州首席司法官联络。我还必须考虑指控的内容和证据的可获得性来确定调查范围。几年来,国家养老保险办公室汇集了有关鲍勃及其公司的大量案卷资料,因此我无须再与其面谈或者得到他的陈述。我对这些案卷资料进行了复核,判断资料的重要性,确定哪些资料可以用作证据,把鲍勃欠缴保险费的事件按时间顺序进行了整理。案卷资料中还有一些门业公司以前的员工向国家养老保险办公室投诉的材料。

我首先与养老保险事务专管员进行了面谈,他就是打电话告诉我拒付支票的那个人。他说,从门业公司收到最后一笔保险费是在4年前,之后不久,养老保险办公室就书面通知鲍勃他的公司已经欠缴保险费,鲍勃当时就做了第一份还款计划,但时隔4年才收到了一张5 100 美元的支票,而支票又被拒付了。

我走访了门业公司曾经投诉过的前员工,大家的回答基本一样:公司从他们的工资中扣除了保险费用,但无论是公司应缴的部分,还是已经从他们工资中扣除的部分,从来都没有缴纳给养老保险机构。为了证实此事,我与养老保险计划的监管者——国家养老办公室的监理官及副监理官相继进行了面谈。

§飓风灾害§

在州首席司法官的支持下,我们指控门业公司欠缴43笔保险费。在调查过程中我们还发现,鲍勃的另一家名叫科卡印刷的公司也严重欠缴保险费,指控其欠缴39笔保险费。我们还指控鲍勃本人欠缴82笔保险费。鉴于此案可能成为重要的判例,州首席司法官将亲自担任首席法庭公诉人。

鲍勃对在经营门业公司的最近四年、科卡印刷公司在最近两年欠缴保险费的指控供认不讳,但否认对门业公司第一年欠缴保险费的指控以及与科卡印刷公司有关的其他指控,因为在伊凡号飓风之后该公司的经营就停止了。

在两年前的2004年,开曼群岛遭受了史无前例的伊凡号飓风的袭击。这次规模达5级的飓风灾难不仅使加勒比海地区的很多人失去了生命,还对该地区造成了巨大的经济损失,企业及政府都遭受了前所未有的巨额损失。鲍勃找到了违反保险法案的最好借口,他说他无法向我们提供调查所需要的会计记录。这样以来,我们只能通过查找门业公司以前的申报资料、支付员工薪金的票据存根以及证人证词来逐笔计算欠缴的保险费。(巧合的是,鲍勃后来设法找出了一些文件记录以尽力减少欠缴额,这使我们确信他的会计记录并没有因飓风而丢失。)

鲍勃想尽一切办法来减少公司及自己的欠缴金额,他利用的一个自我保护策略是,声称自己是在4年前才正式接手门业公司的,在此之前欠缴的保险费是别人的责任。他还抱怨说,伊凡号飓风使科卡印刷公司损失惨重,公司两年前就不得不关门歇业了。鲍勃向我们提供了欠缴保险费的最新数额,远低于他以前申报的金额,而且没有提供任何支持性证据。他显然是在竭尽全力减少应缴保险费金额。

鲍勃先是认可了科卡印刷公司欠缴的保险费金额,但没过几天就反悔了,结果我们对两家公司欠缴保险费一事都没有能够达成协议。他的辩护律师认为是鲍勃的公司而不是鲍勃本人欠缴保险费。但是,他的这些伎俩都没有减轻对他的指控。最后，鲍勃决定上法庭由法官裁决。

§公诉人的证据§

公诉人花了12天时间来提交证据。她向法庭提交了60项证物和25位证人。按照她的要求，我整理了两家公司50多位员工以及10位其他证人的证词，其中包括公司管理层、工人、会计人员、海关及移民局官员，甚至还有鲍勃的一位前妻。在与门业公司前员工的面谈中，我们讨论了养老金的扣除问题，确认鲍勃本人5年来一直担当着公司实际决策者与管理者的角色，公司正是在此期间欠缴养老保险费，有支付票据存根、往来函件及其他文件所支持的证人证词为证：

1. 5年前，鲍勃·沃克被作为门业公司的新主人介绍给了公司的员工；

2. 从那时开始，鲍勃便作为公司总裁签署文件；

3. 鲍勃是公司银行账户的唯一签字人；

4. 鲍勃负责招聘及解聘员工；

5. 公司的记账员、会计员向法庭作证，鲍勃每两周从公司提取6 000多美元资金；

6. 公司的记账员每月提交应缴养老保险费支付表，但鲍勃从未签发过支票；

7. 对所有符合条件的公司员工，公司都要从工资中扣除保险费；

8. 鲍勃拥有诸多的“玩具”，包括一艘价值50多万美元的游艇、数辆新汽车、1艘全新的摩托艇，2架私人飞机，还计划购买一架喷气式飞机；

9. 证词显示，公司未向养老保险机构缴纳保险费；

10. 鲍勃明知保险费未付，却故意视而不见；

11. 员工健康保险费及交通工具保险费也未缴纳。

我的调查进一步证实，科卡印刷公司至少在伊凡号飓风发生后两年内仍在营业，鲍勃像往常一样管理企业，从员工薪金中扣除保险费但没有向保险机构缴纳，他还从公司提取了大量的资金供自己使用。

这些新情况使我们得以更准确地计算出应缴保险费金额，鲍勃的欠缴金额又有所增加。当时，我几乎确信我们计算的数字准确反映了鲍勃的应缴金额,但我错了。依据后来鲍勃在庭审中提交的证据计算,其应缴金额其实更高。

法官在案件审理的最初阶段就明确指出,无论是否已从员工薪金中扣除相应的保险费,作为雇主都有责任向养老保险机构缴纳保险费。

§申辩§

鲍勃出庭两天,包括交叉质证过程。他说明了科卡印刷公司的情况:在9.11事件以前,公司的年利润为120万美元。他抱怨说恐怖袭击和新的竞争使公司的年利润降低到了60万美元。紧接着,伊凡号飓风又摧毁了全部的生产设备。由于未向保险公司投保,他只好关闭了公司。他还说,在飓风来临前,科卡公司的资金存入了门业公司的账户,可惜后来门业公司停业了。

他说,自己购买与公司无关的物品所使用的资金都来源于贷款及公司股利分配。他证实自己在过去几年里购买了3架飞机,其中包括1架喷气式飞机。他坚称自己从未从门业公司提取过资金。他辩称,他之所以接替公司总裁的职位,是为了帮助一个儿时的朋友和自己的父亲伯特,他说自己的身份是公司的顾问,而不是经理,是他的父亲在管理着公司。他无法邀请他父亲伯特出庭作证,因为他不久前去世了。鲍勃在伯特去世以前,并没有说过他父亲实际控制公司的事情,在与国家养老保险办公室数年来的协商中,他也从未提到过欠缴保险费应由伯特负责的任何信息。交叉质证对鲍勃颇为不利,在我看来他是不可信的,我希望法官也这样认为。

§交叉问讯§

州首席司法官办起案来条理清晰,她举止文雅但态度坚决。交叉讯问一开始,她就请鲍勃解释作为科卡印刷公司的总裁意味着什么,他的职责是什么。然后她转而询问关于门业公司的同样的问题,并对二者进行比较,因为鲍勃承认他担任了两家公司的总裁职务。

州首席司法官开始向法庭举证,并向法庭提交了一系列文件,文件证明鲍勃确实从门业公司提取了资金，这与鲍勃的证词正好相反。对此鲍勃回答说是记账员的问题，不是他们记错了账，就是账簿记录不完整，他说他确信曾经发生过错误。最后出示的一份文件是由鲍勃亲自填写并签名的，该文件上列示了每一位员工应缴保险费的明细情况，并且后附了那张被拒付的支票。在这份文件上，鲍勃用他本人的名字列示出他本人应缴保险费为833美元。当被问及此事时，他一时语塞，然后厉声吼道，“我不知道为什么我在上面写下了我的名字。”

在交叉质证过程中，我认清了鲍勃的欺骗策略，州首席司法官显然也是这么认为的，因为她一直在质疑鲍勃言辞的可信性。鲍勃紧张了起来，改变了自己的解释，说自己不记得一些重要的细节了。看起来鲍勃是在编造故事，他根本给不出合理的解释。州首席司法官指控他欺骗法庭。

在庭审的最后一天，经过核实的书面证据证实鲍勃实际控制着门业公司，科卡印刷公司在鲍勃声称已关闭后仍然雇有员工，仍然在回收货款。在辩论总结阶段，州首席司法官再次谈到了鲍勃的证言缺乏可信性。辩方仍然坚持应由公司而不是鲍勃本人对欠缴的保险额负责。

在整个庭审过程中，我一直在计算每位员工的应缴保险费金额。经综合考虑每位员工的薪金水平、应扣除的项目以及法定的利息金额，鲍勃应缴保险费的合计金额为31.8万美元。

现有的一项法律规定为我们提供了一个绝佳的出路，是我们追回应缴养老保险金的一个有效途径。依据该项法律规定，我们对鲍勃的一处不动产进行了保全和转让，资产的售价为36万美元。这笔资金由一家独立的律师事务所代管，偿付应缴保险费后的资金将退还给鲍勃。

§法庭判决§

由于鲍勃之前已经对有关公司欠缴保险费的指控表示认罪，因此在法官宣判的当天，法庭只须审理对鲍勃本人的指控。最后，州首席司法官认定鲍勃本人应对所有的指控负责，其中包括欠缴养老保险费和没有提供相关的信息。法庭认为，鲍勃毫无疑问是两家公司的决策者及管理者。

州首席司法官对我提供的数字表示认同，但要做些微调。最后法官宣布休庭并择日宣判，法庭还要对欠缴保险费的金额作最后的评估。

在宣判日，州首席司法官责令鲍勃支付欠缴的保险费及利息，扣除了他本人已经交纳的部分。另外，他被处以7.4万美元的罚金（如果不交他将面临26.5年的监禁），并承担2.5万美元的诉讼费用。我终于长吁了一口气，我终于为受到影响的员工们以及开曼群岛的其他劳动者讨回了公道。

§经验与教训§

事后再来看本案，我们感到还可以做得更好。在未来的调查工作中我可以换些思路，比如，我应当和被指控人进行会面并获得其书面陈述。如果当时我与鲍勃进行过面谈并听取他的陈述，我就有可能得到案件所涉及的会计记录，我就可以揭穿鲍勃的借口和他违法的原因，这样以来，我们就可以在诉讼中更好地预测辩方的辩护策略并做好应对准备。

我们本应当扣押全部的书面记录。国家养老保险法案有一项条款，允许在经批准的情况下，采取任何必要的措施扣押薪金支付及会计记录，其中包括搜查私人住所，这一规定等同于刑法所规定的搜查令。如果我们这样做了，就可以得到更多各种类型的证据。

最后，指控违法企业"拒绝提供信息"是头等重要的问题，原因是多方面的。首先，这在法庭上更容易被证实。其次，这表示不遵守法律的企业将受到国家养老保险办公室的严肃处理。此外，它可以使企业在诉讼期间就能纠正错误，变成一个守法者。

§防患于未来之建议§

我们相信，采取下列措施将使调查人员的工作更加方便和有效：

1. 追踪投诉

建立和实施投诉举报制度可以收到长久、持续的效果。在处理投诉举报的过程中，调查人员可以调阅特定的资料，以便决定下一步的行动。

2. 寻求法务会计服务

法务会计服务对国家养老保险办公室来说是极为有用的。聘用法务会计来调查违法企业，费用由违法企业支付，这样可以节约国家养老保险办公室的开支。

3. 限制保全资金的使用

关于出售财产的法律规定应当做适当的修改,以便限制出售财产所得资金的使用,将这些资金专门用于支付欠缴的养老保险金,剩余资金可以返还给合法的所有者。

4. 迅速行动

国家养老保险办公室应当在企业拖欠保险费后迅速与之联系。如果达成了付款协议,就应当立即执行以防企业违约。本案中,如果养老保险办公室早一点对鲍勃·沃克采取法律行动,企业员工及政府机构就不会遭受如此巨额的保险费拖欠了。

18

租用病人骗保案

BODIES FOR REN

丽贝卡·S. 布什

租用病人骗保是指那些提供门诊服务的外科诊所,为参加了雇主自办医疗保险计划的低收入者提供不必要的医疗服务,以便获得保险公司寄来的理赔支票,某些公司的工人为了钱而应招成为这类诊所的患者。参与这种特殊的骗保勾当的人逐渐沦为沉溺于贪婪、欺骗和谎言圈子的受害者,他们为了金钱可以不计后果。

这种骗保阴谋通常涉及四种人。一是诊所老板,他们专为提供不必要的医疗服务而开办诊所;二是行医者,是指提供这种医疗服务的医生和护士;三是招募者,即寻找患者的人;最后是患者,他们愿意提供自己的身体来接受不必要的医疗服务。不幸的是,这些出卖身体的人经常会因为错误地参与了这种骗保阴谋而留下了疤痕或终身的伤害。

丹和莱·泰恩是住在加州南部的一对越南籍夫妇。在决定开设一家专门从事租用病人骗保生意的医疗诊所以前,夫妇俩曾经先后在多家零售企业工作过。带着对医疗行业的陌生感,他们开办了一家名为棕榈泉东外科门诊中心的周末诊所(简称 PSE 诊所)。泰恩夫妇没有与保险公司的医疗保险计划签署过任何正式的协议,所以他们的周末诊所属于非医疗网络诊所。他们在当地报纸上做广告,招聘外科医生和护士在周末到诊所工作,这些医生通常已经拥有一份全职的高薪职位,许多人对该诊所存在租用病人骗取保险理赔的问题心知肚明,也有一些人对此并不知情,反正所有参与的人都能为自己找到合适的理由。

鲍束医生就是一个典型的非法行医者。他就职于一家大型的大学医疗中心,已经结婚生子,工作努力,拿着 6 位数的高额年薪。他在周六及周日到泰恩夫妇的诊所工作，为愿意参与骗保的租用患者提供不必要的医疗服务，平均每个周末能挣得3万美元。在诊所和手术室工作的护士的小时工资一般为60至70美元，她们平时同样也在知名医院里拥有全职的工作。护士们或多或少知道这里的许多外科手术都是不必要的，但是对金钱的欲望扼杀了她们遵守职业道德的意识。

泰恩夫妇雇佣其他的越南工人拉来患者，人们称这些作恶的招募者为诱骗者或歹徒。他们一般都是外国移民，包括越南人、西班牙人和波斯尼亚人。本案中的该角色名叫铎·翁，在一家自办保险的废品回收利用公司工作，他的任务就是从享有医疗保险福利的同事当中寻找越南人，鼓动他们到诊所接受不必要的医疗服务来赚钱。铎还借助于多家越南人开办的美甲店来招募病人或作口头广告，有些员工甚至还在其工作场所的咖啡室里看到过张贴的广告。招募者每找到一名"患者"就会得到2 000美元的报酬。诊所老板通过一个病人及其家庭成员通常能赚取近40万美元。

那些冒充患者的通常都是一些工资很低、存在语言障碍的人。在本案中，这些人都是被铎及其他招募者招募过来的，他们本人和家属（包括配偶和子女）到诊所接受手术，每做完一项手术大约可以挣得300至1 000美元。患者从诊所领取现金，诊所再将其医疗保险索赔单提交给病人所投保的保险公司。保险理赔支票大都直接寄给病人，病人收到支票后要交给诊所，以便支付医生、护士及诊所老板的报酬。许多患者自己后来也成了招募者，形成了一个骗保阴谋网络。

废品回收利用公司是一家总部设在美国、年营业收入超过10亿美元的知名公司。仅本次调查涉及的分公司就有5 000多名员工参加了医疗保险计划。

PSE诊所的日子过得不错，共招聘了30名医生和10到20位助理人员。泰恩夫妇的骗保游戏运作得非常成功，他们最终在加州南部地区共开设了4家周末诊所。

任职于废品回收利用公司的铎是一名至少招募了50名病人的诱骗者，诊所老板为此给了他大笔的报酬。铎仅是泰恩夫妇在40多个州的众多招募者之一，他们专门将目光锁定在拥有医疗保险的工人身上。

有时，招募者需要劝服或者强迫病人接受这些不必要的医疗手术。

他们为病人安排交通工具，乘飞机或驾车把病人送到加州。预约手术时间、指导病人如何说话、安排病人在事情结束后回家，这些都是招募者的工作。如果病人不能对医生准确地说出自己的症状，他们就会被退给招募者以进行额外的“指导”，然后再次被送回诊所。诊所一般都将这类就诊患者记为急诊，因为急诊无须取得保险公司的事前确认。这些病人都有一个共同点：他们原本都是健康的。

为了掩人耳目，诊所对病人一般都是施行常见的检查或手术——通常包括结肠镜检查、胃肠上部检查、掌心出汗去除术、痔疮手术以及疼痛缓解等等。招募者常常会陪同病人到医生那里就诊。

许多病人没有意识到这类检查或手术有副作用。一位曾被全国医疗保险机构约见过的病人说，在接受掌心出汗去除术后，“当阳光照在身上时，我就感觉皮肤像着了火似的。”他的身体有一侧将终生不再出汗。虚假索赔和虚报诊疗项目在好长一段时间内大行其道，比如，收取根本没发生的治疗费用、将美容手术伪造成保险责任范围内疾病的诊治等。租用病人骗保阴谋的独特之处就在于，医生所进行的治疗都是不必要的。

他们开始只是进行简单的美容手术，接着是急诊手术，最终发展到外科手术，手术费用则是正常费用的50倍之多。诊所老板还以重复收费的方式，尽可能利用合谋的病人向保险公司多报销医疗费用。比如，他们对做过的不必要的医疗服务的时间加以更改，让人看上去就像是进行过很多次手术一样。他们在同一个公司一般会招募20个病人，经常在周六或周日做手术，目的是避免被病人的雇主们发现。

§ 阴谋败露 §

大多数的舞弊行为都是由于内部人的暗中举报而浮出水面的。这种特殊的骗保阴谋终于败露了。如前所述，这种非医疗网络机构的保险付款支票通常是直接寄给病人的。可以想象，一张20万美元的支票对那些拿着最低工资的工人具有何等的诱惑力！正因为如此，有些患者就开始自行兑现支票，而不是将其转交给诊所，诊所便控告病人非法获取钱财，废品回收利用公司的一大批员工都遭遇了法律诉讼。一家当地报社的记者得到了诉讼情况的一些线索，并开始做系列报道，反戈一击的病人说出了关于诊所令人震惊的故事。

海恩·永是废品回收利用公司的一名员工，他在与报社记者见面时说，自己在被招募并接受多次手术以前没有任何健康问题。这位31岁的新泽西州居民有偿接受了一系列的医疗服务，其中包括包皮环切术、摘除汗腺、隆鼻手术、结肠镜检查以及内窥镜检查。海恩透露，虽然他知道自己并不需要其中的任何一项服务，但还是做了，他是被同事铎催着去的，是铎反复催促他到南加州去接受这些不必要的手术。他还说，人家教他如何向医生说明自己的症状，然后，"医生就给你做各种手术。"海恩承认自己兑现了总计25万美元的保险支票。他还解释说，"我让他们在我的身上做手术，后来就认识到自己成了他们的试验品。在他们来收支票时，我就决定自己将支票兑现，自己留下这些钱。"

像海恩一样的其他病人被约见时，讲述了他们每接受一次手术铎就会付给400美元报酬的过程。铎否认自己了解医疗保险骗保案，但我们在咖啡间内找到了招募病人的广告，上面有铎的手机号码，对此他也给予否认，声称他的手机被人偷走了。

其他病人也像海恩一样开始自行兑现支票，而按照计划，招募者应该在病人拿到支票时收回这些支票。病人们开始自行兑现保险支票后，泰恩夫妇的问题便逐渐浮出了水面。

总计起来，泰恩夫妇从废品回收利用公司骗取了260多万美元，受骗的公司达1 200多家，估计涉案金额达1亿多美元。受害者还包括第三方，如以折价买入应收账款的专业收账公司。

泰恩夫妇通过设立多家公司、变换税务登记证、在诊所位置保持不变的情况下变更收款地址等方式，经营了很长时间都没有受到任何处罚。需要指出的是，泰恩夫妇只不过是同期为数众多的涉及骗保案的诊所老板之一。据估计，租用病人的骗保案件总值可达5亿美元以上。

§深入调查§

我受废品回收利用公司的聘请，协助调查租用病人骗保案的损失额。这种骗保阴谋还有另一层面的危害，因为这是一个自负保险项目，所以员工们参与骗保也就是直接盗取了公司的资金。这种骗保阴谋从本质上来说就是盗取公司资产，只是其实际损失可以从雇员忠诚险或员工犯罪保险得到补偿。公司投保雇员忠诚险或员工犯罪险，目的就是为了弥补因员工盗窃或不诚实行为而对公司资产造成的损失。

我的调查任务包括证实骗保事实、判断总体损失情况、为雇员忠诚险的索赔提供专家意见。

我们从收集现有的书面材料开始证实骗保行为的存在。公司员工已经接受了媒体的采访，于是我们收集了与采访有关的所有文章。此外，多位工人曾在一个全国性电视访谈节目中接受过采访，我们拿到了一份拷贝。由于这一事件已经广为流传，因此在我介入调查时，证据已经很充分了。

节选的电视节目中包括如下一些对话：

“他们给我钱，于是我就想——为什么不去呢？”

“我出租自己的身体，我知道这确实不太好，但我也是人。”

“他们给我 1 000 美元。我想，这有什么坏处呢？只是一个小时嘛。”

节目还在继续，下面是与其他员工的对话。

“你拿到钱了吗？”主持人问。

“是的，我们收到了 2 000 美元——我和我的儿子。”

“这值得吗？”

“不，”该员工语气肯定地答道，“我们差一点就死在那里了。”

招募者也接受了采访。越南人开的美甲店是寻找潜在病人常用的场所。在节目中，一位现场记者假装想要进行美容手术。一位招募者告诉记者，“你可以让保险公司来支付手术费用，这确实是欺骗，但我们就是要好好地骗骗他们，你只要说个谎就行了，说谎又不会受伤。”在诊所，现场的招募者会指导病人如何向医生说明自己的症状。还有一个人被告知，不要说自己想接受美容手术。招募者解释说，“我们得真做结肠镜检查，要向保险公司证明你接受过结肠镜检查。然后，他们就可以对你的眼睛施行美容手术了。”

还有一位病人去了五次诊所，接受了全部的医疗手术。公开披露的信息以及雇主方的书面档案都充分证明，雇主公司对骗保的事情已经有所察觉，并不断地向保险公司提交雇员忠诚险的索赔。我们还从雇主方的书面档案中找到了一份对参与骗保员工进行评估和考核的面试问题模板，这些员工最后都被公司解雇了。

我发现了许多证据，其中之一说明诊所老板对保险索赔的过程了解得一清二楚。我还发现了一些开给第三方管理人的收账通知单，上面带有诸如“非医疗网络就诊索赔，请处理”的附言，这是为了进一步蒙蔽保险理赔员，让他们在审核索赔文件的时候真假难辨。实施自办保险计划的公司一般都是把理赔业务外包给独立的、被称作第三方管理人的其他公司。要想查清涉嫌骗保的诊所的情况，就必须了解相关资料在各个环节是如何交接的。

已被发现的欺诈性索赔暴露出了其中普遍存在的缺陷和书面文件的问题，使我们可能将其与合法索赔区分开来。熟悉员工医疗信息的流转过程，对于了解第三方管理人的运作模式也很重要。

骗保的诊所老板总是强调说，因为很多病人需要急诊服务，他们才接待了这么多其他州的病人。所谓“急诊”意味着计划外的、没有预约的、紧急的情形。我们可以通过数据分析来判断这种说法的真实性。分析表明，所有的手术都在手术进行的平均四周以前做过术前确认，滑稽的是，大量的术前确认的联络电话号码都是空号，但通知领取保险理赔支票的电话通常都是家庭电话、诊所及收账公司的电话。这一现象与招募者的供述一致，证实他们所招募的员工确实参加了合法的保险。

我获得了一些来自于雇主的书面资料，包括一张员工名单、每位员工的档案以及面试记录。我还获得了一份保险付款资料的电子文档，还有直接从第三方管理人获得的该雇主的数据库。这个索赔资料电子数据库是我们在调查工作中取得的最重要的成果，其中包括 1 123 981 项记录，总共有 1 194 176 千字节。

我按照索赔文件的日期编制了一份汇总表，注意到在不同时间段内雇主的医疗支出不断增加的情况。我们还分析了参与骗保员工的情况，他们的症状多为多汗、腹泻及腹部疼痛（尤其是日常症状）的常规诊断。租用病人所接受的治疗通常包括胸腔镜检查、掌心出汗去除术、结肠镜检查以及内窥镜检查。

我将保险索赔按照患者和行医者进行了分类，为 PSE 诊所提供索赔处理业务的第三方管理人遍布全国，包括由本州在家办公的第三方管理人代理索赔的行医者的名单。这个文档很复杂，因为第三方管理人的数据库中删除了非本州行医者的名字。因此，我不得不寻找其他途径，包括利用地址数据库、员工的社会保险号码以及其他的租用病人图表分析工具，将所有相关的信息汇集起来。

在完成了资料的收集和分类后，调查人员向承保雇员忠诚险的保险公司提交了一份书面报告。在对 70 个目标员工的资料进行分析后，确认其中的 25 人参与了骗保案，该诊所利用租用病人骗保手段从雇员福利项目骗取了 2 049 310 美元。

承保雇员忠诚险的保险公司对此提出了几点疑问，他们聘请的第一位专家无法从原始的索赔文档中提取数据，后来经过与数据提供人员非正式的沟通，他得以核实报告中的数字。保险公司对调查报告作了内部处理，我一直没有拿到这份报告。

接着，我开始与保险公司聘请的第二位注册会计师合作。他说，第三方管理人提供的索赔档案不能作为证明骗保员工的雇主被盗取了资金的证据，他希望找到银行的交易记录来证明雇主确实发生了损失。与此同时，我的助手们也开始对银行对账单进行分析，分析之后我们发现信息在真实性方面还存在一些问题。许多参与骗保的病人的姓名都是少数民族的，名字经常有拼写错误或使用了不同的拼法，比如名与姓的位置经常发生颠倒的情况。还有的名字中少了字母，如有的索赔文件的名字是"John Smith"，有的则用的是"John Smih"。对这样的数据需要做进一步的分析、复核和处理，在第三方管理人的索赔电子档案中也发现了类似的问题。

完成这项补充调查之后我们出具了一份新的调查报告，将损失金额提高到 260 万美元，这主要是因为新发现了一些盗用正式雇员的社保号码进行索赔的人员，这些人员没有包括在原来的保险索赔档案中。

§调查结果§

在州保险管理局及特许经营权税收委员会的帮助下，县地区检察官办公室在历经 2 年的调查之后，对诊所老板泰恩夫妇提出了指控。他俩因为涉嫌 46 项合谋、重大盗窃罪、骗保、压价及逃税而受到指控。这对夫妇被指控从美国各地招募了数以千计的健康"病人"到他们的周末外科门诊中心接受不必要的手术，骗取保险公司及病人的雇主达 1 亿多美元。

如果该指控被证实,他们将面临在州监狱服役最高 38 年的判决。

我的客户废品回收利用公司还是幸运的,因为有雇员忠诚险而从保险公司获赔 200 多万美元。

§经验与教训§

在调查过程中,我特别注意将骗保案的所有参与者制成流程图,其中包括"病人"、"行医者"、"第三方管理人"及其他的服务提供者,开始阶段是有些麻烦,但在后来分析犯罪规律时就非常有用了。

由于许多信息的真实性存在问题,所以就必须从多种渠道获取员工信息加以证实。此外,对于涉案人员的情况,必须充分认识到系统的局限性,并以替代方法寻找正常经营过程中所遗失的数据资料。为了防止重复性工作,应当制作一张包含所有书面资料的清单。最后,有效的信息系统和数据分析支持在任何保险索赔调查中都发挥着关键的作用。在信息处理过程中遇到的最大困难就是很多时候只能拿到纸制的资料,因此必须准备好必要的资源将这些资料转换成电子格式,以便进行合理的分析。

§防患于未来之建议§

1. 公司要提高防范意识

租用病人骗保案说明雇员腐败达到了一个新的层次,雇主们必须认识到公司资产所面临的风险,内部审计常常忽略了这一工作领域。本案告诉我们,如果雇主对医疗福利项目没有适当的监督,就有可能为此付出惨重的代价,因为公司在职工医疗福利项目上的开支额很大。管理层必须看到,对员工进行积极的监督和培训是预防此类问题发生的关键。

2. 获得雇员忠诚险保障

如果公司实施自办保险计划,购买雇员忠诚险可以弥补发生的损失,此类保险涵盖各种类型的雇员盗窃和贪污行为,对企业来说是一个不错的选择。公司应确保自己获得了这方面的保险保障。

3. 雇员舞弊意识培训

雇主们应当针对医疗福利计划对员工开展反舞弊意识培训,让员工了解这种租用病人骗保阴谋的运作方式及其医疗方面的危害性，必须让员工们了解这种行为是非法的。

4. 数据分析与事前审核

雇主们应当对其医疗索赔情况进行内部的数据分析，聘请第三方机构定期对医疗福利项目进行审计。以本案为例，公司如果当初进行了这种审核，就可能发现在周六及周日所发生的这种不必要的、异常的医疗索赔，以及诸如掌心出汗去除术这种常见的租用病人手术活动。

事前审核还应注意发现下列常见的医疗骗保情况：

(1)虚构医疗服务；

(2)重复收费；

(3)抬高标准收费；

(4)分拆收费；

(5)伪造保险卡；

(6)伪造折扣卡；

(7)盗用员工身份。

我给雇主们的首要建议是提高防范意识。违法犯罪分子盗用公司资金的方式花样繁多，许多公司都忽略了租用病人骗保阴谋的多发性和危害性。

19

百万美元托管资产舞弊案

The Million-Dollar Breach of Trust

霍莉·弗莱克·格雷汉姆

克莱拉·哈特菲尔德出生并成长于考德威尔,考德威尔是位于亚利桑那州中西部的一个灰蒙蒙的乡村小镇。当地居民对他们安静、邻里和睦的生活状态颇感自豪,大家都有足够时间相互帮忙,谁也不会因为忙而忽略了那些街谈巷议。克莱拉是在家庭和老老少少的朋友们的关爱中长大的,因为她生来乐于助人,所以很快就在众人中赢得了“小小妈妈”的口碑。也许有人认为这个称号对她来说有点言过其实,但“关爱者”这一美名一直伴随她进入了成年。实际上,用克莱拉以前的一位雇主的话说,克莱拉“不管走到哪里都是以特丽莎修女的形象示人”。

克莱拉个头矮小,一张友善而富于表情的脸很讨人喜欢,大家无论有什么事情都可以找她帮忙,克莱拉也因此在街坊邻居中颇有名气。但克莱拉也有她的另一面,有些与她比较亲近的人认为她有时候很固执、难以相处,有些过于喜欢支配别人,总是想方设法达到个人的目的,甚至有点工于心计。

随着年龄的增长,克莱拉在个人生活方面有些不顺,稀里糊涂地就成了一男一女两个孩子的单身母亲,还有生病的亲人需要她来照顾和帮助。克莱拉利用一切时间做各种各样的工作赚钱养家,可日子总是过得入不敷出。于是她开始到处漂泊,为了能找到薪水更高的工作,在多个城镇中辗转迁移。在这个过程中,她与一名施洗牧师的儿子坠入了爱河,并与他一起回到她的家乡开始了新的生活。回到家乡让她感觉自己浑身上下充满了力量,她的根在那里。克莱拉相信自己时来运转了。他们找到了一个简陋的活动房屋安顿了下来,过了几个星期,两个人都在政府部门找到了稳定可靠的工作。

克莱拉开始在罗瑞莫斯县监督委员会做秘书工作。这个职务让克莱拉有机会接触很多人,她学会了政府部门的一些办事规则。这份工作使她认清了自己的职业梦想,她有机会帮助那些需要帮助的人,包括年老体弱者、智障人员和那些脆弱的无家可归者。克莱拉觉得她完全可以成为这个县的公众监护人,为那些弱势群体提供健康和财务方面的服务,做他们的监护人。克莱拉没有意识到的是,她的这种过高的职业和个人抱负是她的能力所不及的,可能会使她陷入贪欲的泥潭而辜负那些身陷窘境而急需救助的人们。

亚利桑那州的罗瑞莫斯县方圆 5 000 平方英里,其特有的多岩石地貌景致迷人,人人都可以在这里找到自己的最爱:长满苍松翠柏的雄伟壮丽的大山、险象环生的悬崖峭壁、两岸长满婀娜垂柳的清凉的河流,甚至还有布满仙人掌的沙漠风光。春天的时候,枝繁叶茂、五颜六色的野花令这里的人们感到自豪,该县由此得了这样一个西班牙名字——罗瑞莫斯,也就是“花束”的意思。这里一半以上的面积由美国林务局管辖,大约 40% 的面积则是印第安人阿帕切部落的栖息地。

这个地区曾有过一段动荡而充满暴力的历史,因此被形象地称为“荒蛮的西部”。它早年是印第安人阿帕切部落的栖息地,由于本地蕴藏着丰富的银、铜等矿产的消息不胫而走,采矿者们都带着发财的梦想蜂拥而至,为了保卫自己的家园,印第安人曾顽强地抵抗入侵的探矿者,激烈的利益冲突引发了混乱,罗瑞莫斯县建立的初期是充满血腥的。残酷的“阿帕切战争”之后随之而来的是恐怖的谋杀、公共马车被抢、公开执行的残酷绞刑和随处可见的醉鬼。虽然有秩序的生活终于来到了这片美丽的土地,剽悍的拓荒精神却一直延续至今。

当地的百姓勤劳而谦卑。虽然有些人还在从事铜矿开采,但种植业和畜牧业已经成为他们的主要生计。全城 6 万人口中绝大多数都至少是高中毕业,一小部分人完成了大学学业。这里一个普通家庭的年收入刚刚超过 2 万美元,大大低于全国平均水平。田园化的生活方式已经制约了这个地区的发展和工业化进程,尽管有些人喜欢这种有乡土气息的生活,但每况愈下的经济形势迫使很多人离开了家乡,到更繁华的地方谋求发展,结果是许多家庭成员四散分离,远隔千里,在亲人生病或需要其它帮助的时候往往不能相互照应。

罗瑞莫斯的政府官员们也和其他县政府一样注意到了这个问题,政府需要向遭遇困境而又得不到家人帮助或因健康和智力原因而无力自救的居民提供帮助。1974 年,亚利桑那州以法律的形式规定,每个县的监督委员会都要安排一个公共监护人,专门处理这些需要帮助的居民事务。公共监护人办公室的日常开支由县政府提供资金。为此,亚利桑那州随后制定了一系列的法律、法规和程序,以确保公共监护人接受了适当的培训,能够为弱势群体提供他们需要的医疗、金融和公共福利方面的帮助。要想取得公共监护人的帮助,市民需要取得法院的正式决议,证明他由于精神或身体方面的原因而需要保护,指定其为公共监护人的保护对象。这项指定意味着这个人已成为这个县的受监护人,需要依靠公共监护人来管理其医疗事务和财产。

克莱拉开始担任罗瑞莫斯县的公共监护人的时候,她手下有一个五人小组协助其工作,被监护人的人数是不断变化的,平均人数大约是六十人。这些人大都很贫穷,但也有一些有钱的人。对于这些富有的被监护人,克莱拉的责任是稳健地管理他们的收入,经营他们的资产,包括货币市场资产、储蓄存款账户、支票存款账户、银行定期存单、不动产以及如家具、贵重珠宝玉石之类的个人财产,还包括稀有的集邮品。克莱拉有生以来第一次被这么多的财富所包围。

§“均富济贫”§

时间正值夏末秋初,克莱拉感觉这个季节的早晨清新而熟悉,使她想起了童年时期单纯的学生生活。柔和清凉、空气中充满了淡淡清香的早晨时光是短暂的,中午到来之前,这种使人陶醉的感觉便会消失,取而代之的是亚利桑那州特有的强烈而耀眼的阳光。

在这个九月的早晨,克莱拉的桌子上还放着一张纸条,上面是莎拉·帕勒的留言。纸条上写道:“克莱拉,莎拉在三点半又打来电话,说她还没有收到你的信。她说关于弗吉尼亚·梅的财产一事情况紧急,要你打电话给她。”弗吉尼亚是莎拉的姑母,几个月前去世了,身后的财产还没有结清。弗吉尼亚的财产是由克莱拉亲自管理的,她是由克莱拉管理资产的几个被监护人之一,其他工作人员无权接触这些人的财产记录。克莱拉就像一个高度戒备的母亲保护一个生病的孩子一样,谨慎地保管着他们的财产记录,限制他们与他人的交流。

克莱拉不能再拖延下去了。她把桌子上的其他短笺收拢起来,回家为弗吉尼亚·梅整理最后的账目清算报告。她感到远离办公室可以使她减轻压力,使注意力更加集中。弗吉尼亚是少数几个富有的被监护人之一,为她编写账目清算报告需要多花一些时间。经过清算,弗吉尼亚留下了将近30万美元的遗产,克莱拉提交给法院的清算报告上报告的就是这个数字。克莱拉按要求完成了财产报告后,精神压力反而更大了,她感觉自己已经病了。如何解释弗吉尼亚的财产不翼而飞的事实成了克莱拉的一块心病。她默默地祈祷着她不需要做任何解释,人们会把弗吉尼亚·梅忘了。从那以后,克莱拉尽量保持低调,极少露面,所以法院和县里的工作人员都很少看见她。

但是,弗吉尼亚的继承人没有拿到任何遗产,她的侄女莎拉非常不满意。罗瑞莫斯公共监护人办公室的代理律师罗伯特·布莱克接到了无数个电话,但他就是找不到克莱拉。

最后,在1月份第一个星期的一个寒冷的冬夜,克莱拉终于接起了家里的电话与布莱克通了话。她承认弗吉尼亚的钱已经不存在了,她说她犯了一些很严重的错误,把弗吉尼亚·梅的钱花在了其他被监护人的身上。"我是抢劫了'皮特'之后把钱给了'保罗'。"她见人就如此这般地解释。

克莱拉对布莱克先生说的一席话就像一个导火索,在县里的行政官员之间引发了一场轩然大波,克莱拉被停职了。县长吉姆·威尔肯很关心最近发生的一系列事件对县里正在进行的财务审计会有什么影响,他将这些情况通报给了亚利桑那州审计长办公室,审计长办公室又将这一信息转达给了我们几位在公共部门进行舞弊核查的法务会计师。我们法务会计组是审计长办公室的一个特殊组成部分,专门调查舞弊、滥用公共资金以及贪污一类的案子。于是,我们对罗瑞莫斯县的公共监护人克莱拉·哈特菲尔德的不当行为展开了一场艰苦而漫长的调查。

§理还乱§

我们首先要做的是与县里的行政官员见面,我们需要倾听他们的关切,了解组织机构的设置,确定可取得的资料,安排进驻县府大楼并与工作人员进行接触的事宜。从菲尼克斯到考德威尔两个小时的车程使我们暂时忘记了大都市拥挤忙乱的街道,我们行驶在只有一条行车道的公路上,在蜿蜒的道路两边,我们不时会看到高低起伏、点缀着仙人掌的大地和陡峭嶙峋的岩壁,岩石俯瞰着峡谷,紫水晶在早晨金色阳光的映衬下熠熠发光,风景真是美不胜收。可我们却无心欣赏美景,眼前的任务完全抓住了我们的思绪:我们不仅要查清弗吉尼亚·梅的30万美元的去向,还要查明是否还有其他的资金流失。

我们坐在了一张古老的椭圆形樱桃木桌子旁,围坐在桌旁的还有县里的检察官、县长、财务负责人、卫生部门负责人和公共监护人项目的主管。我们得知克莱拉已经在上个星期五辞职了,她的丈夫担心巨大的压力会影响她的健康,最近带她去了医院。看来无论以何种方式安排与克莱拉会面都很困难,至少目前是这样。

我们把注意力转向了公共监护人办公室的过去和现在。我们发现克莱拉对大量的被监护人的财产掌握着巨大的、不受监督的控制权,她可以在不经任何人核准的情况下随意签发支票,甚至其下属也享有同样的权力。我们据此做了几种假设:资产可能因管理不当丢失了,也可能被某个公共监护人或县府工作人员所盗用。克莱拉可能在为某个人作掩饰,也可能有其他的同谋。

一年前,县府行政官员曾听说过公共监护人办公室存在“客户资金遭到不当使用”的问题,但没有对此进行调查,反而从一般用途财政资金中拨付了12 000美元补上了短缺的资金,这一情况加重了我们的担忧。相关的县府官员承认,他们知道克莱拉提交给法院的年度清算账目是不真实的,但却没有采取任何纠正或补救的措施。县府还专门聘用了一位律师来负责公共监护人办公室的相关事务,这位私人代理律师应该发挥什么作用,也是值得弄清楚的一个问题。罗伯特·布莱克是克莱拉本人多年的朋友,看来疑点很多,我们还需要做深入的调查。

奇怪的事情很快就进入了我们的视线。我们实地走访了公共监护人克莱拉的办公室，其实是位于县城郊区的一栋年久失修的老房子，土质的停车场由于近日的雨水变得更加泥泞了，一直通往灰尘弥漫、又脏又乱的办公室。桌子、架子，甚至地板上都散落着纸张。被监护人的动产的境遇也没有好到哪里去，珠宝、房契、集邮品这样的贵重物品都没有采取安全保护措施，公共监护人办公室甚至连一个保险箱也没有。经过一番清理，杂乱的房间总算有了一点儿秩序，县府官员们便开始寻找资料，一边找一边整理。他们终于如愿地在克莱拉的家里找到了几个存放原始记录的盒子。

通过与办公室工作人员面谈，我们了解到了克莱拉还有苛刻甚至冷酷无情的一面。克莱拉对下属专横粗暴，与她努力在公众面前表现出来的那种同情心和周到体贴完全不同。克莱拉采取高压政策，使下属不敢随便提出问题，否则就会被解雇。在这个地区，找工作是很困难的。工作人员都知道，那些有钱的被监护人的资料都由克莱拉一人处理，他们的所有信件都必须原封不动地直接交给克莱拉，她还控制着所有的银行对账单和已注销支票。办公室没有任何书面的政策和程序规定可供大家遵循。克莱拉经常不在办公室，声称自己是去看望被监护人，解决他们的困难，所以，就是你想向她提问也很难见到她。

在 1 月份结束之前，我们已经找到了足够的证据，可以对她进行初步的问讯了。她仍然因为精神紧张在接受医生的治疗，但可以前来菲尼克斯与我们见面。克莱拉个子不高，五十多岁，体重大约超重 50 磅。她的穿着打扮并不入时，显然是在刻意把自己装扮成一个值得信赖的女商人的形象。她戴着眼镜，躲在镜片后面的眼睛流露出一丝无法用衣着和外貌掩饰的不安和忧虑。

我们对许多被监护人的资金管理状况表示担忧，要求克莱拉给予说明。她在社交场合伶牙俐齿，从不正面回答问题，一个劲地说些毫无意义或者不相关的信息。说到被监护人的资金被转移的事情，她总是说“她把皮特的钱用在了保罗身上”，她说尽管这种做法是错误的，但她不过是用富人的钱为那些贫穷的人付了账而已。我们已经对拿到的大量的财务资料进行了审查，知道在不同的被监护人账户之间存在大量的资金转移，但却找不到会计记录供我们查清钱是怎么花的，我们尤其要知道弗吉尼亚

·梅的财产的去向,她应当有30万美元的遗产。我们抓住这个问题不放,躲不过的克莱拉说:"我实在说不清楚,我是拆了东墙去补西墙,我想救助穷人,我说的都是真的,我的确说不清楚,我不是说钱的去向没有做记录或者没有留下凭据什么的,但有时候事情就是有点乱,你觉得你在做该做的事,我以为自己做的是对的,然后又觉得是不对的,我做错了。"

这就是克莱拉的解释。她不记得任何具体的事情,但不断声明之所以出现这种局面,都是因为她要照顾那些没有钱的被监护人,重申她作为公共监护人的职责就是要帮助和赡养那些因疾病或丧失能力而不能自理的被监护人。谈话期间,克莱拉不断地说她是一名真正的关爱者,她唯一关心的就是这些被监护人的健康。

我们继续查找记录,将其与接受公共监护人服务的被监护人的名单进行比较,事情变得越来越清晰了,有十名被监护人的全部资料都不见了。银行记录显示,这十名被监护人都曾经非常富有,但银行的记录也不完整。这十个被监护人每人都有一个账户,克莱拉是合法的签字人。银行对账单上显示的都是常见的业务,包括存款、转账、取款,但对账单后附的已注销支票却不完整,显示支票的填写日期、用途、收款人和金额的支票存根也不见了。

现在,我们可以要求银行提供相关资料了。金融机构与其他商家一样,不可能永远保存全部记录,我们要求银行提供最近五年的记录。我们需要查找将近700张支票。

§寻找真相§

我们从银行拿到了我们找不到的支票,发现这些支票全部都是由克莱拉填写并签署的。支票的收款方五花八门,包括大型的信用卡集团、零售商店、公用事业部门和石油公司。五年来,克莱拉共开出了695张支票,总计金额达750 159美元,用途不清,没有记录,存在明显的疑点。我们的工作尚未结束,我们必须查明那些信用卡和数不清的款项都给了谁、做了什么。

在审查了大量的凭证和对账单之后,我们认为可以再与克莱拉进行一次面对面的交锋。为什么被监护人的钱财被用于支付她个人的信用卡账单、电话费、改善家具用品支出以及保险费，我们洗耳恭听她的解释。她把大部分钱都花在7张信用卡上，持卡人包括她本人及其丈夫、女儿和女婿。这五年中，克莱拉及其丈夫持有的信用卡总计支出了665 772美元，主要的支出去向包括拉斯维加斯和亚利桑那州印第安人保护区的赌场，去加利福尼亚、阿拉斯加、密苏里州、科罗拉多州的旅行，购买电器，修理野营游乐用汽车和小轿车，餐馆用餐，看电影，买珠宝，还有去温泉疗养地度假。克莱拉送给女儿和女婿的信用卡被用于购买食杂用品、汽油和医疗相关支出。

克莱拉挪用的其余84 387美元都花在了家庭加油信用卡、零售商店信用卡、无线通讯和长途电话费用、家庭装修材料物资，还有克莱拉及其丈夫购买的癌症及住院治疗保险。

因为没有拿到全部凭证，我们无法确定另外的至少217 729美元花到哪里去了。我们能够确定的是，因为克莱拉五年来滥用被监护人的资金，导致的利息收入损失就达101 717美元。此外，被监护人支付监护费的未兑现支票共计52 566美元，克莱拉也没有交给县政府，我们在克莱拉的桌子上发现了部分这类支票，都是在约五年前签发的。更有甚者，克莱拉竟然直接从公共监护人办公室的支票账户为其家庭成员支付账单并隐藏证据，她为丈夫、儿子和女婿开出了111张支票，总计31 709美元，用途不明。尽管克莱拉一直声称自己是“用甲的钱为乙买单”，但我们的调查表明，她花掉的富有被监护人的钱中实际上仅有24 004美元是用在了贫困的被监护人身上。

克莱拉同意到办公室来与我们再次面谈。她的家已经搬离了考德威尔，距离菲尼克斯更近了。我们要确定的第一件事就是核实这些交易都属于她的个人消费。我们向克莱拉出示了不同的数据表格，开始是一些小金额的盗用资金问题，然后逐渐提出金额更大的问题。不出所料，克莱拉的第一反应是否认和狡辩。她不无伤心地说，“我告诉你们，我对这件事已经厌烦透顶！我今天来到这里，不断地告诉自己不要介意你们这些人在做什么，我忠于职守，尽了我最大、最大的努力，而情况又是那么、那么的糟糕，我甚至想不起我都去了哪里、做了些什么，我这么说并不意味着妥协。”

我们问她从公共监护人账户开支票为自己的信用卡付账有多久了，

克莱拉回答说:“不是那样的,开始的时候不是那样的,当事情变得不可收拾、我没有办法继续处理那些事情的时候才这样的。我不知道,时间不能……”她的声音越来越小,后面的话已经听不见了。

像许多舞弊者一样,克莱拉也无法想像自己贪污的金额是多么巨大,她手上没有留下什么,所有的钱都被挥霍一空。在说到她挪用的金额达到百万美元之巨时,克莱拉说:“我很抱歉,这个数字在我看来似乎没有那么大……我可以向你们发誓,我没有意识到这个数字有那么大——我不是说我很愚蠢,我想把工作中的每件事情都做好。我知道有时候只是一种逃避,想逃得远远的,因为那都是大脑中的游戏、大脑中的游戏、大脑中的游戏、大脑中的游戏……我只是——我不——我感觉我,我很愚蠢、失去了控制,我说不清楚。我知道你们是那么认为的,我没说事情不是那个样子的。我只是……我只是无法应付了。”谈话要结束了,克莱拉再也无法保持镇静,她哭了起来,一边哭泣一边说:“这件事对我的打击太大了……我本来没有打算那么做的,我只是……我不是一个坏人。”

经过大陪审团的审判后,克莱拉·哈特菲尔德承认犯有舞弊和盗窃罪,两项皆为重罪。她被判处七年徒刑,并被裁定支付 1 177 884 美元的赔偿金。

§经验与教训§

行政管理人员时常要吸取的一个常见而又不寻常的教训就是不能把巨额财产的托管责任交给一个人。这种盲目的信任非常普遍,为此我们特别调查组的组长半开玩笑地建议说,我们在执行审计和审核业务时,务必要问这样一个问题:“谁是你最信任的员工?”面对那些工作非常努力、工作时间更长、从来不休假、一个人做几个人的工作也毫无怨言的员工,管理者务必三思过后再下结论。

县府行政官员们通过此次经历也认识到,在一年前暴露出来看似不大的问题的时候,他们就应当对公共监护人办公室进行一次彻底的调查。克莱拉没有代被监护人向县府支付管理费,还向法院提供不实的报告。他们相信了克莱拉编造的没有按时从联邦和州政府部门收到拨付的资金的借口,不仅向克莱拉提供了 11 770 美元的贷款以解决“客户基金的不恰当支出”,而且没有将年度清算账目存在问题的事实告知法院。如果县府的行政官员的反应更加积极一些,克莱拉的盗窃行为就可能被及早制止。

就在克莱拉的盗窃行为被发现的前几个月,她的公共监护人证书失效了,县府必须临时聘用一个人来接替她的工作。临时聘用的这个人当时提出了12个应当“关注的问题”,县府不但没有对这些问题进行调查,反而提早终结了与他的合同,以便早些让克莱拉回来。

与审计师经常保持专业上的联系是非常有益的。积极主动的沟通能够为商业活动提供强有力的支持,使员工认识到组织内存在持续而细致的监督。公司行为必须是合法合理的,能够经得起仔细的检查。公司管理人员应当与审计师坦诚相见,以帮助公司保证管理层和公司经营活动的合法性。外部审计师要与各个组织联合起来,形成反舞弊的强大力量。

尽管内部控制不能保证杜绝舞弊的发生,但合规的商业活动对于阻止行窃图谋是非常有帮助的。政府腐败是对全体纳税人的侵犯,必须予以严厉的查处。克莱拉盗用那些委托她照料的弱势公民的钱财是对他们的极大伤害,令人无法容忍。为了满足个人的贪欲,她居然欺骗那些毫无防备和不能自理的人,我们千万不要忘记她那些空洞的诡辩之词:“我只想照顾他们。”

§防患于未来之建议§

1. 职责分离

为了防止此类舞弊的发生,管理层应当建立适当的员工职责分离制度。财产的保管、授权和记录这三个重要的职责必须相互独立,即由三名员工分别处理被监护人的资金支出事务:一个人负责管理银行账户,另一个人负责签发支票,第三个人负责记录交易。还有一项重要控制就是要设置监督职务,负责对公司账簿记录和银行对账单进行核对。

2. 有效的沟通

沟通也需要讲求效果和效率。本案的县府工作人员知道克莱拉提交了虚假的清算账目,却没有告知法院或者律师。如果他们彼此能够互通信息,则可以及早采取纠正措施。

3. 保持有序的记录

委托人(被监护人)的资料应当有统一的结构和安排,使用统一的分类系统有助于管理者进行监督。对杂乱无章的文件进行分析是极其困难和耗时的,混乱会给隐藏不恰当的财务活动提供方便。

4. 内部审计师

内部审计师能够通过定期的检查为管理层提供极大的帮助。内部审计师应当向适当的最高级别的管理部门(比如县监督委员会)报告工作,这一点是非常重要的,这有助于他们免受来自于政治和工作方面的压力,以便他们不带偏见、不受限制地开展审计工作。

20

污浊之水

Troubled Water

迪米特·皮洛夫·蒂内夫

米奇·雅各布斯是一位土木工程师,专门从事供水和排水的布线和管理工作。他出生在伦敦,干这一行已经有25个年头了,也就是在25年前,他从为市政当局设计供水系统改为从事给排水系统的管理工作。他曾在中欧和东欧的多个大城市担任过给排水系统的营运经理。

米奇知道自己具有经商的天赋。在许多欧洲的市政当局都在寻求将城市的供水系统私有化的时候,米奇看到了赚钱的好机会。他与英国的一些朋友探讨了此事,使他们确信只要他们肯于投资,他就可以利用自己丰富的经验来赢得有钱可赚的合同。

米奇用来自英国赞助者的资金建立了两家公司,分别称为投资冠一公司和投资冠二公司。他将利用这两家公司完成自己获得欧洲供水系统私有化合同的计划。

保加利亚的索菲亚市是一个人口约为150万的城市,其基础设施大都很陈旧,急需改善。索菲亚的政府官员们曾经检查过城市的供水系统和排水系统,极力想通过引进现代化的管理、运营和维护体系来改进给排水系统。他们还要实施一个对现有系统进行维修和扩建的计划。

索菲亚市政府决定,通过国际招标为市政给排水系统的改造签订一个独家特许合同。市长找到了一家名为米博迪的国际性货币基金组织,该组织致力于帮助发展中国家改善他们的公共服务和基础设施。索菲亚请这家基金组织来帮助制定由私营企业参与的招标规划,协助组织竞标过程,最终选出特许权获得者。米博迪随即组建了一个业务咨询团队,他们将与城市的领导者协同工作,选出最优的竞标者。

于是,长达25年的特许权的国际竞标开始了,水华AD公司最终胜出。这是一家保加利亚的公司,由投资冠一公司和二公司联合控股的一家合资公司间接拥有。按照合同的规定,索菲亚市将持股25%。水华公司找到米博迪基金,与之签订了一份3 500万美元的贷款协议,为最初的投资计划提供资金支持。水华公司的首席执行官就是米奇·雅各布斯。这个合同被认为是一个经典的特许权合同,给排水系统的运营和维护以及资本投资的融资和执行全部由水华公司负责。这种安排一经确立,保加利亚没有任何国家性的主管机构对这个给排水系统承担管理责任。实际上,政府官员很乐于接受近来实行的分权管理模式,他们不愿意将给排水系统的管理权收归政府。

这样以来,市政当局成立一个专门的组织对该项目进行监督是非常必要的,也是顺理成章的,这样他们就不必依赖某个政府部门来承担这项责任了。这样做的一个好处是可以将该监督部门的收入定的高一些,以便以高薪聘请到最有水平的专家加入这个监督小组。

因此,合同便增加了一项条款,即建立一个"特许权检查组"(以保加利亚语取首字母缩略为阿柯曼),作为市政当局的代表来对特许权获得者加以监督。我有幸成为这个监督组的负责人之一。

在合同执行的最初两年曾经出现过一些问题,但是水华公司确实改进了服务。米奇逢人便说,公司已经克服了初期遇到的困难,项目的进展顺利。他非常热衷于发表演说和接受采访,不断夸耀水华公司工作努力,尽力向公众展示一个透明和公开的形象。米奇一心想要水华公司在索菲亚百姓生活的许多方面都发挥重要作用,公司不仅要提供高质量的自来水供应和废水处理服务,公司的员工还积极参加各个委员会来支持地方事务。米奇还特别为公司的实习生计划而自豪,这一计划每年可安排六十多名年轻人在公用事业部门体验工作。他经常称赞保加利亚的年轻人,认为他们富有聪明才智、善于思考,更重要的是他们具有诚实的品格。他坚信在下一代人的努力下,保加利亚会有一个辉煌并且能够持续发展的未来。我们后来发现,米奇也的确是这样做的。米奇启用了很多毫无经验的年轻人,取代了那些有技能有经验的雇员,因为年轻人的薪水要低一些。

他不断地称赞保加利亚是一个投资的好去处,认为这里环境稳定,具有人才方面的潜力。他说:“这个国家是一个极具活力的市场,它将对外国投资者产生越来越大的吸引力。”他声称自己已经建立了一个由保加利亚一流的给排水领域专家组成的优秀团队。另外,米博迪基金是公司的股东,有了它的支持,米奇承诺投资不会有任何闪失。

§被账单淹没的城市§

头一个显现的问题是水费账单过高的用户越来越多。气愤的用户来到米奇的办公室,米奇总是亲自接见他们。他总是向用户解释说是计算机软件系统出现了问题,并向他们保证问题正在得到解决。他的个人魅力和真诚平息了用户们愤怒的情绪,账单得以改正之后他们也就满意了。值得庆幸的是,阿柯曼,也就是特许权监督组此时已经开始启动对水华公司的监督工作了。我们很快就发现水华公司不能提供必要的文件和资料,于是我们立即着手对公司及其财务情况展开深入的调查。几个月过去了,我们终于发现了一些非常令人不安的情况。

米奇·雅各布斯的月薪是45 300美元(每年544 000美元),这么高的薪酬在保加利亚是前所未有的。公司还要为米奇一家另行支付房租(每月3 000美元),还要支付多项家庭支出和子女的教育支出。

水华公司其他八位外籍高层管理人员的全部费用也是由公司承担的。他们的年薪合计为3 530 000美元,月薪在16 500美元至23 460美元之间。公司还要为高管人员的许多项目付账,包括房屋租金、取暖费、电费、水费甚至餐费。就像当地一家报纸后来描述的那样:“消费肖普斯卡沙拉(保加利亚的一种深受大众喜欢的饮食)和拉基亚(保加利亚最受欢迎的一种葡萄白兰地)的费用也成了水华公司的投资,由索菲亚百姓上交的水费埋单了。”

我们还发现了一些本应由水华公司实施的合同却是由投资冠一公司执行的。以水华公司为中间人使合同成本增加了20%,这些费用也是由索菲亚百姓支付的高水费负担了。根据这些事实,我认为市政当局有充分的理由改变或者终止与水华公司的合同。

我们展开调查后,保加利亚的最高财务控制部门——国家审计署也对索菲亚市政当局与水华公司之间的合同产生了兴趣。审计署的审计人员发现,索菲亚市政当局从来没有因该项特许权从水华公司取得过任何收入。

国家审计署说,因为缺少可靠的资料,审计人员无法确定索菲亚市政当局为了促成最初的咨询花费了多少咨询费用以及向财务咨询人员支付了多少报酬。按照合同的规定,水华公司要向索菲亚市政府支付“特许权费”,合同却令人惊讶地没有规定具体的金额。水华公司从米博迪获得贷款3 500万美元,索菲亚市政当局竟违反法律为其贷款做担保。审计人员还发现公司的服务定价方式违反了有关规定。我们的报告和审计署的审计引起了政府检察部门对水华公司的关注,我们向他们提供了所有资料的复印件,并答应继续进行调查。

§电子邮件举报人§

一天早晨,我正准备坐下来享受早晨的第一杯咖啡,我们的部门主管拿给我一个来自巴黎的信封。我惊讶地发现,信封里装的是水华公司与投资冠一公司和二公司的高管人员之间的电子邮件的复印件,信不知道是谁寄来的。读了其中的一些电子邮件之后,我感到很震惊。我们曾经怀疑米奇·雅各布斯和他手下的那些来自投资公司的人是在有意识地转移资金,这些电子邮件正好提供了我们所需要的信息。

我读第一封电子邮件的时候,惊讶得差一点儿把咖啡打翻。这是米奇发给投资冠一公司的一名负责人的:

帕特里克:

我知道你收到了米切夫先生(副市长)给我们的草稿信的复印件。这几天我与特许权监督组和克里斯蒂娜·麦切娃(市长的顾问,水华公司的董事会成员)多次会面,为的是澄清水华公司向投资冠一公司和二公司支付的款项绝对是根据合同进行的,如果市长真的给董事会写信,至少我们给他提供的数字是真实准确的,或许他不会再提那1 620万美元和582万美元(没有用于给排水服务的投资款)两笔款项了。

我早上与克里斯蒂娜交谈的时候,她说她认为唯一可能导致出现尴尬局面的事情就是水华公司与投资冠一公司和二公司之间没有一个“合同”,因此无法让这些付款合理化。据我所知的确没有这样的合同,但我相信做这样一份日期适当的合同是一件很容易办到的事情，也许我们应当这么做。

阿柯曼仍然在对我们进行调查，但他们关心的都是一些详细数据和利益的核实问题，虽然有点麻烦但还不至于对我们的特许权构成威胁。例如，他们要求我们提供投资冠一公司和二公司发生的开发成本的全部工作时间记录卡片，还有表明给排水系统工作成效的证据。我与克里斯蒂娜和米切夫会面的目的就是让他们对公司业务的合法性有足够的信心，让他们给阿柯曼施加一些压力，免得他们老向我们提出一些荒谬的要求。

关于投资计划，很明显我们比市政当局希望的进度要慢，再加上改造支出比预计的数额要高，导致有形资产和非有形资产之间的比例不协调。

另外，我们将巨额的经营费用重复计入资本性支出，而这些资本性支出在市政当局看来是无效的开支。当然，随着时间的推移这件事情会逐渐被纠正过来的，为此我们需要做两件事：首先，要让人们看到我们的工作进展，不然的话，如果市政当局对合同的内容提出强烈的质疑，他们就可能终止合同，这对我们来说风险太大了。第二，我们需要展开一次“魅力攻势”，特别是对资本投入计划，我们要一步一步地向他们解释投资的进展和收益情况。杰恩斯的到来再加上吉恩·保罗，我认为我们有人来做这些事了。

谨致问候

米奇

在对电子邮件中反映的情况进行调查之后，我们证实了以下几点：

1. 水华公司管理层已经将它从米博迪基金收到的贷款资金汇给了其在英国的母公司。

2. 这一资金转移没有合法的合同为依据。

3. 他们可能虚构了一份假合同，合同上标注了一个合适的日期。

4. 水华公司的管理层有一些高层的同谋——副市长和他的顾问都是水华公司的董事会成员。

5. 可能有人向特许权监督组施加了压力，阻止他们要求水华公司提供相关信息。

6. 公司正在利用会计技巧，将经营费用计入资本性支出以便操纵有形资产的投资额。

读了第一封邮件后，我急切地想了解这位匿名帮助我们的人还提供了什么信息。下面是米奇发出的另一封重要的电子邮件：

帕特里克：

除了我们今天见面时所谈的，我要简要通报下列事项：(1) 古德森(投资冠一公司和二公司的负责人之一)将起草一份备忘录，说明基本建设工程的商业结构安排，投资冠一公司和二公司可据此提取资金；(2) 古德森将复核这些资金转移以便尽量增大资本性支出；(3) 古德森将安排调整"无收入供水"图表，以保证它达到作为投资计划的一部分提交给索菲亚的"计划服务水平"。

米奇

根据这封电子邮件，我们了解到：

1. 向投资公司支付的费用被伪装成为基本建设工程而支付的款项。
2. 水华公司转移的资金都计入了资本性支出。
3. 实际的服务水平可能被虚夸了。

第三封电子邮件是给米奇的一名高层管理人员的，说的是提高价格问题。具体内容如下：

主题：关于模型的发票

大卫：

请安排填写一张由投资冠一公司为"提供水压软件和许可证"而开给水华公司的发票，总计金额为113 000美元，发票日期为9月28日。

投资冠一公司取得这些许可证的实际成本大约是53 000美元，60 000美元的差额按照与计费软件相同的方式在投资冠一公司和二公司之间平均分配。

我相信我们对这套软件和许可证的定价与目前的市场价格是一致的，如果价格再高的话我们就可能会受到指责，但只有了解市场的工程公司，当然，只有在他们了解我们的会计记录的前提下才可能谴责我们。

如果我们认为可以的话，还可开出金额更高的发票。但考虑到我们需要补充本年75%的投资，我建议这件事我们就到此为止吧！

米奇

米奇又是在指使其下属抬高价格，还说明了差价如何在"投资人"之间进行分配以及如何隐藏线索。他不断地故伎重演的事实（信中说要采取与“计费软件相同的方式”），说明他从公司掏钱完全出于主观故意。

我还没有从上面这些情况中醒过神来，又读到了下一封电子邮件：

主题：样板项目模式

古德森：

请阅读附件，它是上周我们关于在索菲亚建立样板项目的讨论的摘要，我认为我们的讨论颇为成功，达到了与我们拟交付项目有关的所有目标。古德森，如果你有什么建议，请及早告知我，我好处理软件购买和从伊凡斯特耶公司聘请项目经理事宜。聘请项目经理的日期要提早一些，以便显示为合同签订之后第一年里完成的事情。

米奇

附件：

伊凡斯特耶有限公司以接近市场的价格提供项目管理人员，这些人员要依照技术服务协议，以投资冠一公司员工的身份前往水华公司工作。为了掩盖这一情况，投资冠一公司将与伊凡斯特耶公司签订一个秘密合同。

在评估和开发阶段的最初三个月里，要草拟一项合同来为样板项目提供全部的支持，这是水华公司的现有员工没有能力提供的。在对合同进行招标之后要进行公开的采购。在合同招标过程中必须保证伏波斯合资公司胜出。

公司要向伏波斯（只能是伏波斯——合资公司的主要方）公司支付一笔中标费用，再由其将款项转给投资冠一公司和二公司。建议这笔中标费金额应当等于战略样板项目延期交付三个月的罚金，总额约为60万美元，分三个阶段支付，每个阶段付20万美元，分别在第3、9、18个月的月末支付。考虑到水华公司可能被征收高额罚金，这个数额应该是合理的。

看来，米奇·雅各布斯和他的朋友们的骗术太多了——抬高价格、伪造合同和咨询服务、子无虚有的合资公司、过高的利润率、虚假的海外联营，可能还有纳税舞弊和洗钱活动。通过进一步的查证，我发现伊凡斯特耶是在英国注册的一家公司，其网站上说公司最近得到了很多份合同，合同之多前所未有，从而带来了大量的职业发展机会，几十个岗位都在招聘人员，上至部门主管和总工程师，下至技术员和大学毕业生。公司称这是在过去20年的发展进程中最令人激动的阶段。很明显，公司从米奇·雅各布斯手里拿到的业务是有代价的，特别是对米奇和投资冠一公司的其他参与者来说。尽管很多细节还有待于核实，但这些信息已经够确切的了，我们认为最好还是将发现的情况向市长和其他领导者汇报。

§桥下之水不平静§

我们把所获得的证据向市长做了通报，他马上给米奇·雅各布斯打了电话。不出所料，米奇对一切都矢口否认，坚持说没有一件事是真的。他说匿名举报者是公司的前雇员，因为对公司不满而编造这些故事来进行报复。站在索菲亚百姓的立场上，这些故事却不幸是真的。但是，有两件事可能会妨碍正义的早日伸张。

第一，我们接到了停止调查的通知。阿柯曼与索菲亚政府的关于对特许权进行监控的合同已经作废，主要原因是现在有了一个新的国家水务监督部门，其责任涵盖了阿柯曼的监控责任。第二，新当选的市长没有把对水华公司的调查放在优先考虑的地位，他推辞与我们会面，他口头上说将对我们在报告中提出的问题予以纠正，但实际上没有采取任何行动。

但是，市政理事会对我们获取的证据进行了研究，提出它准备考虑采取一切可以使用的手段，修改与水华公司之间的关于索菲亚给排水业务运营的特许权合同。迫于压力，市长向公司提出了15项为保住特许权而必须达到的要求。作为对公众呼声的回应，检察机关再一次声明他们正在对水华公司的违法行为进行调查。

索菲亚市政理事会的一些成员要求立即终止与水华公司的合同，而另一些成员则表示反对，认为这样做太过激了，主要是担心由于提前终止合同而承受重大的损失。

市政理事会的几位顾问宣称，终止合同将给索菲亚市造成超过3 000万美元的损失，他们说要结束这场灾难需要获得国际仲裁法庭的裁决，可能需要几年的时间。专家们认为该项水务特许权应该继续下去，如果有可能，索菲亚市政应当分享由公司腐败行为而产生的收入，因为它也是项目的股东。

据说一直有人在检举水华公司,但至今还没有提起诉讼。索菲亚市可以就合同条款与水华公司(在新的管理层的领导下)重新谈判,索菲亚百姓的用水不会受到影响。米奇·雅各布斯堪称一个魔术大师,他可以说是点水成金。

§经验与教训§

我和调查小组其他成员在与地方政府打交道的困难中获得了一些有价值的经验。通过此事,索菲亚的领导者和市民认识到,在将公共服务方面的管理工作交给一个私营企业时,绝对不能签完合同就万事大吉了。

市政当局从这个事件中得到了惨痛的教训:

1. 如果缺乏良好的计划和组织,或者没有对舞弊风险进行适当评估,政府机构与私营企业之间的合作关系可能会成为滋生腐败的温床。

2. 试图获得这类特许权的公司都是在追求高收益、低风险的生意,因为在这种合作中,市政当局或者其他团体可以为完成改善系统和服务所需要的贷款提供担保或承担偿付贷款的风险。

3. 一个城市在将非常重要的公共事务交由一个私营企业垄断经营的时候应当极其慎重,私营企业将利润置于百姓利益之上的风险总是存在的。

§防患于未来之建议§

世界上任何一个城市的地方政府都承担着巨大的责任。他们有责任为当地百姓提供很多赖以生活的基础,比如电和水。很多城市都面临着设备老化、经营成本过高和资金有限的问题,私有化常被认为是一个有效的解决办法——市民能够得到更好的服务,市政似乎可以坐收渔利。然而,私有化并不意味着政府可以完全放手不管,任何一个靠纳税人的钱生存的机构在考虑私有化经营的过程中都必须牢记以下五点:

1. 聘请可信的咨询人员设计规划和订立合同。在水华公司的案例中,合同缺少最基本的条款,比如应支付给市政的具体金额都没有写明。

合同应当详尽清晰地说明签约双方的责任和严厉的违约惩罚措施。

2. 在选择签约方的时候,应当对公司进行深入的调查。应当了解公司的组织结构、公司的负责人、公司的融资渠道。对公司所有的负责人都应该实施背景调查。

3. 一旦选定了签约方,应当对公司的管理人员和其他重要员工的业务能力进行考核。

4. 建立一个独立、有效的监督体系。舞弊实施者时刻都在寻找机会。年度审计是必要的,但还不够,必须对签约方的行为实施持续的监督。

5. 建立一个投诉热线,以便顾客和供应商反映服务或收费方面的问题。监督人员应有权查看热线报告,以便在酿成大祸之前就发现潜在的问题。

21

疯狂的欺骗

Con Artists Gone Wild

海茵茨·艾克特

杰夫·戴维森是一位来自于芝加哥南部小镇的企业家，年仅 35 岁。近年来，他的生意拓展得很快。他经营着自己的一家会计师事务所，但这根本无法与他的其他产业相比拟。他有房地产生意，还在镇上经营着一家大型饭店和酒吧，最重要的产业是他的第三方托管公司，即安全托管服务公司。杰夫的住房是该市最大的房子之一，而且他正在建造另一幢豪宅，其豪华程度将超过伊利诺伊州奥罗拉市人们所见过的任何其他建筑物。毫无疑问，杰夫的成功和财富使他成为本州内最富魅力的单身男士。

仅在四年以前，杰夫还是小镇上的一位到处拉业务的注册会计师。他曾经多次被起诉，不得不面对州税务局对他的财产扣押，怎么都无法走出困境。如今，他已经成为芝加哥市一位有声望的人物，如果你需要一位能够快速找到大笔资金的精明的金融玩家的话，他就是“你要找的人”。就这一点来说，他在全国也是有名气的。

瑞恩·詹金斯，出生于一个声名显赫、受人尊敬的家庭，一直生活在伊利诺伊州的斯普林菲尔德市。他曾就读于一所顶级大学的商学院，在获得工商管理硕士学位后，与他读高中时的心上人终成眷属，并生有两个女儿。他时年 36 岁，已经是一个拥有大量不动产的成功商人。他的财富主要来自于他的欧麦加资本有限公司，该公司经营与保险相关的业务。

唐娜·德尔嘉迪，曾是一名注册护士。为了能挣到更多的钱，她离开了医疗行业。刚过 40 岁，她就实现了自己的愿望。她在一家保险单经纪公司工作了一段时间后，就在爱荷华州达文波特市开立了一家自己的公司，取名为凤凰资本基金公司。由于公司业务增长较快，这一家公司已足够养活全家人了。

欧麦加与凤凰公司都从事保险单经纪业务。这种公司要寻找投资者来购买绝症患者的人寿保险单，投资者得到的承诺是，他们的投资可获得远高于债券和存款利息的回报率。欧麦加和凤凰公司将投资者的资金汇集起来，购买绝症患者（或称之为保单持有人）的保险单。患者拿到现金后，可以立即用于支付医疗费用以及临终前的开销。投资者投入资金的一部分要由托管人保管，用以支付人寿保险单的保费，直至保单持有人离开人世为止。

投资者们得到保证，他们的投资由州内各类保险机构承保，因而是安全的。投保人要经过体检，欧麦加或凤凰公司在他们的保单上签字，大家都知道投保人可能将不久于人世，投资者有望在未来两至三年内获得两位数的回报。与债券或存款相比，这种保单贴现的投资据说更安全、回报率也更高，成为老年投资者的理想选择，欧麦加和凤凰公司的业务代表们也正是把目标客户放在老年人群体中。

欧麦加和凤凰公司派出代理人和业务代表在全国各地寻找持有人寿保险单并愿意出售保单换取现金的绝症患者。艾滋病受害者是保单贴现行业形成的最初动因。许多艾滋病患者都很年轻，目前单身或从未结过婚，因此往往不需要供养什么人，也没有继承人。很少有人可以靠购买的人寿保险来应对自己的全部开销。20 世纪 90 年代末期，艾滋病的诊断已很准确，治疗费用却非常昂贵，这些不幸的人是保单贴现业务的理想对象，他们可以通过出售保单换取现金，支付医疗费用以减轻病痛，或许还可以延长自己的生命。

欧麦加和凤凰公司都委托保险托管服务公司来管理投资者的资金，直到投资者可以对应到一位持有人寿保险单的绝症患者为止。保险托管服务公司到时将编制一份清算报告，列明投资者所拥有的具体保险单、应支付的交易费用，确定托管期间的保费金额。托管公司向保单持有人支付一定数额的现金，还要分别向欧麦加或凤凰公司这类为保单持有人提供担保的公司和找到投资者的代理人支付交易佣金。托管公司对保单持有人要进行定期跟踪调查，在他们去世后，要向保险公司提出死亡赔偿，最终向投资者支付其所应分得的死亡赔偿金，作为他们原始投资的返还和赚得的利润。托管服务公司在每笔交易结束时，要收取一笔小额的服务费，一般是300至400美元，但由托管公司保管的投资人的资金，在找到对应的保险单之前所获得资金增值的一半甚至全部都归托管公司所有。

杰夫通过他的会计师事务所，为欧麦加和凤凰公司的保单贴现业务、两家公司设立的投资公司以及瑞恩个人提供会计记账服务。

§其实不那么保险§

我接到了一位律师打来的电话，这位律师是我最近通过一位好朋友认识的。他名叫比尔·格里森，是芝加哥市一家中等规模律师事务所的执行合伙人，他擅长破产法律事务。比尔对我说，他刚被一位联邦法官任命为联邦法庭审理的一桩民事诉讼案的财产接管人，案件的原告方为欧麦加资本公司和凤凰资本公司，被告方为保险托管服务公司和杰夫·戴维森等人。财产接管人是指在某些诉讼案件中，经法官任命负责在诉讼过程中管理一家企业或某些财产的人。原告方称，他们公司及其投资者的价值数百万美元的资金从保险托管服务公司消失了，他们要求解除被告人对他们公司及其投资者资金的控制权。比尔了解我处理诉讼案的经历，知道我的会计师事务所具有审计能力，我还有注册舞弊审核师的专业资格与经验。他需要一位经验丰富的会计师，在其担任财产接管人的期间帮他对接管资金进行会计核算。更重要的是，原告方指控被告方挪用了大量的资金，断定由保险托管服务公司及杰夫的会计师事务所代管的会计记录不完整而且有假账。他们的投资资金在不同账户及不同公司间频繁地转移，因而他们高度怀疑托管服务公司代管的资金存在问题。

我的工作是接管保险托管服务公司的资产并协助比尔履行其职责。比尔和我与凤凰公司的法律顾问见了面，他向我们说明了保险托管服务公司及杰夫·戴维森的不当行为的具体情况。随后，我们又与杰夫及其法律代表进行了面谈，他们自然对这场纠纷持有不同的看法。他们坚持认为，无论是杰夫还是保险托管服务公司都不存在违法行为，所采取的行动都是经过原告方授权许可的。投资者资金中约有1 000万美元转给了欧麦加公司，用以支付保险费，托管公司的一些会计记录被原告扣押，但其余的资产仍在杰夫及其会计师事务所的控制之下，托管服务公司及欧麦加、凤凰公司保单贴现业务的大部分会计账簿资料也在杰夫及其事务所的手中。比尔向相关各方宣布,作为财产接管人,他要接管欧麦加和保险托管服务公司的全部资产,由我负责监督处理相关的会计事务。令人奇怪的是,原告方和被告方都反对这么做。原告方主张将保险托管服务公司代管的全部资金收回,直接转给原告,原由托管公司承担的会计和其他责任都应该交给原告。在这种情况下,联邦法院重申了任命一位财产接管人的决定,比尔被授权接管资产,我还是要协助他处理相关的会计事务。

原告方扣押的会计账簿交由托管服务公司的律师保管,比尔很快就接管了这些文件。我要做的第一件事就是对这些会计资料进行审查,给比尔提供一份情况报告。我去了托管服务公司律师的办公室,在 4 天的时间里夜以继日地审核多达 30 多盒的会计账簿。

初步审核结束后,我和比尔碰了头,向他报告了我的审查结果。

“情况怎么样?”他问。

“看起来很简单,”我回答,“骗子甲偷了骗子乙的钱,骗子乙被惹恼了。”

我向他详细汇报了我的全部发现。托管公司本应当将欧麦加和凤凰公司提供的资金投资于安全的、经政府担保的投资工具,但它事实上根本没有将其托管的资金用于这些投资。通过审阅会计账簿及其他书面凭证,可以发现托管资金在不同企业的账户上不断地划转,他们做出的大量投资都超出了托管机构正常的业务范围,这些投资显然已经产生了巨大的损失,其他投资的回收能力也值得怀疑。

在审查托管公司律师保管的会计账簿的过程中,我发现了大量的保险公司寄来的未兑现支票,还有一些信函,说有些保险单因为有欺诈的嫌疑而被保险公司撤销了。

在审查了欧麦加和凤凰公司的销售记录、保单贴现的清算报表以及杰夫与瑞恩的往来信函之后,我已经开始觉得这个案件的复杂程度将远远超出人们的想象——涉及的也远远不只杰夫和托管公司。

§挖出真相§

从一开始我就知道我必须加速进行调查工作。杰夫为托管公司、欧麦加、凤凰三家公司开设了22个银行账户，数百万美元的资金在这些账户间随意进出，必须通过法院任命财产接管人来取得对这些账户的控制，比尔已经这么做了。

我还发现了由两家经纪公司代管的几个证券账户，涉及资金700多万美元。通过审阅对账单可知，账户的资金主要投放在场外交易的小公司，购买的是一些没有投资价值的投机性股票。这些账户都要交纳高额保证金，交易频繁，已经产生了巨额的损失。我建议比尔立即取得对这些账户的控制权。比尔立即通知相关的经纪公司，他已被法院任命为财产接管人，要求经纪公司立即停止证券交易。账户随后被转给另一家经纪公司予以清算，从而中止了还在发生的投资损失和高额保证金的利息费用。

在双方律师向法庭提交证据的过程中，原告欧麦加和凤凰公司与被告托管公司及杰夫·戴维森之间的相互指责迅速升温，充满了火药味，我必须立即避开这种混乱，尽快把大家的注意力引向案子的核心问题，这样才能保护投资者的利益。眼下，我们必须尽快接管在托管公司律师和杰夫手里的会计资料。于是，我与杰夫约定到他的办公室里见面。

我赶到杰夫的事务所，马上有人陪我到了他们的会议室。我被告知得等一会儿，因为杰夫正在处理一个重要的电话。杰夫故意让我等他也是预料之中的事，杰夫以为自己高人一等，他有意让我等候，就是要告诉我他比我重要。这个会议室还兼作事务所的阅览室，作为一名注册会计师，我知道这里的大多数刊物都早已过时。显然，注册会计师业务已经不是他的主要业务，他已经有一段时间没来过这个房间了。

我喝完了来时接待人员给我倒的那杯咖啡，便走进大厅向接待员询问在哪里可以再续一杯。在接待员的指引下我去了员工午餐室，途中路过杰夫的办公室。他确实在办公室里，正在接电话。我在午餐室找到了咖啡，决定待在那里，因为在等待的过程中可能还需要续杯，然后我遇见了邦妮和波拉。

邦妮和波拉是托管公司少数留下来的员工中的两位。自从公司被起诉并暂停营业后，绝大多数员工都离开了公司。邦妮是一名执业的注册会计师，负责为托管公司、欧麦加公司和凤凰公司记账，波拉主要负责管理已出售给投资者的人寿保险单的记录。我向她们说明了我的身份，二人都很好奇,她们很关心公司的情况,知道公司遇到了很大的麻烦。我没费多少功夫就从她们的口中得知,公司遭到突然的搜查、会计账簿被扣押,的确对公司造成了干扰、引起了骚动,但搜查很不彻底,最重要的会计资料都没有被拿走。

邦妮第二天就有一个求职面试,她说出了自己对托管公司前景和经营方式的忧虑。她向我透露,公司在收到死亡赔偿金后数月内也不向投资者进行分配。投资者在得知保单持有人的死讯后,会来电询问公司何时返还他们的投资并发放利润,公司就以各种借口拖延付款。一般说来,公司在几个星期或几个月后收到另一张保险单的赔偿金后,才会向前面的投资者付款,拖延和谎言就这样持续着。

波拉向我解释了她负责管理保险单及投资者记录的工作内容,还告诉我保险公司最近发现了一些人寿保险单是以欺诈的方式取得的,正在撤销这些保险单并退还已付的保险费,杰夫让她别去兑现这些保险费退款支票,因为公司正准备采取应对行动。

这时,有人告诉我杰夫的公务电话已经结束了,他可以和我见面了。如果说我对杰夫的个性或自负还不完全肯定的话,那么在我走进他办公室的那一刻,我的疑虑就一扫而光了。我看到了他桌子上带有金黄色美元标记的台灯,办公室的坐椅套上也带有美元的标记。我们的谈话持续了一个多小时,但我的收获要比从与邦妮和波拉15分钟的闲谈中得到的少得多。

我在周一便得知邦妮顺利通过了求职面试,已在新公司谋得了一个职位。波拉因为无事可做而离开了托管服务公司。

大约过了两个星期,经过激烈的法庭辩论,我终于可以重新整理由托管公司律师保管的会计账簿,还拿到了以前没有扣押的重要文件。我们把这些资料搬进了比尔租来的一间办公室里,波拉现在已经是比尔的员工了,她正在布置这间办公室。

我向法庭提交了多份有关托管公司及其运作情况的报告。原告方在尽力争取控制全部剩余的资金,希望接管他们购买的保险单以保护投资者的利益。对托管公司的会计账簿和由杰夫代管的欧麦加和凤凰公司的账目进行审查后,可以明显地看出这些账目都没有及时更新,没有准确地反映这些公司的财务状况和经营成果。显然,这些账户和公司间存在着大量无商业意义的资金转移,只是由于某一天出现提取现金的需要而已。每天有数十万美元的资金从欧麦加和凤凰公司转到托管公司,然后又会很快地转出去。

通过审查欧麦加和凤凰公司购买的人寿保险单,我发现保单上标明的所有人和受益人都是托管公司,我还发现有的投保人一人名下有多份保单,有几个人名下的保单数竟然多达20多个,都卖给了欧麦加或凤凰公司。在翻阅大量的信件的时候,我发现了杰夫写给瑞恩的一封信,信中说代欧麦加公司保管的保险费资金发生了1 900万美元的短缺。我接着开始审查保险单的清算汇总表,情况表明欧麦加公司、凤凰公司及托管公司所开展的保单贴现投资业务,从经济上来看没有可持续性。下面是一份售给三位投资者的人寿保险单的详细资料:

保单面值	50 000 美元
投资者投入资本	17 043 美元
支付保单持有人	5 500 美元
支付投保人介绍人费	6 135 美元
支付投资者介绍人费	3 000 美元
利润(欧麦加公司)	1 688 美元
服务费(保险托管服务公司)	325 美元
保险费代管账户	395 美元

患有绝症的保单持有人以5 500美元的价格出售面值50 000美元的人寿保险单,介绍保单持有人的中间人的所得比出售保单所得还高,这里的中间人一般都是欧麦加或凤凰公司。欧麦加、凤凰、托管服务公司、瑞恩、杰夫和唐娜之间所发生的大量交易,为所有各方都参与了这项庞氏骗局提供了强有力的证据。

在托管公司的档案资料中,我们发现了大量的保险公司针对欺诈性保险单的索赔文件。多家保险公司称,托管公司、欧麦加公司、凤凰公司运用了一种被称作“光票保单”的办法取得人寿保险单。光票保单骗局首先由独立保险经纪商劝说男性同性恋者购买人寿保险单,他们理想的候选人是二三十岁的未婚男子,已经感染了艾滋病这种不治之症,这些人的预计寿命都不长。申请保额在10万美元以下的人寿保险的人按规定无须体检，可以不在申请表上填报诊断结果。一些保险经纪人便利用了这一点，只让申请人在空白的申请表上签名，其余内容则由经纪人填写后交给保险公司。这些患有绝症的保单持有人无须付款，只需申请一份保险就可以拿到数千美元现金。这些人并不关心自己的行为是不是欺诈，因为他们也不指望活到要承担法律后果的那一天。经审核投保人的体检档案，发现体检一般都早于保单的申请，由此可以确定，欧麦加公司和凤凰公司都知道这种欺诈行为的存在。

保险公司慢慢察觉到了这种光票保单的骗局。康赛克保险公司发现，许多保险单都在购买后的60天内转让给了他人。康赛克公司收购了多家小型的保险公司，但这些小公司仍以原公司的名义继续经营。康赛克公司通过对所有下属保险公司的保单进行分析，发现许多张保险单的投保人竟为同一个人，保单也是由同一个经纪人填写的。进一步的数据分析又发现，保险托管服务公司是数百张保险单的所有人和受益人。

为了维持保单贴现业务，欧麦加公司还需要解决另一个问题，即投资者投入资金的速度必须快于支付保险费的速度，他们需要另想一个计策。"需求是发明之母"，瑞恩于是就想出了"老年保单"的主意。老年保单是指针对老年人的人寿保险单。这些老年人通常都在70岁以上，并非身体有病，只是因为年纪的关系可能会不久于人世。他们在拿到保险单时并不知道自己将成为保单贴现公司的目标，也不了解他们取得这张保单的目的就是要向第三方转让死亡赔偿金的受益权。其中有一位老年投保人是一名住在波卡雷顿的退休医生，名叫弗瑞德，他在获得了总价值1 500万美元的多份人寿保险单后把保单卖给了欧麦加公司，但他连第一期的保险费也没有支付。其中有一张保险单的明细情况如下：

保单面值	6 000 000 美元
投资者投入资金	2 751 667 美元
支付给投保人（弗瑞德）	180 000 美元
支付保险代理人佣金	60 000 美元
支付投资者介绍人佣金	790 528 美元
支付保险托管服务公司服务费	6 625 美元
保险费托管	4 231 499 美元

所有应当支付给投保人、代理人、经纪人及托管公司的资金都已经支付完毕，但保险费托管账户资金却短缺了 2 516 985 美元。保险单每月应缴保费 58 770 美元，如果托管账户资金保持不变，够支付 29 个月的保险费，但根据清算报告，托管资金应当足以支付 72 个月的保险费用。在向一位不认识弗瑞德的保险精算师咨询后得知，承保的保险公司是依据弗瑞德至少能存活 9 年来计算应收保险费的，我们不能指望该张保险单在弗瑞德去世以前都能按时支付保险费并保持有效。虽然弗瑞德可能会存活大约 9 年，但欧麦加公司的投资者是在不知情的情况下，按照弗瑞德可能在 27 个月或者更短时间内去世这一信息来做出投资决策的。

经过审查，我们发现老年保单的面值总额将近 9 000 万美元，却按照 3 500 多万美元的价格出售给了投资者。我们还发现了老年保单的其他一些问题。欧麦加公司自己也是多张保单的投资者，它持有这些保单 25% ~40% 的份额。虽然欧麦加公司很可能会获得免税的死亡赔偿金，但没有证据证明欧麦加确实向其所声称拥有的任何一张保单投入了资金。

§ 正义得到了伸张 §

比尔在努力争取得到允许，起诉从托管服务公司和杰夫那里获得好处的相关各方和公司，要求他们返还资金。同时，他还申请对原告方欧麦加和凤凰公司提起诉讼，这样一来，比尔自然就得罪了原告方，他们从一开始就反对任命比尔为财产接管人。在长时间的激烈辩论之后，比尔被免职，法庭又任命了一位新的财产接管人，我仍然担任本案的会计师。对于声称以客户利益为重的欧麦加和凤凰公司，法庭要求两者依据保单的约定按时支付保险费。欧麦加公司获得的资金足以支付应付保险费，而凤凰公司获得的资金则超出了应付保险费的金额。凤凰公司向法庭提出，它应该按一定的比例将应留在托管服务公司账户上资金退还给它。当时，法庭要求凤凰公司只能将这些资金用于支付保险费。我可以肯定，凤凰公司不会遵守这一要求。

我需要完成托管服务公司从欧麦加和凤凰公司所收资金的账务处理，追踪记录这些资金的最终去向。为此，我需要向法庭报告转给欧麦加和凤凰公司资金的支出情况。我坚持要从凤凰公司拿到会计记录，我相信正是因为这一点导致我的财产接管人会计师的身份被中止。但这对于原被告双方来说都已经太晚了。在被解除聘任之前，我已经完成了两份报告，详细列出了已经发生的交易情况和资产分布情况，成功地追踪到了不同账户间和公司间的资金流转，而且发现多笔付款和电汇转账涉及到瑞恩或唐娜所拥有或控制的公司。

迫于保险业对国会所施加的政治压力，联邦调查局也加入了此案的调查，并要求比尔和我与他们合作。在调查的过程中，我接触到来自联邦调查局、美国特情局、国内税收署犯罪调查厅以及众多本州保险机构的侦探。在此期间，我向这些侦探和调查人员提供了本来准备提交给法庭并密封起来的证据和大量资料的复印件。

遭受损失的投资者仍然在提起民事诉讼。第二位财产接管人及其继任者也急需参与相关的诉讼，包括曾从托管服务公司拿到钱的银行、经纪公司、其他公司及个人有关的诉讼。投保人和投资者的介绍人也被卷入到涉及范围很广的诉讼案中。最后，本案的受害者几乎没有追回什么损失。

最终，欧麦加和凤凰公司被责令关闭，唐娜因骗保和洗钱被判处 3 年监禁，杰夫因骗保、网上欺诈、洗钱等多项罪行而被判处 12 年监禁，瑞恩被判到联邦监狱里服刑 20 年且不得被假释，同时被责令向投资者返还 9 200万美元资金。尽管对瑞恩·詹金斯的 157 项判决曾一度被发回重审，但最近已经宣布维持原判。

§经验与教训§

这个案子为我们提供了许多经验与教训。对于我来说，这个案子对我的管理能力提出了极大的挑战，我学会了如何通过多种渠道同时展开调查。在调查的过程中，我不仅需要维持托管服务公司的运转，包括填报死亡赔偿金索赔表、向投资者收取投资本金、支付保险费、向法庭提交日常报告等，同时需要对原告方和被告方可能存在的犯罪行为进行调查。与此同时，我还需要协助比尔接管相关资产，保护这些资产以使其免遭进一步的贬值或损失。

由于会计资料的混乱,使本案的调查遇到了很大的困难,我们不得不重新构建许多记录,比如,投资人名单、保险单清单。因为此案涉及资金在不同的主体、不同的账户之间的频繁划转,因而关注案件的细节是十分必要的。由于案情复杂、交易量大和涉及的主体众多,必须合理地分配调查人员。对各部分的调查工作必须进行必要的协调,才能把各种信息集中到一起。

在本案中,与托管服务公司涉及或曾经涉及该事件的工作人员进行面谈对揭开真相发挥了重要的作用。面谈有助于我们发现更多的了解案情的人,往往可以为发现以前未能发现的交易或关键案情提供线索。当然,我们也不能夸大面谈和倾听的作用。我想起了多年以前曾听说的一句话:一些看上去最不重要的人,很可能是最重要的信息来源。

在巨额金钱的诱惑下,人们会很快变得贪婪起来,完全无视对他人的伤害,这一点真的让我惊讶不已。我亲眼目睹了这些犯罪分子一旦钱迷心窍,就可以为自己的不法行为找到借口。

托管服务公司和杰夫的开户银行现在也认识到了对账户进行监督的重要性,欧麦加和凤凰公司之间的大额资金往来从未引起他们的注意。

投资者以及那些劝诱人们参与投资的代理人应当记住一条古老的谚语:"一件事如果听上去好得令人难以置信,那它可能就是不可信的。"许多投资者将大笔的金钱投资到保单贴现业务上,一心要获得高于政府债券或银行存款的回报。那些向投资者推荐投资产品的财务顾问们其实对保单贴现知之甚少,对这种投资以及从事该种交易的公司也没有做过尽职的调查,在很容易到手的10%的佣金的诱惑下,他们闭上了自己的眼睛。

§防患于未来之建议§

1. 背景调查

背景调查不仅与雇主有关,对投资者或者不熟悉业务的公司来说同样很重要。如果对欧麦加和凤凰公司的背景稍做调查,就可以从多个州政府部门查到这两家公司曾有过销售非法证券的经历,两家公司以及保险托管服务公司的经营历史之短暂也可能引起投资者的警觉。只要查询一下诉讼及税务扣押的公共记录，就很容易了解到杰夫曾深陷财务困境的事实。

2. 尽职调查

投资者代理人、经纪人及其他财务顾问必须明白，对自己所代理的任何投资项目进行独立的尽职调查是十分重要的，包括向政府商务部门核实投资项目是否经过了必要的出售登记、了解投资项目的风险水平。很多财务顾问忽视了分散投资的重要性，让客户在保单贴现业务上投入了太多的资金。

3. 调查信用记录

这些经营保单贴现业务的公司为所有组织敲响了警钟：一定要了解你的生意伙伴，供应商的信用度与诚实性十分重要。本案中，经营保单贴现业务的公司并没有采取任何措施来保证托管服务公司按照约定的条件管理托管的资金，也没有要求它提供审计报告、接受审核或提供书面文件。如果采取了这些措施，就可能减少舞弊的发生。